U0864956

人力资源管理专业应用型本科教材

人力资源服务概论

池洋漾　主编

中国劳动社会保障出版社

图书在版编目（CIP）数据

人力资源服务概论 / 池洋漾主编. -- 北京：中国劳动社会保障出版社，2023

人力资源管理专业应用型本科教材

ISBN 978-7-5167-5642-3

Ⅰ. ①人… Ⅱ. ①池… Ⅲ. ①人力资源－服务业－高等学校－教材 Ⅳ. ①F249.1

中国国家版本馆 CIP 数据核字（2023）第 082813 号

中国劳动社会保障出版社出版发行

（北京市惠新东街 1 号　邮政编码：100029）

*

三河市潮河印业有限公司印刷装订　　新华书店经销

787 毫米 ×1092 毫米　16 开本　17.5 印张　238 千字

2023 年 6 月第 1 版　　2023 年 6 月第 1 次印刷

定价：52.00 元

营销中心电话：400-606-6496

出版社网址：http://www.class.com.cn

内容提要

《人力资源服务概论》共分为九章，内容包括人力资源服务概述、招聘服务、高级人才寻访服务、人员素质测评服务、人力资源培训服务、人力资源咨询服务、劳务派遣、人力资源外包服务、人力资源管理信息化服务。本书集合人力资源管理的知识、技能、实训，三位一体，新趋势、新方法合理运用。

本教材既适合高等院校人力资源管理专业及其他相关专业的师生教学使用，也能够满足不同层次的企业管理者，以及对人力资源管理感兴趣人士、研究者、咨询师和培训师的学习、借鉴需要。

序

随着信息化和大数据的发展，人力资源管理有着很大的变化与发展，尤其是新趋势、新技术在人力资源管理中的应用，对于人力资源管理专业的学习有着更高的要求。我国高等学校管理科学的人力资源管理专业领域的科研、教学和应用等方面都取得了长足进步，培养了一大批优秀人才，但由于各所高等学校在相关专业的发展历史、特点和背景上的差异，以及企业对人才需求的多样化、实务化，使我国人力资源管理专业教育面临着机遇和挑战。

“人力资源管理专业应用型本科教材”以人力资源管理专业学科体系为依托，涉及人力资源规划、工作分析、招聘与配置、培训与开发、绩效管理、薪酬管理、人员素质测评、劳动关系管理等方面的内容。本系列教材包括《人力资源管理概论》《工作分析》《人员招聘与配置》《人力资源培训与开发》《绩效管理》《薪酬管理》《人员素质测评》《员工关系管理》《人力资源服务概论》和《职业生涯规划》共 10 本，特色归纳如下：

第一，呈现了最新的理论和系统性的知识。本系列教材在整个高等学校人力资源管理专业设计过程中，不仅强调基础理论知识的学习，而且从整套教材体系的搭建到各书种内容的安排，系统性地呈现了人力资源管理的理论知识。

第二，提供了实务操作技能的方法和工具。本系列教材从方法、工具到所选择的各个模块，充分反映了人力资源管理专业的技能运用，为读者提供了全方位的人力资源管理教学指导与依据，是人力资源管理专业教师开展教学和学生在学习、工作中必不可少的参考书。

第三，增加了课程实训的演练内容。本系列教材在“学习目标”和“本章自测题”的基础上，增加了在人力资源管理实践中的“课程实训”模块内容，增强了教材的实用性，以期辅助读者更快地领会与掌握人力资源管理的基本理论以及技术方法。

当然，本系列教材还有许多可以不断完善和修改的地方，我们殷切希望广大读者能够在使用过程中，给我们提供好的意见和建议，使之日臻完善，共同为中国的人力资源管理事业添砖加瓦。

编者

2023 年 5 月

前　言

随着改革开放的不断深入和经济的迅速发展，企业的竞争越来越激烈，这对企业人力资源管理提出了新的要求和挑战。企业如何成功地吸引、激励和保留优秀的人才，如何立足于竞争激烈的市场，唯一的途径就是掌握最新的人力资源管理知识，利用高效的技术、方法和工具，对组织内部的人力资源进行充分的开发和科学的管理。其中，优化和利用人力资源服务是实现企业人力资源管理目标的重要手段之一。

《人力资源服务概论》共分为九章，内容包括人力资源服务概述、招聘服务、高级人才寻访服务、人员素质测评服务、人力资源培训服务、人力资源咨询服务、劳务派遣、人力资源外包服务、人力资源管理信息化服务。

如何将人力资源服务理论与管理实践进行有效结合？如何精准掌握人员招聘与高级人才寻访服务以及各类型人力资源服务的方法与工具？如何把握人力资源管理信息化服务发展的最新趋势？本书将系统指导、逐一呈现。

本书具有以下两个方面的特点：

1. 知识、技能、实训，三位一体。全书以管理的工作过程和工作内容为导向，深入剖析企业在实际人力资源管理工作中遇到的相关问题，并提出有针对性的解决方案和方法，包括文书、计划、表单、流程、技巧、模型、工作标准、案例等，帮助读者了解基础理论、有效地操练技术并提供有实用价值的参考借鉴。

2. 新趋势、新方法，合理运用。全书多层次、多维度地阐述了人力资源管理全面的内容，尽可能地针对企业实践吸收了人力资源管理领域的新思想、新理论、新方法，如灵活用工、招聘外包、劳务派遣等。

在本书编写过程中，特别感谢人力资源管理专业领域的一些杰出学者和企业界人士所提供的评论以及建议，他们的许多专业知识、独到见解和体会很值得我们学习。同时，我们还要感谢在高校管理学教学一线的教师们，他们投入了大量时间和精力，通过各种渠道给我们提供了高校科研、教育教学、在校学生方面关于教材颇有价值的信息反馈。

本教材既适合高等院校人力资源管理专业及其他相关专业的师生教学、使用，也能够满足不同层次的企业管理者，以及对人力资源管理感兴趣人士、研究者、咨询师和培训师的学习、借鉴需要。

2023 年 5 月

目　　录

第一章　人力资源服务概述……………………………………………………001
学习目标……………………………………………………………………………001
引导案例……………………………………………………………………………001
第一节　人力资源服务……………………………………………………………002
一、人力资源服务的定义…………………………………………………………002
二、人力资源服务的属性与特点…………………………………………………005
三、人力资源服务的八大业态……………………………………………………009
四、人力资源服务各业态的新变化………………………………………………012
第二节　人力资源服务业…………………………………………………………019
一、人力资源服务业的特征………………………………………………………019
二、人力资源服务业发展概况……………………………………………………020
三、人力资源服务业服务标准与监管……………………………………………024
四、我国人力资源服务业发展新趋势与新挑战…………………………………027
本章自测题…………………………………………………………………………030

第二章　招聘服务…………………………………………………………………032
学习目标……………………………………………………………………………032
引导案例……………………………………………………………………………032
第一节　招聘服务概述……………………………………………………………034
一、招聘服务的定义………………………………………………………………034
二、招聘服务的特点和发展新趋势………………………………………………035

三、招聘服务的类型…………………………………………………………036
四、招聘服务法律规范……………………………………………………042
五、招聘服务实施时需注意的问题………………………………………046
第二节　现场招聘会服务实施………………………………………………048
一、第三方招聘服务与现场招聘会服务及其实施步骤…………………048
二、现场招聘会服务效果评估……………………………………………052
三、现场招聘会服务实施注意事项………………………………………054
四、现场招聘会存在的问题………………………………………………055
第三节　网络招聘服务实施…………………………………………………055
一、网络招聘服务实施步骤………………………………………………057
二、网络招聘服务实施注意事项…………………………………………058
三、网络招聘服务存在的问题……………………………………………058
本章自测题……………………………………………………………………059

第三章　高级人才寻访服务…………………………………………………060
学习目标………………………………………………………………………060
引导案例………………………………………………………………………060
第一节　高级人才寻访服务概述……………………………………………063
一、高级人才寻访服务的定义……………………………………………063
二、高级人才寻访服务的特点……………………………………………064
三、高级人才寻访服务的类型……………………………………………066
四、高级人才寻访服务发展趋势…………………………………………068
第二节　高级人才寻访服务实施……………………………………………070
一、高级人才寻访服务实施步骤…………………………………………070
二、高级人才寻访服务实施规范…………………………………………072
本章自测题……………………………………………………………………085

第四章　人员素质测评服务…………………………………………………086
学习目标………………………………………………………………………086

引导案例……………………………………………………………086
第一节　人员素质测评服务概述……………………………………088
一、人员素质测评服务的定义……………………………………088
二、人员素质测评服务的原理……………………………………091
三、人员素质测评服务的作用……………………………………093
四、人员素质测评服务的业务类型………………………………094
五、人员素质测评服务的发展模式………………………………101
第二节　人员素质测评服务实施……………………………………103
一、人员素质测评服务实施步骤…………………………………103
二、人员素质测评服务实施标准…………………………………105
第三节　人员素质测评的工具与方法………………………………106
一、心理测验………………………………………………………106
二、面试……………………………………………………………113
三、评价中心………………………………………………………118
四、其他测评方法…………………………………………………123
本章自测题……………………………………………………………130

第五章　人力资源培训服务……………………………………………131
学习目标………………………………………………………………131
引导案例………………………………………………………………131
第一节　人力资源培训服务概述……………………………………133
一、人力资源培训服务的内涵……………………………………133
二、人力资源培训服务的业务类型………………………………134
三、人力资源培训服务的发展模式………………………………136
四、人力资源培训服务的发展现状与趋势………………………147
第二节　人力资源培训服务实施……………………………………148
一、人力资源培训服务实施步骤…………………………………148
二、人力资源培训服务实施标准…………………………………149
三、人力资源培训服务注意事项…………………………………154

四、人力资源培训服务合同……………………………………154
本章自测题……………………………………………………157

第六章　人力资源咨询服务……………………………………158
学习目标………………………………………………………158
引导案例………………………………………………………158
第一节　人力资源咨询服务概述………………………………160
一、人力资源咨询服务的定义…………………………………160
二、人力资源咨询服务的作用…………………………………163
三、人力资源咨询服务的类型…………………………………163
四、人力资源咨询服务的发展模式……………………………170
第二节　人力资源咨询服务实施………………………………171
一、人力资源咨询服务实施步骤………………………………171
二、人力资源咨询服务实施标准………………………………174
本章自测题……………………………………………………175

第七章　劳务派遣………………………………………………176
学习目标………………………………………………………176
引导案例………………………………………………………176
第一节　劳务派遣概述…………………………………………178
一、劳务派遣的定义……………………………………………178
二、劳务派遣的特征……………………………………………182
三、劳务派遣用工模式…………………………………………184
四、劳务派遣与其他用工方式…………………………………192
第二节　劳务派遣服务实施……………………………………196
一、劳务派遣服务实施步骤……………………………………196
二、劳务派遣服务实施规范……………………………………202
三、劳务派遣服务实施风险管控………………………………211
本章自测题……………………………………………………228

第八章 人力资源外包服务……229
学习目标……229
引导案例……229
第一节 人力资源外包服务概述……231
一、人力资源外包服务的内涵……231
二、人力资源外包服务与劳务派遣……232
三、人力资源外包服务的优势……233
四、人力资源外包服务业务类型……233
五、人力资源外包服务商业创新模式……237
六、人力资源外包服务发展现状与趋势……238
第二节 人力资源外包服务实施……242
一、人力资源外包服务实施步骤……242
二、人力资源外包服务标准……244
三、人力资源外包服务注意事项……249
四、人力资源外包服务合同……249
本章自测题……253

第九章 人力资源管理信息化服务……254
学习目标……254
引导案例……254
第一节 人力资源管理信息化服务概述……255
一、人力资源管理信息化服务的内涵……255
二、人力资源管理信息化服务的功能模块……255
三、人力资源管理信息化服务机构的类型……257
四、人力资源管理信息化服务的新趋势……257
第二节 人力资源管理信息化服务实施……258
一、人力资源管理信息化服务需求分析……258
二、人力资源管理信息化服务信息化平台搭建……259
三、人力资源管理信息化服务反馈与改进……262

四、人力资源管理信息化服务标准与注意事项…………………262
五、人力资源管理信息化服务合同………………………………263
本章自测题………………………………………………………266

第一章　人力资源服务概述

学习目标

- 了解人力资源服务的概念
- 熟悉人力资源机构的分类
- 掌握人力资源服务八大业态的具体内容
- 了解人力资源服务业的特征
- 了解我国人力资源服务业的发展新趋势与新挑战

引导案例

MG 酒店是一家集住宿与餐饮服务于一体的大中型企业，员工超过 300 人，但企业人力资源部员工仅有 5 人，负责人力资源管理工作的各个方面。客房部和餐饮部是酒店主要一线服务部门，由于工作任务重、薪资水平低、配套福利未跟上等一系列原因，导致 MG 酒店这两个部门员工的流失率居高不下。同时，随着竞争酒店数量逐渐增多，一线服务员工的就业选择也越来越多，导致一线服务部门应聘的人员基数小，空缺岗位用人不能及时到位。而一线服务员工招聘到位后，人力资源部还未对新入职员工进行培训，便被用人部门要求直接将员工下发到部门进行工作，导致员工对规章制度及工作流程不熟悉，无法更好地完成工作，工作表现及工作效率达不到酒店标准及要求，经常导致客人对酒店服务投诉，部门负责人及员工也因此受到酒店总经理的问责与处罚。

为了弥补一线服务岗位用人缺口，保障酒店客房部及餐饮部两个服务部门的正常运行，提高客人服务体验，人力资源部将招聘与培训的工作重点放在一线服务员工的招聘、规章制度和服务标准培训等一般性事务身上，但工作成效不显著，反而受到用人部门的质疑，觉得人力资源部邀约面试的人太少，应聘的人员素质达不到要求，很难有更好的选择；客房部和餐饮部的工作任务重，还要员工浪费工作时间来参加培训，耽误日常工作安排。用人部门的不理解让一线服务员工的招聘与培训工作推进受阻，一般性事务也浪费了人力资源部工作人员的很多时间，对其他人力资源工作进度造成了影响。同时，酒店总经理也对人力资源部工作提出质疑，认为当前的工作重心应该在团队建设与制度建设上，不应该把时间都浪费在一般性事务上。

请思考：如果你是MG酒店的人力资源部负责人，你该如何解决酒店当前的人力资源问题?

第一节　人力资源服务

一、人力资源服务的定义

（一）人力资源服务的概念

人力资源服务是指为人力资源和用人单位提供相关服务，从而促进人力资源优化配置与有效开发的服务，也称为人力资源外包服务、人力资源第三方服务。就其内容而言，人力资源服务是指组织在经营管理中为了降低人力资源管理成本，提高人力资源管理效率，将组织自身人力资源管理工作中的部分或全部的非核心工作，交由专业的社会服务机构去完成。其具体服务内容有人力资源招聘、职业指导、人力资源和社会保障事务代理、人力资源培训、人员素质测评、劳务派遣、高级人才寻访、人力资源外包服务、人力资源管理咨询、人力资源信息软件服务等方面。

人力资源服务有狭义和广义之分。狭义的人力资源服务等同于人力资源中介服务，主要是指猎头公司、人才和劳动力市场提供的服务。其中，猎头公司主要为高级人才提供服务，人才和劳动力市场主要为初级、中级人才提供服务。广义的人力资源服务是指由专业的人力资源咨询公司和能提供人力资源咨询的管理顾问公司为企业提供的战略层面和操作层面的服务：战略层面的人力资源服务如人力资源管理体系设计，包括人员招聘、员工培训与发展、薪酬福利、绩效考核和岗位设置设计等服务内容；操作层面的人力资源服务是指人力资源咨询公司从事的常规事务性工作，如客户企业日常烦琐的操作和管理，主要提供薪酬福利管理、薪酬福利数据的获得、能力评估等服务内容。

人力资源服务业是为劳动者就业和职业发展以及用人单位管理和开发人力资源提供相关服务的专门行业。人力资源服务业是生产性服务业和现代服务业的重要组成部分，其主要功能是促进人力资源有效开发与优化配置，从而提升劳动生产率，对推动经济发展、促进就业创业和优化人力资源配置具有重要作用。此外，人力资源服务业具有明显的外部效应，或者称为溢出性效应，即通过促进人力资源的优化配置，促进国民素质的提高，推动经济社会的可持续发展。

（二）人力资源服务机构

人力资源服务机构及其人员是人力资源服务业的具体载体。人力资源服务机构通过实现人力资源的优化配置，满足用人单位在发展中对知识和智力的需要；通过促进人才价值的充分实现，推动各项经济社会事业的全面发展。

人力资源服务机构按其性质划分（如图 1–1 所示），主要有五类：一是政府所属人力资源公共服务机构，二是国有性质服务企业，三是民营性质服务企业，四是港澳台及外资性质服务企业，五是其他性质服务企业机构。其他性质服务企业机构是一些部门和行业所属的人力资源服务机构，如中国人力资源协会等，主要承担行业和系统内人力资源开发流动配置服务，支撑行业人力资源管理制度改革。国有性质服务企业、民营性质服务企业，都是市场化、经营性的人力资源服务机构，属于商务服务业中的现代生产性民间服务，能够提供比较灵活的人力资源配置服务。

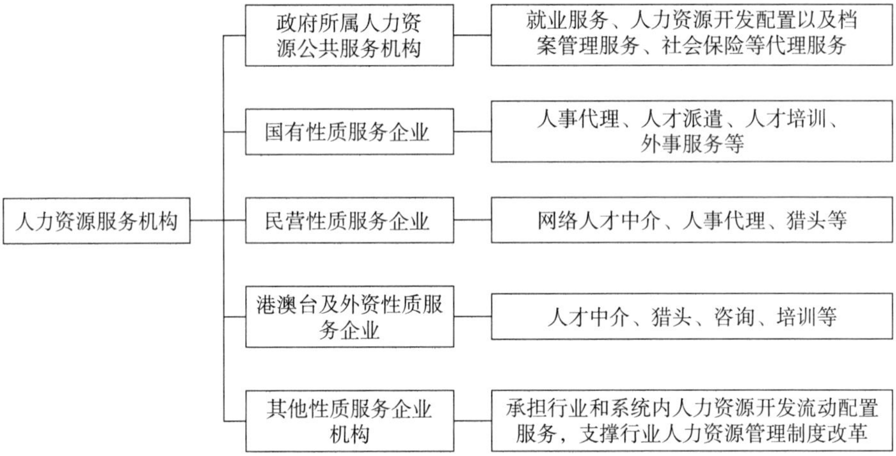

图 1–1　人力资源服务机构分类及其业务

（三）人力资源服务与人力资源管理

人力资源管理工作效率的高低，对企业的市场竞争力具有重要影响。人力资源配置合理、分工科学对企业发展具有持久的推动作用和良性的带动作用，有利于提高企业的市场竞争力和科技创新力。良好的人力资源管理体系可以提高企业市场运营的机动性和灵活性，为企业赢得更多的发展机会。

人力资源服务是人力资源管理的有效补充。人力资源服务可以通过提供不同形式的产品和服务，来满足人员、企业、社会等主体发展中人力资源开发领域的各种需求，目的在于帮助该主体更加合理有效地获取、开发、配置和利用人力资源。

人力资源管理的不足及优化，催生了人力资源服务业的产业链。企业雇用人员的各个阶段产生了不同的人力资源需求，这些需求衍生出人力资源行业的各个细分行业，如员工进入企业时的招聘服务需求，促使人力资源服务机构围绕此阶段衍生出在线招聘、中高端人才访寻、招聘咨询、招聘流程外包等服务；部分人力资源细分领域的服务如人力资源软件系统则支持员工在企业的整个雇用周期。因各细分行业的产品以及服务不同，产生了不同的人力资源服务业务形态和模式，如系统、平台、解决方案、单一服务、咨询等。随着人力资源服务市场的逐渐成熟，行业边界正在逐渐被打破，整合加剧，更多服务模式交互，并将衍生出更多新的服务模式，形成人力资源服务业产业链（见表 1–1）。

表 1–1　人力资源服务业产业链

<table>
<tr><td rowspan="2">人力资源管理</td><td colspan="6">人力资源服务</td></tr>
<tr><td>系统</td><td>平台</td><td>解决方案</td><td colspan="2">单一服务</td><td>咨询</td></tr>
<tr><td rowspan="4">招聘</td><td rowspan="6">人力资源软件系统</td><td rowspan="6">在线招聘</td><td>人力资源外包</td><td colspan="2">中高端人才访寻</td><td rowspan="2">人力资源咨询</td></tr>
<tr><td rowspan="3">招聘流程外包（RPO）</td><td>按结果收费</td><td>按过程收费</td></tr>
<tr><td colspan="2">灵活用工</td><td rowspan="2">人员素质测评与评鉴</td></tr>
<tr><td>专业人员岗位外包</td><td>通用人员岗位外包</td></tr>
<tr><td>人才管理</td><td>管理服务提供商（MSP）</td><td colspan="2">人事代理及传统派遣</td><td rowspan="2">管理培训与人才发展</td></tr>
<tr><td>裁员</td><td colspan="3">转职服务</td></tr>
</table>

二、人力资源服务的属性与特点

（一）人力资源服务的属性

1. 经济属性

人力资源服务可以促进人力资源有效开发与优化，改善企业内部人力资源管理和开发流程，提高企业分工的精细化和专业化水平，从而实现提高企业生产效率、控制管理成本、推动经济发展、促进就业创业的目标，因此人力资源服务具有相应的经济属性。

人力资源服务机构通过多样化的雇用方式和市场化的人才搜寻，为企业提供多种形式的人力资源开发模式，在满足企业用工需求的基础上，辅助企业实现灵活用工，减少企业因雇用带来的风险，减少人力成本支出。例如，生产制造型企业通过一线操作岗位派遣用工，合理调控人员配置，减少生产淡季人力资源浪费、人力支出等压力，解决生产旺季人员紧缺问题。

人力资源服务在一定程度上可以优化企业的人力资源管理流程。人力资源服务机构可以将企业人力资源的事务性工作集中起来，将人力资源工作流程标准化、服务规模化，形成人力资源共享服务中心，以整合资源、提高工作效率，减少企业运营成本。

2. 社会属性

人力资源服务在表现形式上主要是组织与组织之间、员工与组织之间、员工与员工之间的关系，在内涵上主要是劳动关系的和谐，以及企业之间的合作信任和相互依赖。人力资源服务不是针对某一企业需求的服务，而是满足这一类需求的服务，人力资源服务提供商可能与不同行业的多类企业客户存在着交流互动、制度建设等活动，人力资源服务也为企业与员工之间提供相互合作的信息与平台，同时协调处理企业与员工之间的劳资关系，使之处于和谐稳定状态。

（二）人力资源服务的特点

人力资源服务既有服务业的共性，又有自身特点，主要有以下五个特点。

1. 基础性

人力资源是“第一资源”，是经济社会发展的基础和源泉，在市场环境下，人力资源管理在企业管理中具有重要战略位置。企业管理是以人力资源管理为主开展的，针对企业生产经营活动进行的，包括计划、组织、指挥、协调和控制等在内的一系列活动的总称。企业将自身的基础性工作外包给社会人力资源服务机构后，可以有更多的时间和精力谋求进一步发展。而社会人力资源服务机构直接提供人力资源服务，广泛渗透到社会各个行业和各个部门，所以人力资源服务具有基础性。

2. 重复性

由于企业人力资源工作的内容大都具有重复性的一面，因此，企业对能够为其提供人力资源服务的社会服务机构的服务需求也就具有了重复性。这也是人力资源服务得以发展并拥有越来越多的市场的原因。或者说，正是由于企业对人力资源服务的重复性需求，助推了专业的社会人力资源服务机构的发展，所以人力资源服务具有重复性。

3. 通用性

人力资源服务具备社会属性，所以为企业提供人力资源服务的社会机构，并不只是针对某一特定的企业为其提供服务，满足其需求。人力资源服务社会机构要满足的是某一类企业的服务需求，为其提供所需要的服务，因此其具有通用性。

4. 无形性

人力资源服务是对人进行相关服务，由人来表现，它不同于实物商品的服务既能看得到又能摸得到，人力资源服务是无形的，所以人力资源服务具有无形性。

5. 易逝性

人力资源服务不具备储存与转售等功能，这使得人力资源服务具有易逝性。

（三）人力资源服务业的商业模式

现代商业模式是指企业与企业之间、企业各部门之间，甚至企业与客户之间、企业与营销渠道之间都存在各种各样的交易关系和联结方式。其内涵就是为了实现客户利益最大化或者价值最大化，把企业所需要的内外部资源要素整合，形成一个运作高效独特的完整系统，帮助客户持续盈利，最终提供一个整体解决方案。现代经济的发展，使得人力资源服务市场竞争更加激烈，商业模式的创新成为企业未来发展的重要推动力。

1. 传统的人力资源服务业的商业模式

传统的人力资源服务，因各细分行业的产品以及服务方式不同，产生了不同的业务形态和商业模式，提供系统、平台、解决方案、单一服务、咨询等服务。典型的服务模式如：招聘流程外包，为客户带来的价值包含提升招聘策略、优化招聘流程、保障多快好省的招聘结果、灵活应对弹性人才需求等；管理服务提供商，帮助企业有效优化管理派遣员工，通过人力资源部门、服务采购部门、运营部门的协调配合，为企业带来巨大的价值；软件即服务模式，它提供了一种按需服务的商业模式，彻底推翻了以许可证为中心的传统软件商业模式。

2. 新兴的人力资源服务业的商业模式

在模式创新方面，很多人力资源服务机构由单一的外包业务提供商向整体解决方案提供商的转变，这是未来最主要的发展趋势。整体解决方案不仅提高了企业的竞争壁垒，同时使业务和信息之间达到了协同效应，显著提升了企业的整体竞争实力。

人力资源服务业的新兴商业模式趋势即产业链整合、结盟和合并。这一趋势对人力资源服务行业的最直接影响在于使得整个行业的商业模式向整体解决方案转变，把人力资源外包、咨询、软件三者互相整合的一种新型服务模式，即向产业价值链的上下游加速整合，提供人力资源外包、咨询、软件三者互相整合的商业模式（如图 1-2 所示）。如果一家提供招聘整体解决方案的公司能够提供基于招聘流程外包、招聘流程管理软件、招聘管理咨询、招聘管理培训和雇主品牌传播这些整体解决方案，将为客户提供更大价值。对于人力资源服务供应商而言，整合式的集成解决方案服务模式可以提高各业务板块之间的协同性，实现客户和产品资源共享，提高企业竞争力。

共享经济的兴起，也将为人力资源服务提供创新管理模式。所谓共享经济，也被称为点对点经济，是实现闲置资源共享的一种经济模式，通过互联网技术的分享平台来满足用户需求。共享经济模式中有提供闲置资源的资源提供者、对该闲置资源有需求的资源消费者、实现该闲置

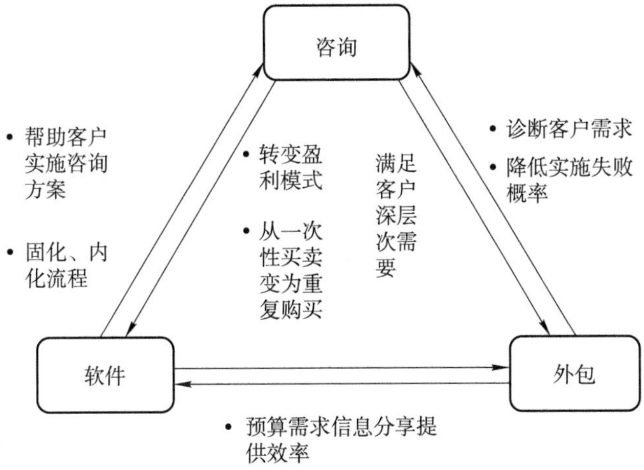

图 1-2　人力资源外包、咨询、软件行业相互渗透整合

资源提供者与资源消费者对接的共享平台三个主体。移动互联网技术的高速发展和应用，使得这三个主体之间的“需求—对接—供给”关系可以实现在动态网络形态下的即时对接，创造了共享经济下新的生态模式。比如，建立一个第三方平台，利用 B2B2C 的模式（Business To Business To Customer，电子商务的企业—企业—消费者模式）完成传统人力资源服务外包服务机构在移动互联网时代的业务升级转型；基于数据挖掘和分析的人力资源服务外包增值模式，也将作为人力资源服务外包公司服务模式创新的基础。

未来，共享经济、互联网 +、移动技术、人工智能将推动人力资源服务行业的不断前进，新的商业模式将不断涌现。

三、人力资源服务的八大业态

人力资源服务为人力资源和用人单位提供相关服务，从而促进人力资源优化配置与有效开发，就其服务内容来看，人力资源服务具有八大业态。

（一）人力资源招聘服务

目前，人力资源招聘服务主要包括网络招聘服务和线下招聘服务。

网络招聘服务是通过运用网络、系统等信息技术手段，帮助企业完成招聘过程，即通过第三方招聘网站或网络招聘服务机构，使用建立数据库或搜索引擎等工具来完成人才招聘的过程，主要以招聘网站为主。在互联网应用技术高度发达、快速发展和广泛普及的时代，纯粹的线下招聘服务已不多见。线下招聘服务正在和互联网形成良性互动，通过在线上发布信息、投递简历，在线下组织面试、签订合同、办理入职，有效提高了人力资源服务效率和质量。

（二）高级人才寻访服务

高级人才寻访服务主要为企业客户提供咨询、搜寻、甄选、评估、推荐并协助录用高级人才，对高级人才进行市场化配置。其目标群体是具有较高知识水平和专业技能的高层管理人员、高级技术人员以及其他职位稀缺人员。

高级人才寻访服务始于20世纪20年代的美国，经过近100年的发展，现在全球70%的高级人才都通过高级人才寻访服务实现职业转换，90%以上的跨国公司和几乎所有的全球500强企业都在使用高级人才寻访服务招聘高级人才。我国高级人才寻访服务是在20世纪90年代伴随外资企业的进入而开始发展的，随着社会主义市场经济的发展，高级人才寻访服务机构迅速增长，队伍日益壮大。

（三）人员素质测评服务

人员素质测评服务通过心理测验、情景模拟等手段对人的能力、水平、性格特征等因素进行测量，并根据职位需求及企业组织特性对人员素质状况、发展潜力、个性特点等心理特征做出科学评价，为企业用人、选人、育人等人力资源管理和开发工作提供有价值的参考信息。

（四）人力资源培训服务

人力资源培训服务一般包括公开课、内训、电子化学习/移动学习平台及课件服务、教练/导师服务、严肃游戏及仿真模拟、培训技术

（数字化学习管理、虚拟课堂、社交、新兴技术）等。

（五）人力资源咨询服务

人力资源咨询服务主要围绕组织设计、职能分解、工作分析、制度设计、人员招聘、绩效考核、薪酬体系、培训和职业生涯规划等方面展开。

人力资源咨询主要分为三大类：人力资源管理咨询（基于数学、统计、劳动法与就业促进法、公司制度层面）；人力资源管理咨询（基于工业组织与心理学，包括领导力、继任、人才发展、任用等方面）；服务咨询（商务、法律等）。

人力资源咨询服务主要解决人力资源管理体系的四大系统和五项梳理问题，其中，四大系统分别为战略—文化系统、体系—方法—制度系统、胜任岗位—人才标准系统、人岗匹配—激励约束系统；五项梳理分别为战略梳理、文化梳理、流程梳理、工作梳理、岗位价值梳理。

（六）劳务派遣服务

劳务派遣服务是一种针对企业灵活用工需求的人力资源配置方式，这种用工方式特别之处在于雇用与使用的分离，其劳动过程由企业管理，员工的工资福利、社会保险等待遇由企业提供给派遣单位，再由派遣单位支付给被派遣人员，并为其代办社会保险关系、管理人事档案关系等事务。劳务派遣服务主要包括用工、退工申报，各类社会保险和公积金申报与缴纳，工资发放，人事档案传递和信息管理，各类人事相关证明出具等服务。

（七）人力资源外包服务

人力资源外包服务包括流程性外包服务和事务性外包服务两种。其中，流程性外包服务主要包括招聘流程外包、薪酬或福利外包、管理服务提供商等，事务性外包服务主要涉及人事代理及传统派遣。

具体内容而言，人力资源外包服务包括人力资源规划、制度设计与创新、流程整合、员工满意度调查、薪资调查及方案设计、培训工作、劳动仲裁、员工关系、企业文化设计等事项。

（八）人力资源管理信息化服务

人力资源管理信息化服务主要包括人力资源管理、薪酬与激励、招聘与选拔、人才管理、学习与发展等核心功能模块。人力资源流程的自动化、云部署的兴起和移动化渗透的增加是核心人力资源软件市场增长的主要因素。人力资源软件产品包括人力资源规划、人事管理、薪酬、保险、考勤、招聘、培训、考核、计件等各个功能，对企业的人力资源管理方方面面进行分析、规划、实施、调整，从而提高企业人力资源管理水平，使人力资源更有效地服务于组织或团体目标。人力资源管理信息化服务市场主要有传统的买断部署模式和新兴的云服务模式，而云服务、软件即服务模式已为当前市场所共识。

四、人力资源服务各业态的新变化

（一）人力资源服务业态发展变化

随着人力资源服务业的不断发展与完善，已经形成了多元化、多层次的人力资源市场服务体系。随着经济社会的发展，人力资源服务各业态也保持迅速发展的状态，发展变化主要体现在以下三个方面。

1. 网络化

随着互联网技术的发展，人力资源服务的各业态，逐步由线下发展转变为线下与线上结合发展。例如，在招聘服务中，传统招聘方式受到挑战，以互联网为核心的网络招聘发展势头迅猛，新型招聘方式如微信招聘、QQ 群招聘等应用日益广泛，招聘服务不再受到时间和空间的限制，解决了招聘方和求职方在时间和空间上不对称问题；人工智能的应用，在简历分析和岗位匹配上的精准计算，也大大提高了简历和岗位的匹配度；高级人才寻访服务机构通过互联网重新建立客户与人才之间的关系，同时通过互联网信息，能快速了解人才兴趣爱好等各项信息，减少信息不对称的壁垒；随着智能设备的普及，传统的学习模式正在被颠覆，线上线下的多种学习方式将大大增强人力资源培训的效果。

2. **专业化**

专业化是人力资源服务业态纵向深入发展的趋势要求，随着人力资源服务的发展，企业对人力资源服务专业化的要求也越来越高。例如，招聘服务从综合性招聘逐步向不同行业、不同岗位、不同人群、不同技术手段的招聘服务细分；在高级人才寻访服务中，企业对机构的专业化水平提出了更高要求，不仅要求擅长搜索人才信息，对人才的甄选判断、说服谈判等方面也有了更专业要求；人力资源外包服务也由初级外包发展到专业化的流程外包、薪酬或福利外包等提供综合解决方案的服务形式。

3. **多元化**

随着经济社会的发展，传统单一的人力资源服务已无法满足企业及人才的需求，同时随着人力资源服务行业规模的不断扩大，人力资源服务各业态相互关联、相互渗透，单一的发展模式使企业竞争处于劣势地位，而多元化的协作模式能提高企业的竞争壁垒。传统的招聘服务网站，也从单一人才招聘发展成包括企业内训、人员素质测评、人才培养等内容的多领域、全方位的人力资源服务。随着人才地位的逐步提高，高级人才寻访由服务企业客户为导向的模式，演变为服务企业客户和服务人才的双重业务模式。而传统的人力资源服务外包也从事务性外包发展成流程制度建设、方案设计等多元化外包服务。

（二）人力资源服务业态发展新趋势

1. 人力资源招聘服务的发展新趋势

（1）在网络招聘中，“蓝领”市场规模赶超“白领”市场。以往因为受众的互联网化程度不高，操作工、服务员等“蓝领”岗位不是在线招聘的主流，伴随着移动互联网的普及，“蓝领”人群使用网络招聘的数量不断增多，并且“蓝领”人群工作变动频次高，因此其人力资源服务市场逐渐活跃和发展起来。

（2）本土企业逐步成为优质客户，外企优势相对下降。本土企业规模做大、实力增强后，尤其是互联网行业的企业，对于未来前景持乐观自信的态度，敢于采用创新手段，在人才吸引和招聘方面也不惜重金，招聘理念和招聘管理水平不断提升。招聘服务机构更加倾向于与本土企业合作，双方培养了紧密融洽的合作关系。

（3）招聘服务进一步向纵深细分化方向发展。招聘服务行业经过多年发展，从综合性招聘逐步向不同行业、不同岗位、不同人群、不同技术手段的招聘服务细分。招聘服务的持续细分化反映了招聘市场的激烈竞争。

（4）人工智能技术率先应用于招聘服务。人工智能技术在人力资源服务业中有较好的应用场景，首先突破的是招聘服务，招聘领域的多家创新公司都在用人工智能技术进行简历和岗位的智能匹配，分析对岗位描述的真实意图。同时，分析简历适合的岗位与以往简单的条件查询不同，通过自然语言的分析如同有经验的人力资源服务专员筛选简历候选人一样，凭着专业经验进行匹配，极大地提高了简历和岗位匹配的准确性。

2. 高级人才寻访服务的发展新趋势

（1）社会认可度加深，机构规范意识增强。近年，在中高级人才寻访服务市场中的调研显示，寻访服务机构规范意识逐步增强。通过访谈了解到，多数从业者将服务的规范性作为评价寻访服务机构的关键指标，并认为规范的操作方法、标准的服务流程能够提升服务质量。未来我国中高级人才寻访服务市场依然会在规范化与专业化道路上行进。

（2）寻访服务机构跨领域发展，产业链不断拓展。高级人才寻访服务和人力资源外包、咨询、软件服务相互渗透，正“跨界”相关领域，走上多元化发展之路。中国人才交流协会高级人才寻访专业委员会调查显示，55% 的寻访服务机构业务实现了多元化，业务范围不仅涵盖中高级人才寻访，还包括培训、咨询、业务流程外包等业务。寻访服务机构还会和相关业务组织进行资源共享、优势互补以满足客户多元化需求。很多寻访服务机构负责人表示，这种跨领域的竞争和合作源于客户不断增长的需求，很多客户希望合作的供应商能够提供“一揽子”服务。

3. 人员素质测评服务的发展新趋势

人员素质测评服务作为一个新兴人力资源服务行业已经显现魅力，展望未来，我国人员素质测评服务的发展呈现六大趋势。

（1）本土化。人员素质测评服务源于西方发达国家，目前我国人员素质测评服务的理论和实践在以学习、借鉴西方发达国家的基础上，结合本国实际，创造性地将人员素质测评服务的先进知识和技术与我国实际情况结合，从而实现人员素质测评服务的本土化。这是我国人员素质测评第三方服务业从业者应有的责任和使命。

（2）外包化。外包化是指将企业人员素质测评业务外包给第三方人员素质测评公司的服务方式。目前，越来越多的企业采用服务外包的方式选择战略性的人员素质测评供应商。

（3）个性化。伴随着行业与行业之间、企业与企业之间、岗位与岗位之间、地区与地区之间的差异，企业的个性化需求越来越明显，满足个性化需求的服务也必然要个性化。

（4）在线化。人员素质测评服务与互联网的结合日益紧密，在线测评系统带来的效率和成本优势显而易见，这是线下测评所不能比及的。线上测评的发展也带动了在线测评产品的多样化发展，线上测评产品的日益丰富促进了人员素质测评平台的出现，涵盖多种行业、岗位、层次及测评需求的数百种测评产品能提供多个不同应用场景的测评报告。

（5）规范化。第三方人员素质测评服务目前在我国处于起步阶段，市场并不成熟，从业企业品质参差不齐、标准不统一。完善政府的监督机制和加强行业协会的自律作用成为促进人员素质测评服务规范化的必然要求。

（6）专业化。人员素质测评是一门专业学科，也是一种专业技术。目前，越来越多的企业更加注重人员素质测评服务工作者的专业知识、专业能力和职业道德。

4. 人力资源培训服务的发展新趋势

我国的人力资源培训服务呈现如下三个方面的发展新趋势。

（1）专业化。未来，越来越多的企业会倾向于将企业内部的培训工作外包给专业化的第三方人力资源培训机构。这就要求第三方人力资源培训机构在专业上必须有所长，才可在激烈的市场竞争中赢得地位。

（2）实战化。从课程设计到培训过程必须具有实战性，具有良好实用价值和针对性。一个不具有实际指导意义的课程，即使课堂上气氛活跃，其培训效果也是不佳的，这种不佳的培训效果往往不利于影响客户企业的二次消费。

（3）品牌化。第三方人力资源培训机构需注重品牌建设，塑造良好的口碑，才能在众多佼佼者中脱颖而出。

5. 人力资源咨询服务的发展新趋势

人力资源咨询服务是人力资源服务业的新增长点，呈现搭建网络平台、关键领域转变的发展新趋势。

（1）搭建网络平台。伴随移动互联网的普及，社交媒体技术的创新和发展促进了人力资源咨询服务的平台化。“互联网＋咨询服务”就是打破时间和空间的限制，建设人力资源咨询服务网络平台。

（2）咨询服务的关键领域转变。新时期，企业面临来自人才多样化、绩效管理理念变革等人力资源管理的转型压力和挑战。人力资源咨询服务的关键领域应转变为向企业提供全面创新的人力资源管理解决方案，将员工发展与企业发展结合起来，使人力资源管理与业务发展结合，促进企业的创新和高效运转，包括人力资源管理战略、人力资源管理转型、绩效提升解决方案等。

6. 劳务派遣服务的发展新趋势

随着我国人力成本的升高和运营模式的转型升级，越来越多的企业倾向于采用劳务派遣的用工方式规避风险、节约成本。国内的劳务派遣的发展呈现出如下新趋势。

（1）派遣服务规范化、规模化、专业化。20世纪90年代以来，我国的劳务派遣服务市场一直处于初级发展阶段，派遣企业对派遣员工的调配能力和专业化服务程度有限，一度出现了劳务派遣用工泛滥的现象。2012年《劳动合同法》的修订、2013年《劳务派遣行政许可实施办法》

等一批法律政策的正式施行，严格规范了“劳务派遣”的用工形式，改善了整个劳务派遣行业的政策环境。2014 年 3 月 1 日，《劳务派遣暂行规定》正式施行，明确界定了“三性”（临时性、辅助性和替代性）工作岗位范围，规定劳务派遣岗位不得超用工总量的 10%。这对劳务派遣市场产生了一定影响，筛选掉了一批不能满足市场发展需求的中小型劳务派遣企业。2016 年 4 月，财政部、国家税务总局发布了《关于进一步明确全面推开营改增试点有关劳务派遣服务、收费公路通行费抵扣等政策的通知》，明确了营改增试点期间劳务派遣服务等政策事项，推进劳务派遣服务行业税务改革，促使劳务派遣服务市场走向规模化、专业化道路。

（2）管理服务提供商。传统的劳务派遣服务主要面向用工单位提供员工招聘、岗前服务、建立员工档案、工资发放、保险缴纳、签订劳动合同、客户回访等服务。欧美等国家整合并拓展了劳务派遣服务的领域，开展管理服务提供商（Managed Service Provider，MSP）业务，对企业进行派遣制员工管理，包括项目统筹管理、汇报与追踪、供应商选择与管理、订单分配以及综合计费等，实现了对劳务派遣服务产业链的延伸和拓展，帮助企业控制成本，优化派遣员工管理方案，提高人才质量，降低劳务派遣风险。

7. 人力资源外包服务的发展新趋势

（1）人力资源外包服务将更加专业化、精细化。企业为了节约成本，将技术含量低、用人规模大的岗位向外承包，人工智能、云计算相关的工种也逐渐出现在了外包需求之列。随着人力资源服务专业化程度的提高，人力资源服务对象开始分化，而各企业对其服务的要求也将更加个性化。人力资源服务供应商的专业化分工体系将不断细致和完善，更加侧重于为客户提供有针对性和差异性的产品，以满足不同企业的需求，走同质化竞争、差异化发展之路。未来的人力资源服务企业将充分了解客户特点和需求，依据自身核心竞争力和服务特色，为企业客户提供适配有效的服务。

（2）薪酬福利外包将成为行业新的增长点。随着我国信息技术和税收制度的不断改革和完善推进，“薪酬福利外包”及类金融服务产品将会被越来越多的企业所需求，也将得到更多人力资源服务机构的重视，并被技术和资本公司所看好。现有企业基于软件即服务（Software as a Service，SaaS）模式进行企业薪酬福利外包，即薪酬福利外包的合作双方选择 SaaS 模式运营。SaaS 供应商为企业人力资源薪酬福利外包信息传输提供所需要的所有网络技术设施及软件、硬件运作平台，并负责软件投入前期的实施和后期的维护等一系列服务。SaaS 供应商为企业客户按需定制软件，如在薪酬福利外包中针对企业不同薪酬福利结构设计定制化的薪酬福利数据录入与核算软件。在未来一段时间，将会有更多企业加入进来，薪酬福利外包将成为各大企业新的市场竞争地和新的行业增长点。

（3）人力资源外包服务企业将更加注重自身品牌的打造。随着人力资源外包服务商的不断增加和经济环境的日益变化，行业竞争日益激烈。如何在众多企业中脱颖而出，得到服务对象的青睐，需要人力资源外包服务企业更加注重自身品牌的打造，利用品牌效应为公司增值。品牌打造不单是指各种各样的推广营销手段，更加重要的是以优质的服务树立起良好的品牌形象。

此外，企业诚信自律建设也是品牌打造的关键环节。无规矩不成方圆，很多企业都制定了自身的行为准则，如全球人力资源跨国公司万宝盛华制定的商业行为和道德准则、任仕达的商业原则和德科的行为规范等，这些行为准则不仅成为企业文化的重要组成部分，还大力提高了企业的知名度和可信赖度，提高了品牌建设和服务质量，为企业树立了良好的服务品牌形象，也为企业赢得了更多的市场份额。

（4）人力资源服务企业加快走出去，全球化外包服务成为趋势。我国在全球生产、贸易和投资领域所占的份额正在以令人震惊的速度增长，从根本上改变着全球经济的格局，成为活跃的全球化经济塑造者。中国企业全球化过程中遇到的困难多种多样，其中最主要的困难是严重的人才短缺。大部分企业管理者认为，他们在全球化过程中，遇到最主要的困难是缺乏合适的、具备跨文化理解能力和管理知识的人才，而国外的人力资源服务商由于对中国企业文化和管理方式不了解，很难为企业寻猎到合适人才。国内很多人力资源服务商看到我国企业这一痛点，利用自身经过长期合作、对企业文化和管理方式充分理解的优势，根据其主要合作客户的国际化发展轨迹，制定了适合自身发展的全球化发展战略，以此来降低企业全球化的风险。

8. 人力资源管理信息化服务的发展新趋势

（1）个性化服务正在成为人力资源管理信息化系统发展新趋势。随着企业对人力资源管理信息化系统的个性化需求越来越强烈，个性化服务正成为行业发展的新趋势。同时，根据相关调研表明，人力资源管理信息化系统能为客户解决的个性化需求程度越高，占领的市场体量就越大。

个性化服务不仅能节省人力资源管理者大量的精力，而且能深入、客观地引导挖掘用户的实际需求，在最大范围内帮助用户找到需求，并创造一个能在最大程度上提高企业效率的机制，从而为后续工作实施打下良好的基础。

（2）人工智能、大数据将掀起一场人力资源管理信息化系统的革命运动。未来人工智能、大数据等新兴技术与人力资源管理信息化系统的结合将会越来越明显。大数据和人工智能可以帮助人力资源管理信息者科学制定决策，增强人力资源管理者对业务的说服力和影响力，也使其价值创造得以量化和可见。

通过借助人工智能、大数据技术的运用，人力资源管理信息化系统将更高效智能化。未来，更广泛的员工动态数据获取、更深入的数据挖掘与分析，将成为各人力资源管理信息化系统探索和改进的方向。

第二节　人力资源服务业

一、人力资源服务业的特征

人力资源服务业是生产性服务业和现代服务业的重要组成部分，既具有一般服务性产业的特征，又由于其服务对象的特殊性，具有自身鲜明特征，具体体现在以下四个方面。

（一）基础性

人力资源是第一资源，是企业和经济社会发展的基础，在企业和经济社会发展过程中，人力资源服务业跟随着人力资源的流动发展，渗透到了社会的各个行业和各个企业，具有较强的社会基础性。

（二）高成长性

人力资源服务业是一个持续加速发展的朝阳产业，具有巨大的发展潜力。随着全球经济结构的调整和经济发展方式的转变，人力资源服务业正处于高速发展时期，将迎来新一轮快速发展。

（三）地区发展不均衡性

人力资源服务业地区发展的不均衡性主要体现在人力资源服务业在经济发达地区与经济欠发达地区的产业发展成熟度与专业化之间的差异。一般而言，在人才聚集、产业集中、经济发展基础较好的区域，人力资源服务业发展相对较好。

（四）产业依附性

人力资源服务业是生产性服务业和现代服务业的重要门类和新兴产业，其产业依附性主要体现在其发展依附于企业客户内外部的发展，对合作伙伴渠道建设、信息共享、人才培养等业务需求方面的资源整合和协调具有重要意义。

二、人力资源服务业发展概况

（一）人力资源服务业的起源

19 世纪末私营就业机构的产生是人力资源服务业的发展起源。1893 年，美国人弗雷德·温斯洛创办了世界上第一家私营职业介绍机构。

1967 年，国际私营职业中介机构联合会（CIETT）成立，这是当时世界上唯一的人力资源行业的国际民间组织，总部设在比利时首都布鲁塞尔。CIETT 主要由各成员国从事为雇主提供柔性工作雇员的国家级行业协会和国际知名的跨国人力资源服务公司组成，目前共有 46 个国家级会员。

20 世纪 70 年代后，人力资源服务在组织中所起的作用逐步提升，人事管理开始向人力资源管理转型；20 世纪 80 年代，西方国家的人本主义管理理念和模式逐步凸显，形成现代人力资源管理。伴随企业人力资源管理（人事管理）需求的产生，人力资源服务市场应运而生。

1990 年，哈默和普拉哈雷德在哈佛《商业评论》杂志上发表了论文《企业的核心竞争力》，其中首次提到了“外包”这个概念。此后，人力资源外包服务业在 20 世纪 90 年代开始走上发展的快车道。据统计，发达国家的企业人力资源部门的各职能专员与员工的比例是 1∶100，大部分企业都将人力资源管理中事务性、基础性职能外包出去，集中企业核心资源开展核心业务以及谋求人力资源战略发展。

例如，在 21 世纪初，美国已有 85% 的企业将人员招聘、工资发放、薪酬方案设计、员工培训等外包给专门从事相关服务的外部机构；加拿大 95% 的企业至少有一项人力资源职能外包，并且有 55% 的企业将外包列入未来五年的人力资源发展规划中。外包的思想在逐渐蔓延，已经不同程度地冲击着亚洲和欧洲，人力资源外包服务成为世界范围内的管理变革趋势。

作为第三产业服务业的分支，人力资源行业在全球是一个令人瞩目的朝阳产业，全球行业营收已达数千亿美元。根据 CIETT 的统计，截至 2017 年年底，全球共有 18.7 万个私营职业中介服务机构，以及 20.3 万个分支机构，从业人员达到 62.45 万人。

（二）我国人力资源服务业发展历程与现状

1. 我国人力资源服务业发展历程

改革开放之初，我国初步打破了计划经济下的人力资源配置模式，人力资源服务市场萌芽初现。随着人力资源配置方式由计划分配向市场配置改革的进程不断深入，人力资源服务行业逐渐形成并日益壮大、成熟。我国人力资源管理服务业的发展可分为三个时期。

（1）萌芽期（1978—1991 年）。20 世纪 70 年代末，我国计划经济下的人力资源配置制度被打破，政府指派相关单位运作人力资源外包服务，人力资源服务市场萌芽初现。前期主要为解决大量的返城知青就业问题，原劳动行政部门开始创立并组织劳动服务公司，并逐步演化为就业服务机构。20 世纪 80 年代初期，人才服务公司和人才交流服务机构相继成立，中后期市场化人力资源服务开始出现。20 世纪 80 年代中后期，伴随着改革开放政策的实施，境外企业开始尝试进入我国市场。20 世纪 90 年代初期，我国相继出台了构建规范人力资源服务的法律法规框架等，人力资源服务业已经萌芽。

在此期间，外方驻华机构不被允许雇用，只能通过涉外服务的人力资源服务企业为外方驻华机构派驻中方雇员，可以说在此期间向外方驻华机构派驻中方雇员是我国人力资源外包的雏形，为我国人力资源服务业的腾飞打下了坚实基础。同时，先驱型人力资源服务企业出现。1979 年 11 月，北京外企人力资源服务有限公司（简称北外服，FESCO）成立；1984 年 8 月，上海市对外服务有限公司（简称上外服，FSG）成立；1986 年 3 月，中国四达国际经济技术合作公司（简称中国四达，STAR）成立；1987 年 6 月，中国国际技术智力合作有限公司（简称中智，CIIC）成立。

（2）形成期（1992—2006 年）。这一时期，人力资源服务民营企业和外资企业相继出现，步入市场化运作，从单纯地“提供雇员”向管理职能外包市场延伸，一批人力资源管理顾问公司开始出现，人力资源服务业发展成型，主要表现为：为人力资源服务机构不断转型以及业务拓展；民营和外资人力资源服务机构规模不断扩大，市场占有率逐年提高；人力资源公共服务体系形成。伴随着人力资源配置市场化改革不断深化，市场在人力资源配置中的基础性地位逐步确立，围绕服务就业、人才资源优化配置的各类人力资源服务机构规模日益扩大，服务领域逐步拓展，服务业态不断创新，行业逐渐成形。

在此期间，最具市场活力的私营经济和个体经济开始发展，“下海”成了时代热词，全国范围的人员流动开始，随之而来的人事档案管理、劳动用工等人事事务性手续的代办业务使得各地人才交流中心、人才中介机构应运而生。20 世纪 90 年代末期，国有企业改革开始后，大批国有企业正式员工下岗，大量下岗工人找不到工作。面对下岗工人的就业压力，市场化运作的劳务派遣开始崭露头角，将下岗工人进行培训派遣到其他企业就业。2002 年深圳市通过了《深圳经济特区人才市场条例》；2003 年中共中央、国务院出台了《关于进一步加强人才工作的决定》。伴随着我国企业用工制度朝着市场化方向改革，企业开始控制职工数量增长、精简人员，人力资源服务成为企业避免直接冲击社会、进行正常裁员和非正常裁员的重要渠道。同时，外资企业来华投资，带来了许多先进的管理理念，也带来了国外人力资源服务模式。

（3）兴盛期（2007 年至今）。这一时期内，国家相关政策法律法规相继出台，人力资源服务企业快速成长，细分市场大力发展，整个行业进入兴盛期。各类政策法律法规中，以《劳动合同法》《劳务派遣暂行规定》《人力资源市场暂行条例》的施行最为关键，政策方面整体已经由过去政府管理逐步转变为政策制定、产业引导和环境营造。同时，人力资源服务业也开始与金融业等其他行业进一步融合，使得人力资源服务产业链逐步丰富。另外，新业态迅速发展，呈现专业服务向纵深发展、综合服务向一体化发展的显著特征。

在此期间，很多知名的人力资源服务公司成立，为企业提供一站式的招聘解决方案。许多跨国企业将驻华机构中人力资源部门的日常工作外包出来；各地具有政府性质的涉外服务公司及人才交流中心接受了大量的外资企业人事事务性外包工作。同时，国家相关政策相继出台：2007 年，国务院下发了《关于加快发展服务业的若干意见》；2010 年，中共中央、国务院印发了《国家中长期人才发展规划纲要（2010—2020）》；2012 年，国务院印发了《服务业发展“十二五”规划》；2014 年，人力资源社会保障部、国家发展改革委、财政部印发了《关于加快发展人力资源服务业的意见》；2017 年，人力资源社会保障部印发了

《人力资源服务业发展行动计划》；2018 年，国务院颁布了《人力资源市场暂行条例》。同时，相关法规接连发布，2008 年 1 月《劳动合同法》正式施行；2011 年《高级人才寻访服务规范》颁布；2016 年《人力资源管理咨询服务规范》正式实施；2017 年《人力资源服务机构能力指数》正式发布。

2. 我国人力资源服务业发展现状

我国人力资源外包服务最早在经济较发达地区开始，目前也在这些地区发展得最完善，特别是北京、上海、深圳、苏州等地的人力资源外包服务行业已经形成了产业规模，许多国外先进的人力资源外包服务公司纷纷进入我国市场，从提供人力资源工具到人力资源服务，再到人力资源所有功能的一体化服务模式，每年数十亿的资本涌入人力资源服务行业。近年来，在国家的高度重视下，我国人力资源市场活力不断被激发。同时，随着我国新兴技术诞生、零工经济和共享平台崛起，人力资源服务业不断发展，人力资源服务机构规模持续扩大，行业产值也持续提高。

人力资源服务业在机构数量、行业规模、市场供求和服务业态发展等方面保持良好发展态势。据近年的统计数据显示，全国人力资源机构新增机构中 90% 以上为民营机构，各类人力资源服务机构共举办现场招聘会（交流会）30.26 万场 / 年，通过网络发布岗位招聘信息 4.04 亿条 / 年，人力资源培训、人力资源管理咨询、高级人才寻访等新兴业态，同比均有显著增长，各产业园已有入园企业超 2 700 家，园区营业收入 1 950 亿元 / 年。

三、人力资源服务业服务标准与监管

（一）人力资源服务标准与服务规范

我国人力资源服务可以采用的标准主要有两个，一个是国际标准化组织消费者委员会（ISO/COPOLCO）于 2008 年发布的 ISO/IEC76 号指南，即《服务标准制定考虑消费者需求的建议》，另一个是我国的全国服务标准化技术委员会（SAC/TC264）2010年发布实施的《服务标准制定导则　考虑消费者需求》（GB/T 24620—2009）。目前应用情况是，作为服务机构、服务提供商采用ISO体系的较多，作为人力资源服务业的服务标准体系更多受到GB/T 24620—2009的指导。

人力资源服务相关国家标准的出台，有力推动了我国人力资源服务标准的发展进程。人力资源社会保障部于2011年正式推出人力资源服务业首个国家标准——《高级人才寻访服务规范》，标志着我国中高端人才寻访服务由经验性服务开始向标准化服务转变。2016年，国家标准化管理委员会颁布《人力资源管理咨询服务规范》，对规范人力资源管理咨询服务流程，提高人力资源管理咨询人员业务素质，规范人力资源管理咨询市场，推动人力资源管理咨询行业的发展有重要意义。2017年，国家标准化管理委员会颁布的《人力资源服务机构能力指数》，有利于形成各级人力资源服务机构统一的能力指数，推动人力资源服务机构实现服务的标准化、规范化、科学化，提升服务质量、服务水平和服务效率。

（二）人力资源服务市场监管工作及其规范

1. 人力资源服务市场监管工作

人力资源服务市场实行资格准入制度。职业中介服务许可、人才中介服务许可的统一资格证为人力资源服务许可证，需进行年审，以加强对中介机构经营场所面积、注册资金、工作人员从业资格等情况的审验，并根据年审结果，对通过年审的机构换发人力资源服务许可证。凡经人力资源社会保障部门批准开办的人力资源服务机构，其工作人员必须首先取得资格证书，方可从事人力资源服务工作。这都是为了加强经营性人才服务机构和职业介绍机构监督管理，维护市场正常秩序，引导其健康发展。

依据《人力资源市场暂行条例》，人力资源服务市场监督管理工作主要有以下内容。

（1）进入被检查单位进行检查；对经营性人力资源服务机构实施监督检查，询问有关人员，查阅服务台账等服务信息档案；要求其提供与检查事项相关的文件资料，并作出解释和说明。

（2）采取随机抽取检查对象、随机选派执法人员的方式实施监督检查，并及时向社会公示。

（3）要求经营性人力资源服务机构提交经营情况年度报告，可以依法公示报告及有关内容。

（4）把用人单位、个人和经营性人力资源服务机构的信用数据和失信情况等纳入市场诚信建设体系，建立守信激励和失信惩戒机制，实施信用分类监管。

（5）按照国家有关规定，对公共人力资源服务机构进行监督管理。

（6）畅通对用人单位和人力资源服务机构的举报投诉渠道，依法及时处理对人力资源服务机构的举报投诉。

（7）配合公安机关依法查处人力资源市场的违法犯罪行为。

2. 人力资源服务市场的监管规范

近年来，我国人力资源服务市场监管以行政许可、日常监管、执法检查等管理制度构成的监管体系日臻完善，法制建设得到加强。人力资源社会保障部逐步健全了市场管理部门与劳动监察、工商、公安等部门的联合执法机制，持续开展了清理整顿市场秩序专项行动，使人力资源服务市场监管形成工作合力。在加快推进建设统一、规范、灵活的人力资源市场方面出台了细则；社会保险费申报缴纳管理进一步细化，劳动能力鉴定的规范管理也进一步加强；为规范人力资源服务行业的发展开展了人力资源服务业发展评估指标体系研究。

2012 年以来，统一换发人力资源服务许可证。以换发人力资源服务许可证为契机，国家及地方相继出台了加强人力资源服务市场管理的政策和法律法规，使行政许可程序得以完善，年检工作措施得到强化，促进了人力资源服务机构规范服务、健康发展。

2013 年发布《中华人民共和国社会保险法》《劳务派遣行政许可办实施办法》《社会保险费申报缴纳管理规定》，将劳务派遣纳入行政许可范围，首次对行业实行行政许可制，强化了处罚责任，如果劳务派遣单位违反规定，将由人力资源社会保障部门责令限期改正；细化社会保险费申报缴纳管理，为规范整个人力资源服务市场提供细节方面的政策保障；发布《关于在人力资源服务机构中开展诚信服务主体建设活动的通知》，开展以“诚信服务树品牌，规范管理促发展”为主题的诚信体系建设活动，推动服务机构依法经营，诚信服务。

2014 年发布《劳务派遣暂行规定》，明确劳务派遣单位、用工单位和被派遣劳动者三方的权利与义务，维护被派遣劳动者的合法权益，明确界定“三性”工作岗位范围，劳务派遣岗位禁超用工总量 10% 等。

2018 年 6 月发布《人力资源市场暂行条例》，对人力资源市场培育、人力资源服务机构、人力资源市场活动规范、人力资源市场监督管理及法律责任等作了全面规定，是系统规范在我国境内通过人力资源市场求职、招聘和开展人力资源服务活动的第一部行政法规。

此外，在监管政策逐步完善的同时，监管环境呈现出日益宽松的趋势。

四、我国人力资源服务业发展新趋势与新挑战

（一）人力资源服务业发展新趋势

近年来，随着全球经济新技术的蓬勃发展，人力资源服务业也将迎来新一轮的快速发展，呈现出一些新趋势。

1. 专注于专业领域

专业化是人力资源服务业从横向扩张向纵深发展转变、从外延式增长向内涵式发展转变的必然趋势。专业化即为企业和人才提供高质量、专业化的人力资源服务。服务对象的分化加快了专业化进程，个性化的需求促使人力资源服务机构更侧重于为客户提供专、精、深的服务，人力资源服务业的市场将更加细化，产业结构也不断优化，如人力资源服务机构为企业提供的个性化员工福利平台、定制式社会保险服务和精准招聘服务等。人力资源服务业本身分工的细化，专注于人力资源服务的细分领域，提升服务的专业化水平，是人力资源服务业发展的大势所趋。可以预见，在未来，人力资源服务企业将进一步提高服务的专注度，明确自身定位。例如，在招聘领域有的专注于校园招聘，有的专注于“蓝

领”招聘，也有的专注于灵活用工市场等。

2. **整合产品产业链**

整合化是对人力资源服务产品和产业链的整合重构。一方面，人力资源服务机构为满足市场需求，逐步由提供单一服务向综合服务转变，从而提高服务的整体性、一体化水平。随着人力资源服务业态的逐渐丰富和产业链的逐步完善，单独提供一种服务项目或服务产品，已不能在激烈的市场竞争中站稳脚跟。因此，在确保具有竞争优势的前提下，一方面，人力资源服务机构开始着手将具有竞争性、专业化的产品和项目综合起来，整合人力资源服务产业链，为客户提供全链条、“一揽子”的人力资源整体解决方案。这种模式将实现资源共享，为客户提供更多高附加值和综合性服务的解决方案，提高企业利润率。另一方面，人力资源服务机构将其核心产品与其他人力资源服务产品，甚至其他行业产品深度融合。

3. **服务“一带一路”倡议**

进入21世纪以来，随着全球经济一体化和贸易自由化的不断发展，人才流动的全球化和人力资源配置的国际化趋势日益明显，人力资源服务机构的海外拓展速度明显加快，海外机构数量成倍增长，跨国人力资源服务机构已遍布世界各地。与此同时，伴随着全球化进程以及我国经济的快速发展，国内人力资源市场对外开放程度日益提高，大量跨国人力资源服务机构通过并购、投资入股等方式进入我国人力资源市场。为适应国际化发展趋势，积极参与国际竞争，服务“一带一路”倡议和我国企业“走出去”战略，国内一些人力资源服务机构陆续在海外设立了分支机构，为国内外企业提供招揽人才、培训以及管理咨询等相关人力资源服务。

4. **产业集聚推动产业园区发展**

产业集聚是当前我国人力资源服务业发展的重要特征，全国各地推进的“人力资源服务产业园区建设计划”，将大力推动人力资源产业园区的发展。从区域布局上来看，人力资源服务机构日益向经济发达地区和大城市集聚。在一个区域内由于人力资源服务产业园区政策的引导，大量的人力资源服务机构不断进入人力资源服务产业园区，形成规模效应和集聚效应。从产业结构上来看，适应供给侧结构性改革的需要，人力资源服务业将加快转型升级的步伐，逐步由传统、低端、粗放的服务形态向技术含量高、附加值高、经济效益高的新兴高端服务业态集聚，人力资源服务业正在进入提质增效的内涵式发展阶段。从资本配置上来看，由于人力资源服务业的高成长性、高附加值和轻资产等特点，大量的行业外资金通过投资、兼并、收购、重组等方式涌入人力资源服务业领域，形成新的投资热潮。此外，一些人力资源服务机构通过资本市场快速集聚资金、扩大企业规模，提升了市场竞争力。

5. 跨界融合创新发展

随着人力资源服务业转型升级发展和新技术的变革，跨界融合发展趋势进一步加强，主要体现在产业融合和技术融合方面。在产业融合方面，人力资源服务业在优化人力资源流动配置、服务经济发展方面的支撑作用日益加强，与相关行业相互渗透、相互融合，特别是与制造业、金融业、保险业、医疗养老业等行业的融合更加明显，如人力资源服务业与金融业融合形成的社会保险费网上支付系统。技术融合方面，移动互联网、大数据、云计算、人工智能等新技术的发展，对人力资源服务业产生了深远影响，极大地颠覆了传统的商业运作模式。人力资源服务业与新技术不断融合，基于新技术的服务产品、服务方式和商业模式不断涌现，将加快人力资源服务业的创新发展步伐，如利用移动互联网、人工智能技术开发的移动式员工考勤系统和可穿戴设备等。新兴技术和新的商业模式不断涌现，人力资源服务市场面临着史无前例的大变局，也蕴藏着巨大的发展机遇。

（二）人力资源服务行业发展面临新挑战

人力资源服务业是一个持续加速发展的朝阳产业，具有巨大发展潜力。但我国人力资源服务行业发展还面临着许多挑战，主要体现在以下四个方面。

1. 区域发展不均衡

人力资源服务业发展从东部、中部到西部、东北部，呈现依次下降的阶梯式状态，由于各区域经济发展的差异，人力资源服务业发展也存在着差距。一般而言，在经济基础雄厚、产业及人才聚集度高、政策环境良好的区域，人力资源服务业的发展较好；反之，在经济基础薄弱、第二产业和第三产业发展相对迟缓、产业及人才聚集度低、环境政策一般的区域，人力资源服务业则一般难以形成较大发展。

2. 人力资源服务业结构亟待优化

目前，我国人力资源服务业的发展形势虽然较好，但主要发展以劳务派遣、招聘等传统业态为主，对高级人才寻访、咨询培训、信息化建设等中高端专业化业务、精细化业务还较为欠缺，对能够引领未来、促进发展的新技术和新模式缺乏了解，在专业化、个性化服务上有待加强。

3. 信息化建设水平低

互联网信息技术的发展及应用，加速了人力资源服务业的信息化水平，但信息系统建设、信息共享等方面建设程度不高，各人力资源服务业之间未能建立起有效的信息共享平台，甚至出现信息孤岛、信息单一、信息更新滞后等现象。同时，因缺少对人力资源服务的信息化投入，也会影响整个人力资源服务业的质量和效率。

4. 国际竞争力小

我国人力资源服务业虽然蓬勃发展，但人力资源服务企业大多是中小型企业，存在业务单一、创新意识薄弱、服务层次和技术含量偏低等问题，缺乏具有行业带头作用的龙头企业和国际知名品牌，与跨国人力资源服务企业在企业规模、服务能力方面存在明显差距，引进外资的数量与质量不足。

本章自测题

1. 简述人力资源服务的具体内容。
2. 按性质划分，人力资源服务机构有哪几类？

3. 简述人力资源的八大业态。
4. 人力资源服务的特点有哪些？
5. 简述我国人力资源服务业在形成期的发展历程。
6. 请谈谈你对我国人力资源服务业发展状况的认识。

第二章　招聘服务

学习目标

- 了解招聘服务的定义及特点
- 熟悉招聘服务的法律规定
- 掌握现场招聘会及网络招聘会的实施步骤

引导案例

A 公司是一家大型科技创新公司，其业务涉及产品设计研发、生产、销售及售后等领域。2021 年 6 月，公司业务调整，原有的市场销售团队被拆分，但在 8 月时，由于业务重组，需要在 1 个月内重新组建一支由 6 名销售代表组成的销售团队。为了保证项目顺利进行，A 公司决定由项目经理李红作为招聘负责人，负责人员招聘和团队组建。

李红接到任务后，找到人力资源部部门经理，将相关招聘岗位要求确定后，便与人力资源部在网站上进行人才搜寻，开展招聘工作。由于之前没有批量招聘相关经验，再加上招聘时间紧张、正处于招聘淡季等原因，销售代表的招聘效果并不好。

经与公司商议，李红决定与公司之前合作过的人力资源招聘机构进行合作，但该机构之前是为A公司招聘研发人员和生产人员，对销售人员的招聘流程及人员素质测评等方面不了解，导致在实际招聘中出现流程混乱、人员素质测评不全面等问题。

为了解决当前招聘服务中存在的问题，李红与人力资源部部门经理对内部的招聘流程进行进一步梳理，将整个过程和流程清晰地呈现给招聘服务提供商，并告诉他们在整个流程中不同环节该做的工作。

考虑到招聘服务提供商对A公司的发展历程、产品特点、企业文化等方面有所了解，所以李红对招聘服务提供商只进行了公司的项目情况和销售运营培训，让招聘服务提供商对整个项目有进一步的了解和认识。此外，李红还对招聘服务提供商进行了销售代表招聘要求的培训，确保招聘服务提供商能按照公司及项目要求招聘合适的人员，而不是为了完成招聘指标降低招聘标准。在项目实施前，李红与招聘服务提供商根据招聘结果，对推荐人才的数量进行估算，按照供应商给出的成功率是6：1，那么在一个月内，供应商就需要推荐36位候选人进行面试，平均每天至少需要安排2位候选人到A公司进行面试。若无法达到推荐候选人的数量，那么对A公司人员招聘的数量及质量将无法达到预期效果。

同时，为了对整个招聘过程进行有效管控，人力资源部安排一名人力资源专员对招聘环节的关键点进行监管，就面试通过率、测评通过率等方面进行监督，确保数据与预期相匹配。如发现候选人在约定面试后却没有参加面试，招聘服务提供商必须了解候选人未参加面试的原因，及时跟进；若候选人通过了面试却未按照约定时间入职，招聘服务提供商也需进一步跟进，以免候选人流失。在招聘项目实施初期时发现，招聘成功率未达到约定的6：1，李红和人力资源部立即与招聘服务提供商进行沟通，并制定了相应的解决办法，提高面试的邀约数量，以便达到预期效果。

最后，在李红、人力资源部、招聘服务提供商三方共同努力下，终于按时完成A公司本次项目招聘的任务。

请结合本案例，谈谈你对招聘服务的看法。

第一节　招聘服务概述

一、招聘服务的定义

（一）招聘服务的概念

招聘服务是指招聘服务机构通过确认招聘需求、发布招聘信息、选择招聘渠道、安排实施考核、进行背景调查、发送录用通知等一系列服务，为用人单位招聘到合适的人才。目前招聘服务主要包括网络招聘服务和线下招聘服务。网络招聘服务是通过运用网络、系统等信息技术手段，帮助企业完成招聘过程，即通过第三方招聘网站或网络招聘服务机构，使用建立数据库或搜索引擎等工具来完成人才招聘的过程，主要依靠招聘网站为主。在互联网技术和应用高度发达和快速发展的时代，单一的线下招聘服务已不多见。线下招聘服务正在和互联网形成良性互动，通过线上发布信息、传递简历，线下组织面谈、签订合同、办理入职相结合的方式，有效提高了人力资源服务效率和质量。

（二）招聘服务的作用

1. 优化企业招聘管理流程

企业常见的招聘管理流程一般包括招聘需求分析、招聘计划制订、招聘渠道选择、招聘信息发布、人员甄选筛查、人员素质测评调查、录用上岗等步骤。由于招聘岗位的差异性，企业内部招聘在招聘渠道、招聘周期、人员素质测评、面试流程等方面会有差异，可能导致特定的招聘管理流程在面对不同岗位招聘需求时会产生不同的结果效能。招聘服务提供商根据不同的招聘需求可以提供不同的招聘方案，企业将招聘管理流程外包后，可以进一步提高企业招聘的效率及质量。

2. 拓展企业外部招聘渠道

企业的招聘需求一般是通过外部招聘与内部推荐实现的，企业在外部招聘渠道的选择上往往比较单一，在面对差异化较大的岗位进行招聘时，单一的招聘渠道往往很难发挥出实际作用。招聘服务提供商会根据企业客户的招聘需求进行岗位分类，匹配合适的招聘渠道。企业通过将招聘外包，可以市场化手段，通过购买服务将企业招聘信息发布在特定的招聘平台上，从而提升企业挖掘人才的效率，最大限度提升企业的招聘管理效能。

3. 提升企业人力资源配置与有效开发

企业在招聘过程中，会面临人才搜寻难度大、招聘周期长、人力投入与产出不成正比等问题。招聘管理流程外包后，可以依靠招聘服务提供商来提升人力资源配置的弹性，减少企业在招聘方面的阻力，也可以满足企业对关键人才开发储备的需求。如企业可以通过将基础岗位招聘外包，满足企业对非关键性岗位的用工需求，也可以通过猎头公司进行关键人才的搜寻，满足企业对关键人才的开发需求。

二、招聘服务的特点和发展新趋势

（一）招聘服务的特点

1. 线上线下良性互动，积极应用新技术

线下招聘服务正在和线上招聘服务形成通过线上发布信息、传递简历，线下组织面谈、签订合同、办理入职的良性互动。在信息和数字技术快速发展的今天，招聘服务业率先尝试与大数据和人工智能相结合，通过大数据可以在招聘服务中精准识别高匹配度的岗位候选人；通过人工智能可以根据岗位要求筛选招聘简历，提高招聘效率，提升岗位匹配度。

2. 投资并购形成新技术和新模式

随着招聘服务互联网革命纵深发展，传统招聘网站不断感受到技术和模式创新带来的市场冲击和颠覆风险，在自身发展新技术的同时通过投资并购等方式实现新技术和新模式的战略布局，也实现了双方客户资源与新技术和新模式的互补融合。

（二）招聘服务的发展新趋势

招聘服务的发展新趋势详见本书第一章第一节相关内容。

三、招聘服务的类型

（一）招聘服务的传统类型

1. 网络招聘

网络招聘又称在线招聘，是指运用互联网技术向公众发布招聘信息，帮助用人单位完成招聘的过程。

人力资源服务公司可以运用网络招聘操作方式便捷、信息量大、招聘效率高、成本较低、不受地点和时间限制等优势为求职者及用人单位提供招聘服务。这一方式不仅可以为求职者提供网上求职、简历中心、求职指导等个性化服务，还可以为用人单位“量体裁衣”，提供以网络招聘为核心的人才解决方案。

人力资源招聘网站一般分为综合性招聘网站和专业性招聘网站。目前较为知名的招聘网站有前程无忧、中华英才、智联招聘等，这些均属于综合性招聘网站。如果企业招聘的岗位专业性较强，则可以通过一些专业性招聘网站进行招聘，如建筑设计、财会、医疗等专业岗位。综合性网站由于招聘的企业众多，行业比较复杂，是一种大而全的招聘模式，这样易导致求职者在面对不同领域和不同行业的招聘企业时不知所措，使求职者的应聘没有计划性和针对性，并且会给企业带来了很大的简历筛选压力。相比综合性招聘网站而言，专业性招聘网站更具有针对性，在很大程度上减轻了企业筛选简历的压力，也大大提高了企业的招聘效率。此外，招聘网站都有自己的简历库，企业可以搜索求职者的简历并主动与其联系，这种方式类似于猎头，但价格低廉。缺点是企业在没有同求职者联系的情况下向其推销职位，难以取得求职者的信任。

2. 现场招聘会

现场招聘会是指在约定的时间和地点，组织用人单位和求职者洽谈进行双向选择的人力资源交流活动。现场招聘会分为不定期招聘会和定期招聘会两种。

人力资源服务公司通过举办现场招聘会，使得用人单位和求职者之间可以面对面地进行交谈，节省了用人单位和求职者的时间。

大部分现场招聘会具有特定的主题，比如“应届毕业生专场”“研究生学历人才专场”“信息技术类人才专场”等，通过这种毕业时间、学历层次、知识结构等的区分，企业可以很方便地选择合适的专场设置招聘摊位进行招聘。

3. 校园招聘

校园招聘是指由招聘代理单位的招聘人员到学校直接招聘企业所需人员的招聘形式，其主要具有招聘时间集中、招聘范围大、求职者专业多样化等特点。由于校园招聘的对象基本是应届毕业生，相对于社会上有经验的求职者，他们一般具有可塑性较高、学习能力强、专业知识丰富等优势，但应届毕业生在工作经验、职业定位、职业生涯规划等方面具有不同程度的不足，因此可以通过校园招聘一些专业技术人才及储备人才。

（二）招聘服务的新兴类型

随着移动互联网技术的发展，涌现出一些新型招聘服务类型。

1. 社交招聘

社交招聘是指在社交网站中开展人力资源招聘活动，伴随社交网站的兴起，这成为一种新流行的招聘形式。通过社交网站，企业可以实现与人才更加全面的双向沟通和了解，社交招聘比普通的简历招聘的成功率更高。

（1）社交招聘的特点。社交招聘是社交网站进一步发展变化催生的招聘形式，与一般的网络招聘有着明显的区别，主要区别体现在信息传播方式的参与式和互动式这两大方面。

1）参与式信息传播。不同于一般的网络招聘形式，互联网作为企业发布招聘信息和求职者发布个人求职信息的载体，主要发挥着记录式功能，企业和求职者只有主动进行信息搜寻和检索才能实现连接。社交招聘中，企业和求职者都是信息的传递节点，同时也在创造信息，这是一种更加充分地参与信息沟通，而不单是招聘信息与求职信息的被动匹配。

2）互动式信息传播。社交招聘中，企业发布的招聘信息作为信息源，通过社交网络被充分转发、评论，实现了全面的互动，理论上招聘信息可以被每一个潜在求职者看到。

（2）社交招聘的运用。互联网信息技术的飞速发展带来了社交媒介的快速进步，通过社交媒介进行招聘已成为一种新的企业招聘方式。在我国，很多社交媒介正在积极尝试涉足招聘领域，如 QQ、微信、微博等社交媒介。此外，随着互联网信息技术的进一步发展，社交招聘在移动端出现了新的形式——App 招聘。

1）QQ 招聘。运用 QQ 软件进行招聘与面试员工，是不少企业采用的一种新的招聘方式。QQ 软件被应用在人才招聘中，有着其自身优势，可以实现三种沟通，即文字沟通、视频沟通和音频沟通。我国有些地区组织的网上人才交流会中，企业就是通过 QQ 视频沟通来面试求职者的。

运用 QQ 招聘既节省企业与求职者双方的时间成本，也节省企业的管理成本，还能实现远程面试，跨越空间距离。但 QQ 招聘也存在一定的弊端，它不利于企业全方位地了解和掌握求职者的情况，面试效果明显低于现场招聘，不太适合于企业小组对求职者个人面试的这一形式。

企业要想运用这一招聘方式达到理想的招聘效果，除了需要做好信息管理、人员配备等基础工作外，还需辅以其他必要的考核方式，以保证招聘的效果。

2）微信招聘。微信兼有 QQ 与短信的双重功能，同样可应用于招聘。微信招聘是指使用微信平台作为招聘渠道和工具。微信招聘对于很多从事招聘的人力资源专员来说并不陌生，具体操作主要包含以下两种方式。

①利用微信本身的功能服务项来实现招聘。在微信上发布招聘信息是微信的一个隐藏功能，需要发送代码方可找到入口。在任意聊天窗口发送代码就可以实现招聘信息发布，但是只能在微信中完成。

②通过设立企业公众号进行招聘。随着微信用户的迅速增长，以及后续整个移动互联网终端普及和信息获取的流量转移到移动终端，越来越多的企业开始建立起自己的微信招聘平台。

在企业微信公众号上，招聘人员可以每天群发一条招聘信息，并且还可以设置自动添加回复，当有求职者发送信息的时候就可以自动回复预先设置好的内容，内容包括文字、音频、视频、图片等。

3）App 招聘。App 通常专指手机上的应用软件，或称手机客户端。App 招聘指企业和求职者通过移动客户端上的应用软件进行招聘或求职，是一种伴随着移动互联网快速发展应运而生的新的招聘工具和渠道。

现有招聘市场上的 App 招聘软件大致有四种，分别为社交类、综合类、信息类、专业类。

①社交类。在社交类 App 上，招聘信息的流通速度更高效，个人用户的黏性更大，看到企业招聘信息的渠道更多，求职成功的可能性更大。在这样的环境下，岗位空缺与求职意愿的匹配度进一步提升，效率更高。企业招聘人员与求职者可以进行更高效的沟通，利用更多互动功能实现双方意向的充分沟通，可以满足企业和求职者两方的个性化需求，同时“社交 + 招聘 + 大数据”的模式在未来的市场中具备巨大潜力，受限于求职行为本身的短暂性和我国劳动者求职习惯的限制，更加职业化的社交类招聘 App 被大众接受还有较长的路要走。

②综合类。招聘市场的绝大部分市场份额被综合类招聘占据，同时在我国也更具历史。随着移动互联网技术的发展，传统的综合类招聘企

业开发出了综合类招聘 App 软件，以应对大环境的变化，例如智联招聘、前程无忧等 App。

③信息类。信息类招聘 App 软件往往不仅只有招聘一个业务，例如 58 同城、赶集网等 App。这类 App 的显著特点是信息类招聘更多是在产品中的一个功能模块，依托其庞大的本地信息服务，并且以地域作为区分的强线下场景，从而为低学历人群、“蓝领”人群的招聘提供了更高效的求职途径，用户体验不是十分理想且管理状态较混乱，但其需求仍在不断增长中，对于其发展前景不容小觑。招聘专业性较差是其明显的短板，并且在短期内难以改善。

④专业类。专业类招聘 App，或者叫垂直类招聘 App，例如拉勾、实习僧等 App。这类招聘 App 更多是在其专业领域做长期积累、深耕深挖，为众多拥有高技术高知识背景的专业人才提供了一条便捷的求职途径，拥有较好的用户体验和用户口碑，同时招聘的效率和匹配度较高。

（3）社交招聘的注意事项。在开展社交招聘活动时，无论采用何种社交媒体，企业都不能忽视以下三个方面问题。

1）选择合适的工具。互联网上有成百上千种社交网站，要在每个网站上都建立企业账号，并且运营好是不太现实的。所以招聘管理人员必须结合企业要发布的招聘信息以及招聘信息的目标受众，审查现有工具，然后再选择合适的社交网站招聘平台。

2）与其他工具一同使用。社交网站是一个用更快捷的方法帮助招聘人员去寻找合适人才的渠道，但并不是唯一的招聘方法，企业不应该更不能过分依赖这种方法，而是需要与其他招聘测评工具结合起来使用。

3）有专人负责管理。为了灵活运用社交招聘这一招聘新工具，企业应有专门的管理人员来负责此事，并且该负责人还应知晓这一工具如何运用，包括信息的处理、维护与潜在求职者的联系等。

任何事情都有利有弊，社交招聘也是一样，作为人力资源管理部门，最重要的是要扬长避短，灵活运用各种招聘方法，这样才能为企业招聘到合适的人才，也可为企业减少大量不必要的开支。

2. 人工智能招聘

（1）人工智能招聘的产品。人工智能（Artificial Intelligence，AI）是研究、开发用于模拟、延伸和扩展人的智能的理论、方法、技术及应用系统的一门新的技术科学。

人工智能技术与招聘结合产生了很多新的应用和产品，主要体现在以下四点。

1）通过机器学习技术，帮助人力资源专员快速筛选、匹配合适候选人。

2）通过数据挖掘算法，帮助人力资源专员快速挖掘、发现被动候选人。

3）通过人工智能聊天机器人，帮助人力资源专员完成初次面试。

4）通过自然语言技术，帮助人力资源专员完成国际化招聘，轻松编写不同语言。

（2）人工智能招聘的优点。招聘工作是一个十分复杂繁重的人才遴选过程。人力资源专员到底如何才能在茫茫人海中相中“适合自己的人”，并且确保其能在恰当的位置上不会很快另谋高就，一直以来都是十分棘手的问题。

在互联网革命浪潮下，人工智能招聘顺势而生，很多企业正在尝试利用人工智能开展招聘工作。人工智能的核心能力在于提高招聘效率，降低人为因素干扰，解放招聘人员，让人集中精力做决定，让计算机完成结构化的重复的招聘工作，这些都是人力资源领域新的举措。例如，候选人管理系统可以批量筛选简历、进行简历解析、设置智能标签、智能人岗匹配并推荐等。

人工智能为招聘人员提供了快速高效的方法来减轻工作负担。

1）节约时间成本。很多企业长期困扰于人员流动率过高的问题，他们的招聘人员需要开展大量的招聘面试工作，花费大量的时间去补充流失人员的空缺岗位，通过人工智能可以大大提高招聘效率、节约时间成本。

2）快速找到求职者。人工智能招聘能够应对巨大的市场信息，协助招聘人员更加从容周全的思考和判断，作出更精确的决策，发现那些被遗漏的优秀人才，成功实现了智能化的员工筛选，让招聘工作变得更为简单高效。

3）消除职场偏见。人工智能在消除职场偏见、提高招聘客观性、维护公平公正等方面也起到很大的促进作用。人工智能招聘工具可以使招聘过程更加公平。人工智能“面试官”只会围绕客观的、基于工作能力和表现的问题，结合专业能力和教育背景进行提问，不会关注求职者的外貌、性别、背景等方面，一定程度上避免了偏见和刻板印象。

四、招聘服务法律规范

为保障招聘活动良好健康发展，招聘服务的开展要受到相关法律法规政策的约束，举办各类招聘服务活动，都要遵守国家有关的法律法规。同时根据国家法律法规政策，各地区也制定了关于招聘服务的地方性法规。下面将从国家层面的法律政策及地方性法规两方面介绍招聘服务的相关法律法规。

（一）《就业促进法》

《就业促进法》于 2007 年 8 月 30 日由第十届全国人大常委会审议通过，自 2008 年 1 月 1 日起施行，于 2015 年 4 月 24 日第十二届全国人民代表大会常务委员会修正。

《就业促进法》共 9 章 69 条，主要内容有三个方面。

第一，立法目的。《就业促进法》将促进就业、促进经济发展与扩大就业相协调、促进社会和谐稳定作为立法目的，规定国家实行有利于促进就业的财政政策，加大资金投入，改善就业环境，扩大就业。

第二，就业专项资金。县级以上人民政府应当根据就业状况和就业工作目标，在财政预算中安排就业专项资金用于促进就业工作。就业专项资金用于职业介绍、职业培训、公益性岗位、职业技能鉴定、特定就业政策和社会保险等的补贴，小额贷款担保基金和微利项目的小额担保贷款贴息，以及扶持公共就业服务等。

第三，公共就业服务体系。县级以上人民政府建立健全公共就业服务体系，设立公共就业服务机构，免费为劳动者提供多项服务，并不得从事经营性活动，也不得举办或者与他人联合举办经营性的职业中介机构。地方各级人民政府和有关部门、公共就业服务机构举办的招聘会，不得向劳动者收取费用。

（二）《人才市场管理规定》

《人才市场管理规定》（以下简称《人才规定》），自 2001 年 10 月 1 日起施行，2019 年 12 月 31 日第四次修订。《人才规定》内容共 6 章 41 条。

《人才规定》为建立和完善机制健全、运行规范、服务周到、指导监督有力的人才市场体系，优化人才资源配置，规范人才市场活动，维护人才、用人单位和人才中介服务机构的合法权益提供了法律依据。

（三）《关于规范人才招聘会管理改进人才招聘服务的通知》

《关于规范人才招聘会管理改进人才招聘服务的通知》（以下简称《人才招聘通知》）自 2007 年发布实施。《人才招聘通知》内容共 8 项，具体规定了人才招聘会举办条件、人才招聘会审批、人才招聘会监管、做好人才招聘会安全工作、人才招聘会收费标准、人才招聘会服务、人才招聘会信息管理、完善人才招聘会管理监督机制等内容。

《人才招聘通知》为进一步规范人才招聘会管理，改进人才招聘服务，切实维护求职者和用人单位的合法权益提供了法律基础。

（四）《就业服务与就业管理规定》

《就业服务与就业管理规定》（以下简称《就业规定》）自 2008 年 1 月 1 日起施行，2018 年 12 月进行了第三次修订。《就业规定》内容共 9 章 77 条，第六章第四十八条对职业中介机构设立做了具体规定，第六章第五十二条对职业中介机构业务进行了规定。

（五）《关于进一步加强招聘信息管理的通知》

《关于进一步加强招聘信息管理的通知》（以下简称《招聘信息管理

通知》）自 2017 年 8 月 16 日起施行。《招聘信息管理通知》就加强招聘信息管理有关事项进行通知，完善招聘信息管理制度，强化招聘各方责任，严厉打击信息发布违法违规行为，加强对求职者的教育引导，鼓励社会参与监督。《招聘信息管理通知》进一步规范人力资源市场秩序，加强对招聘活动特别是互联网招聘活动的监管，为广大劳动者创造公平有序的就业环境，切实维护劳动者的合法权益。《招聘信息管理通知》对招聘各方的责任也进行了说明。

（六）《人力资源市场暂行条例》

《人力资源市场暂行条例》（以下简称《条例》）自 2018 年 10 月 1 日起施行。《条例》内容共 7 章 48 条。关于接收委托招聘，《条例》第二十七条作出了明确的规定，对于中介服务机构举办交流会、招聘会等，《暂行条例》第二十八条和第二十九条作了相关规定。

（七）《现场招聘会服务规范》

《现场招聘会服务规范》（以下简称《规范》），自 2015 年 7 月 1 日实施。对现场招聘会举办中的工作人员配备、场地及设施等都作出了明确的规定。

1. 工作人员的配备

（1）招聘会现场工作人员应接受岗前培训，熟悉招聘会业务，定期招聘会现场工作岗位宜相对稳定。

（2）招聘洽谈会现场工作人员与参展展位数量的比例不小于 1∶10。

（3）根据需要，招聘会现场应配有医务人员和专门保安人员。

2. 场地及设施

（1）场地面积应与招聘会规模相适应，每个展位均摊公共面积不应低于 5 m^2。

（2）场地、设施应符合消防安全规范，每个场馆至少有两个安全出入口，安全出入口和安全通道应设置明显的指示标识，通道宽度符合疏散要求，并保证畅通。

（3）配备应急广播、照明设施、消防设施，并确保完好、有效。

（4）有男、女分设的公共卫生间，并有明显标识。

（5）设立安全缓进通道和安全检查设备、设施。

（八）《网络招聘服务管理规定》

《网络招聘服务管理规定》是我国网络招聘服务领域第一部部门规章，对网络招聘服务准入条件、服务规范、监督管理、法律责任等作出了规定，自 2021 年 3 月 1 日起施行。

经营性人力资源服务机构从事网络招聘服务，应当依法取得人力资源服务许可证。涉及经营电信业务的，还应当依法取得电信业务经营许可证。以网络招聘服务平台方式从事网络招聘服务的人力资源服务机构应当记录、保存平台上发布的招聘信息、服务信息，并确保信息的完整性、保密性、可用性。招聘信息、服务信息保存时间自服务完成之日起不少于 3 年。

（九）其他地方层面的制度规范

根据国家法律法规，各地区制定了地方性规章制度规范人力资源招聘服务，例如，《上海市事业单位公开招聘人员办法》《深圳市人才市场信用管理办法》等。地方层面的法律法规主要涉及的内容有以下四个方面。

1. 招聘活动的行政许可程序

针对不同级别不同周期举行的招聘活动，需要严格执行行政许可程序进行相应的申请审批，相应的人力资源社会保障部门对申请资质及申请材料进行审查。

2. 招聘活动的日常监管

各地区人力资源社会保障部门将对地区举行的招聘活动进行日常监管，逐级完善招聘活动的监督管理机制，及时了解并掌握招聘活动的组织情况，重点落实各项安全措施，维护良好公平的就业环境。

3. **招聘活动的安全工作**

完善招聘活动紧急突发事件的应急处理预案，重点检查落实招聘活动组织方的应急预案情况，遇到突发事件时及时了解情况、采取措施、果断处理。

4. **招聘活动的信息管理**

应加强对招聘活动的信息管理，完善招聘活动宣传及企业招聘信息真实性的审查制度，并严格监督招聘活动信息发布情况。招聘活动结束后，要及时汇总招聘活动相关数据及信息。

五、招聘服务实施时需注意的问题

在招聘服务的实施过程中，常见的问题主要包括招聘需求理解不准确、协议签订不严格、招聘到的人员不符合要求以及违反法律规定等。

（一）招聘需求理解不准确

1. **未与用人单位进行有效沟通**

招聘服务机构在招聘需求沟通过程中未能与用人单位进行有效沟通，主要表现为如下两个方面。

（1）用人单位未对招聘需求进行明确表述，同时招聘服务机构也未对相关内容向用人单位求证，致使沟通需求不明确。

（2）沟通内容不全面，仅局限于具体的招聘条件标准，而未对条件标准产生的背景、目的、影响进行沟通，致使招聘服务机构对条件标准的理解具有片面性。

2. **对用人单位需求分析不准确**

招聘服务机构在招聘需求分析过程中，对用人单位需求分析不准确，具体表现为如下两个方面。

（1）招聘服务机构业务人员在需求分析过程中未以用人单位的实际招聘需求为依据，主观臆断倾向明显。

（2）招聘服务机构业务人员在需求分析过程中，拘泥于用人单位给出的具体条件或标准，而未对条件或标准的产生及影响进行深入分析。

（二）协议签订不严格

（1）招聘服务机构缺少协议合同管理规定，导致协议签订实施程序不规范。

（2）招聘服务机构需安排具体法务知识与业务知识的相关人员共同审核并签订委托协议。但由于机构缺少相应人才或安排不合理，导致签订的协议不合理或不合法。

（3）招聘服务机构法务人员未对协议内容进行认真审核，导致签订协议不合理或不合法，不利于委托招聘业务的有序开展。

（三）招聘到的人员不符合要求

招聘服务机构未准确理解掌握用人单位的招聘需求，以致为用人单位招聘的人员难以满足用人单位的岗位招聘需求。

（四）违反法律规定

在人才招聘服务过程中，需严格遵守法律有关规定。下面列举的几种情形是招聘服务中第三方人力资源服务机构需要规避的。

1. 就业歧视

就业歧视是指没有合法目的和原因而基于种族、肤色、宗教、政治见解、民族、社会出身、性别、户籍、残障或身体健康状况、年龄、身高、语言等原因，采取区别对待、排斥或者给予优惠等任何违反平等权的措施侵害劳动者劳动权利的行为。

这一行为违反了《劳动法》第十二条规定，劳动者就业，不因民族、种族、性别、宗教信仰不同而受歧视。

2. 虚假信息

用人单位为了吸引求职者应聘，故意未在招聘信息中对岗位薪酬的具体情况进行明确说明，存在误导求职者、以高薪引诱求职者的嫌疑。

这一行为违反了《就业服务与就业管理规定》第十二条的规定，用人单位招用人员时，应当依法如实告知劳动者有关工作内容、工作条件、工作地点、职业危害、安全生产状况、劳动报酬以及劳动者要求了解的其他情况。

3. 要上岗先缴费

在招聘过程中，一些用人单位会出现向求职者非法收取费用的行为，具体表现为收取押金、收取招聘服务费用等形式。这一行为违反了《劳动合同法》第九条规定，用人单位招用劳动者，不得扣押劳动者的居民身份证和其他证件，不得要求劳动者提供担保或者以其他名义向劳动者收取财物。

第二节　现场招聘会服务实施

一、第三方招聘服务与现场招聘会服务及其实施步骤

（一）第三方招聘服务的特点

第三方招聘是招聘服务机构根据求职者的求职意向为求职者提供岗位信息，或根据用人单位的招聘需求向用人单位提供求职者信息，使求职者能够找到合适岗位或使用人单位找到合适人才的经济活动。

与传统的人员招聘相比，第三方招聘活动中的招聘服务机构，既不提供岗位也不提供劳动力，仅仅向求职者提供相关岗位的信息，向用人单位提供求职者的信息。因此，在第三方招聘业务中涉及求职者、招聘服务机构、用人单位三类主体。此三类主体间的业务关系具体如图 2–1 所示。

（二）第三方招聘服务业务类型分析

在实际开展的第三方招聘服务中，根据业务内容的不同，第三方招聘服务可分为职业介绍和就业招聘指导两种服务。

1. 职业介绍服务

职业介绍服务是招聘服务机构为了实现招聘服务目标，向求职者提

供岗位介绍服务或向用人单位提供求职者介绍服务，它属于第三方招聘服务中的传统项目，其具体服务项目说明如图 2–2 所示。

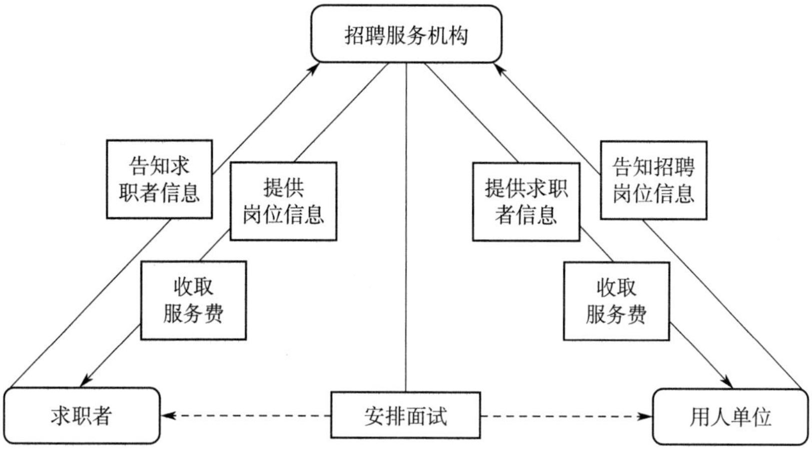

图 2–1　第三方招聘三重关系分析示意图

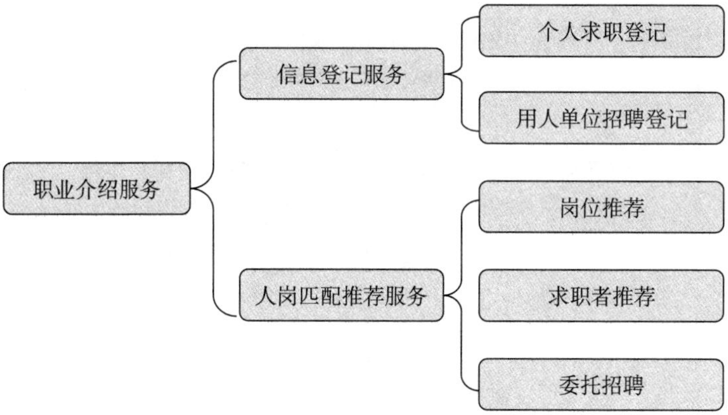

图 2–2　职业介绍服务项目体系说明图

2. **就业招聘指导服务**

就业招聘指导服务包括对求职者的就业指导和对用人单位招聘工作予以指导这两种服务，是招聘服务机构根据国家政策、法律法规的要求，结合市场劳动力供求情况，为求职者顺利就业或用人单位顺利开展招聘工作提供的相关指导服务。

就业招聘指导服务的具体服务内容见表 2–1。

表 2-1 就业招聘指导服务内容

服务对象	就业招聘指导服务内容	
	服务项目	说明
求职者	法律政策咨询	招聘服务机构根据求职者的实际情况及需求，详细将国家有关求职、就业促进、劳动合同签订等方面的法律法规及相关政策告知求职者
	职业素质测评	招聘服务机构通过一定的心理测量技术对求职者的行为特征、能力水平、个性特点等进行系统评价，确定求职者的职业素质水平
	择业观念指导	招聘服务机构根据求职者职业素质测评结果，并结合法律法规政策及劳动力供求关系，对求职者的择业观念进行分析与引导
	职业设计	招聘服务机构需根据劳动力市场环境及求职者的素质水平，协助求职者设定职业目标，并设计具体的目标实施步骤
	招聘信息咨询	招聘服务机构根据求职者的求职意向，对劳动力市场中各用人单位提供的招聘信息进行筛选，选择与求职者求职意向相符的招聘信息，并提供给求职者
用人单位	法律政策咨询	招聘服务机构需根据用人单位所在行业特征以及招聘岗位的类别特征，详细将有关招聘实施、劳动合同签订等方面的法律法规及相关政策告知用人单位
	求职信息咨询	招聘服务机构根据用人单位的招聘需求，对劳动力市场中的求职信息进行筛选，并将符合用人单位招聘需求的求职信息提供给用人单位
	招聘指导	招聘服务机构根据用人单位的招聘需求及实际情况，为用人单位的招聘工作实施提供协助指导，使用人单位相关人员掌握人员招聘的基本程序及相关技能，提高招聘的成功率与招聘工作的效率

（三）现场招聘会组织实施步骤

1. 预估市场需求

根据国内经济发展形势和地区劳动力市场供需状况、供求结构等内容对整个市场的需求状况进行分析；针对行业（如 IT 行业、金融行业、制造业等)、岗位类型的供需情况作出科学的分析预测，分析预测情况可为举办现场招聘会的类型、数量等提供数据支持。

2. 拟定现场招聘会场次，初步设定现场招聘会方案

根据劳动力市场预测情况，拟定各类现场招聘会数量、规模等，并针对各类现场招聘会进行方案预定，初步确定时间、地点、场次，形成文件性方案后交上级审批。

3. 审批后确认具体细节

在上级领导进行审批后，细化现场招聘会方案，并进行相应的现场招聘会宣传文案编写、宣传渠道确认等工作。

4. 发布现场招聘会信息

通过网络、电视媒体、报纸等渠道，对现场招聘会信息进行宣传，主要介绍现场招聘会类型、时间、地点、规模、面向人群、报名通道、公司联系方式等。

5. 收集客户需求，预订展位信息

收集客户报名及咨询信息，做到及时记录、及时反馈、及时解决。与来现场招聘会招聘的企业做好相应的沟通工作，告知可为其提供的服务，以及对方需要准备的材料和物品，避免由于沟通不足导致招聘效果不理想。在收集完参与企业信息后，需要将信息汇总，以方便下一步工作。

6. 准备现场招聘会材料和物品，确定人员分工

根据第五步收集的信息数据，准备相应的招聘会材料和物品，并进行人员分工，做好班次安排。

7. 现场安全维护，秩序引导

招聘会现场需要做好参会企业的迎接、签到、指引等工作，并由招聘服务机构工作人员负责招聘会现场安全维护和秩序引导的工作，确保现场招聘会有序开展。

8. 会后服务

在现场招聘会后，做好会场的恢复工作，并对参会企业的招聘情况做回访，收集参会者意见，对于投诉、意见建议等进行及时合理的处理，着力提高服务质量和服务水平。

二、现场招聘会服务效果评估

（一）现场招聘会服务效果评估内容

效果评估是对整个招聘工作过程、方法、工具等的全面检验。现场招聘会服务效果评估内容包括招聘人员数量、质量的评估，招聘成本效益的评估，招聘的信度及效度评估等内容，具体如图 2–3 所示。

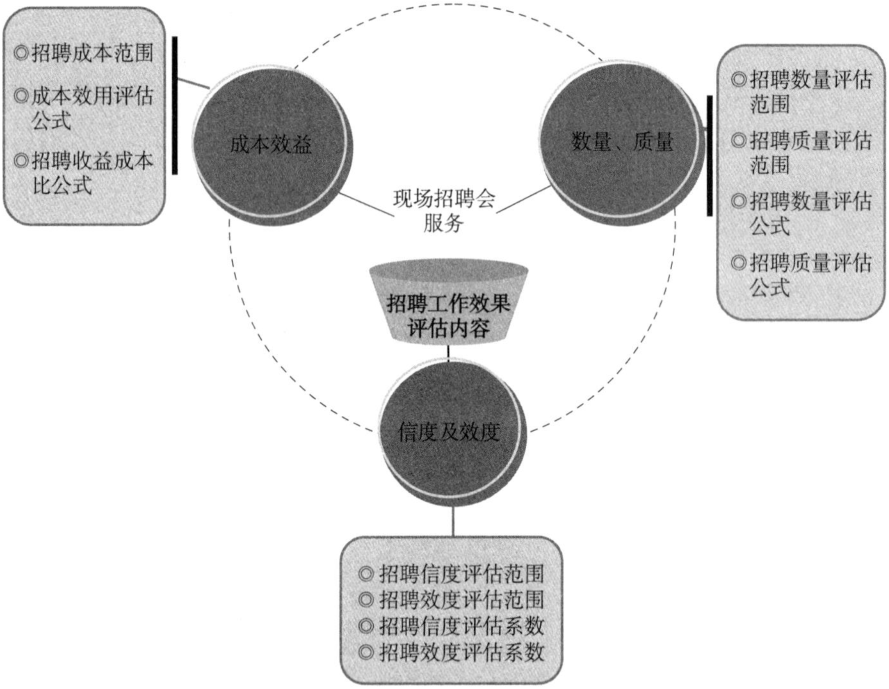

图 2–3　现场招聘会服务效果评估内容

（二）现场招聘会服务效果评估程序

企业在进行现场招聘会服务效果评估时，应进行成立评估小组、制定评估方案、评估招聘效果、编制评估报告、审核评估报告等工作，现场招聘会服务效果具体评估程序如图 2–4 所示。

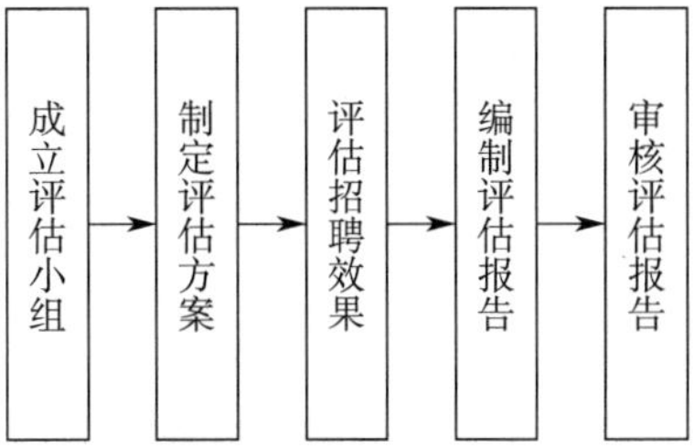

图 2–4　现场招聘会服务效果评估程序

（三）现场招聘会服务效果评估报告

招聘结束后，企业根据招聘活动的数据进行汇总评估，形成服务效果评估报告，主要内容包括招聘活动概述、数据统计、数据分析、总结建议。

1. 招聘活动概述

参加招聘活动的人力资源部门介绍招聘活动的具体信息，如时间、地点、主体、面向对象等，介绍企业招聘的岗位信息、需求人数以及招聘情况。

2. 数据统计

数据统计主要分为招聘成本、招聘完成比、应聘比、录用比等内容。具体招聘评估统计表见表 2–2。

表 2–2　招聘评估统计表

招聘岗位	需求数	简历数	一面人数	二面人数	意向人数	录用人数	应聘比	录用比	招聘完成比
1									
2									
3									
…									

3. 数据分析

分析此次招聘会成本和应聘人员，成本分析包括招聘参与费、宣传物料制作费、交通费等费用成本，应聘人员分析从岗位简历占比、应聘比等数据方面进行。

4. 总结建议

通过分析进行总结，了解招聘会对企业招聘的利弊以及企业在招聘工作方面的不足，并提出相应的改善建议和方案。

三、现场招聘会服务实施注意事项

（一）核实企业自身资质

全国各地举办现场招聘会所需要的资质各不相同，以北京市为例，根据《北京市职业介绍管理规定》的要求，机构举办现场招聘会应取得北京市职业介绍许可证（以下简称许可证），并向市人力资源社会保障行政部门提交主办单位的许可证副本原件及复印件，组织现场招聘会申请书，主办单位与合办、协办单位的合作协议，举办现场招聘会地点的租用合同、协议或其他证明现场招聘会期间合法使用场地的文件，现场招聘会的组织方案和会场平面图，主办单位介绍信及经办人员身份证明等文件材料。

（二）核查参会企业信息

对于参与企业特别是首次合作企业，需认真核查其企业信息，如营业执照（副本）或有关部门批准其设立的文件、经办人的身份证件和受用人单位委托的证明，防止出现由于审查不严导致假公司、不存在公司参与到招聘会中，引发不必要的纠纷。

（三）制定突发事件应急预案

制定突发事件应急预案，做好安全隐患的预防排查工作，维持现场正常秩序，如遇到突发事件应当有效控制和迅速处置，并将有关信息及时报送批准办会的人力资源社会保障、公安、应急管理等部门。

（四）加强信息确认与沟通工作

在与参会企业沟通的时候，一定要再三确认参会人数、时间、地点等重要信息，并做好记录，以方便查阅。

四、现场招聘会存在的问题

现场招聘会有其自身局限性，由于时间与空间的限制，一般现场招聘会只能吸引到所在城市及周边城市的应聘者，与其他新型招聘方式相比，存在以下问题。

1. 招聘环境问题

大型现场招聘会由于参会企业众多，现场环境一般比较混乱嘈杂，这样的环境容易使求职者产生烦躁情绪，影响求职者的心情。现场招聘时，由于无法保障私密性，求职者相关信息容易暴露，对高端人才吸引力较弱。人员的聚集与流动性较大，安全管理的风险也进一步增加。

2. 招聘成功率较低

招聘成功率较低是现场招聘会存在的普遍问题，尤其是大型现场招聘会，由于参会企业类型和数量众多，参加招聘活动的人员结构差异大，很多求职者自我定位不准确，面对不同类型企业时，往往会海量投放自己的求职简历，从而加大企业简历筛选的任务量。求职者在招聘现场只能通过招聘宣传信息及企业介绍了解岗位信息，进行简历投递，通常仅为了获得面试机会，从而影响了招聘效果。

3. 招聘风险管控难度大

现场招聘会由于环境复杂、人员流动性大、参会企业类型多等因素，导致现场存在多种安全风险。有的企业参加招聘会存在美化或夸大企业岗位的情况，容易误导求职者，有的企业甚至以高薪等为诱饵，欺骗求职者入职，导致求职者到岗后发现入职岗位与招聘时岗位描述存在差异等。在实际招聘中，有的企业利用现场招聘会作为企业宣传的平台，在宣传时夸大企业形象，诱导求职者。

第三节　网络招聘服务实施

网络招聘也称电子招聘，对于第三方人力资源服务平台来说，网络招聘指的是通过技术手段的运用，如使用简历数据库或搜索引擎等工具，帮助企业招聘人员（通常为企业人力资源经理人）完成招聘的过程。网络招聘服务通常适用于第三方人力资源服务平台帮助企业招聘初、中级人才，或急需的岗位人员。

网络招聘服务在实际应用中一般具有以下五个优点。

1. 覆盖面广

互联网的覆盖面之广是以往任何媒介都无法比拟的，它的触角可以轻易地延伸到世界的每一个角落。网络招聘服务依托于互联网的这一特点，达到了传统招聘方式无法获得的效果。

2. 方便、快捷、时效性强

网络招聘服务的双方通过交互式的网上登录和查询完成信息的交流。这种方式与传统招聘方式不同，它不强求时间和空间上的绝对一致，扩大了双方选择余地。互联网本身不受时间、空间限制，也不受服务周期和发行渠道限制。它不仅可以迅速、快捷地传递信息，而且还可以瞬间更新信息。这种基于招聘双方主动性的网上交流，无声无息地完成了及时、迅捷的互动。

3. 成本低

网络招聘服务在节约费用上有很大优势。对于毕业生来说，通过轻点鼠标即可完成个人简历的传递，原本一个月才能完成的信息整理、发布工作，现在可能只要半天就可以完成。这大大节约了人力、物力成本。对用人单位来讲，网络招聘的成本更低。

4. 针对性强

网络招聘服务是一个跨时空的互动过程，对供求双方而言都是主动行为，无论是用人单位还是求职者，都能根据自己的条件在网上进行选择。这种积极的互动，减少了招聘和应聘过程中的盲目行为。目前，一些大型的人才招聘网站都提供个性化服务，如快捷搜索方式、条件搜索引擎等，这进一步加强了网络招聘服务的针对性。

5. 具有初步筛选功能

目前，构成“网民”主体的群体是一个年轻、高学历、向往未来的群体。通过上网，用人单位就已经对求职者的基本素质有了初步了解，相当于已经对他们进行了一次小型的计算机和英文测试，对求职者作了一次初步筛选。

虽然网络招聘服务具有其他招聘方式没有的优点，但也存在其不足。如求职者的应聘信息可靠性较低，由于网络具有极大的虚拟性，通常混杂一些不真实信息，无法及时准确筛选，从而给招聘工作带来一定的风险。

一、网络招聘服务实施步骤

网络招聘服务除公共就业和人才服务机构提供的招聘服务外，还有各网络公司等企业提供的招聘服务。结合各网络招聘平台客户服务的相关程序，网络招聘服务实施主要有以下步骤。

1. 寻找客源

由销售人员通过各种渠道，寻找需要进行网上招聘的用人单位。

2. 摸清用人单位需求

对用人单位的需求进行记录并分析，了解用人单位的实际需求。

3. 客户资质分析

对客户的资质进行分析，如用人单位的合法性、正规性等。用人单位应上传企业营业执照、法人身份证等相关认证资料，以便网络招聘平台进行实名认证。

4. 签订服务合同

在确定客户需求及资质之后，与用人单位就服务费用、服务时长、招聘人数、费用支付方式等进行洽谈，并签订相应的服务合同。

5. 招聘信息发布

指导用人单位招聘人员进行招聘信息的发布，以及信息的刷新、更新及回复等操作程序。招聘信息的内容包括企业简介和岗位信息等相关内容。

6. 客户信息登记

将用人单位信息登记入册、定期维护，建立长期合作关系。

二、网络招聘服务实施注意事项

（一）核实企业资质及信息

对于合作企业，需认真审核企业信息，如营业执照（副本）或有关部门批准其设立的文件、经办人的身份证件和受用人单位委托的证明等，以免出现虚假招聘、空壳招聘等问题。

（二）加强沟通，全面了解企业客户的用人需求

网络招聘服务提供商应及时与企业人力资源专员交流，了解企业的运营状态，对企业客户的用人需求提前做好预判，并提前制定相应招聘方案。

（三）招聘信息准确真实

网络招聘中，由于求职者不能直观感受，仅仅通过求职信息来了解企业及岗位信息。因此在发布招聘信息时，信息内容应准备真实，严禁夸大美化，诱导求职者。

三、网络招聘服务存在的问题

网络招聘服务发展迅猛，在企业人力资源配置与开发中发挥了重要作用，但在发展中存在的问题也日益凸显。

（一）法律法规亟待完善

网络招聘中，需要求职者上传个人信息。但在实际操作中，存在部分招聘网站向其他企业或网站售卖求职者信息的情况，对于网络招聘服务商泄露信息、牟取不正当利益的行为需要进一步加强法律监管。

（二）网络招聘服务模式单一

目前网络招聘网站主要业务是向企业或用户提供招聘信息，主要业

务模式单一，各个招聘网站运作模式基本相同，即将企业招聘信息、求职者求职信息放在数据库中进行搜索，业务同质化严重，缺乏创新和市场竞争力。

（三）信息资源难以实现共享

由于招聘企业间的利益问题，求职者在招聘网站上的信息难以实现共享，企业发布的招聘信息也难以进行流通，增加了企业和求职者在信息搜索方面的难度。

（四）网络招聘缺乏即时互动

从目前的招聘网站来看，侧重于招聘信息与求职信息的单向发布，发布企业招聘信息，求职者进行投递，缺少网站与用户之间的交流，招聘方无法通过网络即时了解求职者相关情况，求职者也无法在网络上对招聘信息进行进一步了解。

本章自测题

1. 招聘服务的特点有哪些?
2. 什么是网络招聘?
3. 简述现场招聘会实施的注意事项。
4. 简述人才市场管理规定中人才中介机构设立的条件。
5. 简述网络招聘的特点。

第三章　高级人才寻访服务

学习目标

- 了解高级人才寻访服务的定义和特点
- 熟悉高级人才寻访服务的不同类型
- 掌握不同类型高级人才寻访服务的应用条件

引导案例

QY信息科技有限公司是一家做企业管理软件研发和销售的B2B公共服务平台公司，软件公司（上游客户）可以把研发的产品放在公共服务平台上寻求买主，有企业管理软件需求的公司（下游客户）可在服务平台上寻求软件购买合作等，主要经营的软件产品有供应链、采购、连锁管理、财务、人力资源、ERP、OA等。

根据2019年公司业务发展需要，销售中心将设立销售部和大客户部两个部门，各急需一名部门总监。销售部负责需求方，主要把需要企业管理软件的客户引入公司平台，寻求平台上软件公司的合作；大客户部负责供给方，需要把研发的软件产品公司引进公司平台销售公司软件产品。

人力资源部姚经理为这两个岗位花了很多心思，不但在招聘网站上发布了岗位，还在北京谈了两家猎头公司来服务公司的岗位需求。一个月过去了，有参与面试、复试的，但一直都没有找到合适的人选。

很偶然的机会，姚经理了解到有一款手机移动应用（App）叫RL，企业可以通过在App发布岗位，用户通过对朋友工作经历、工作内容的熟知了解，直接导入手机通讯录朋友的信息进行相关岗位推荐，推荐成功后拿高额佣金。姚经理立刻注册了账号，想看能否通过这个招聘渠道找到销售部和大客户部的部门总监。

第二天上午姚经理接到RL颜经理的电话。颜经理告诉姚经理，RL的服务主要通过移动端广大用户的推荐和公司高级顾问的审核筛选候选人，来满足公司的职位需求，服务费为年薪的8.3%，按效果付费，前期无须缴纳保证金；精准推荐，由广大用户推荐岗位简历，高级顾问层层审核、评估后，把背景合适、意向强烈的候选人推荐给企业。成功入职后，保证候选人进入试用期，否则免费再次进行推荐。

三天后，姚经理与RL进行签约，颜经理在平台上发布了这两个岗位信息，并把这个客户直接转到了人才部的余顾问手中，由余顾问直接与姚经理对接，提供候选人审查和推荐等服务。

余顾问对QY公司做了深入了解，和本行业同等岗位做了对比之后，与姚经理进行了深入交流，明确了公司的招聘流程和岗位要求的细节，提出了对这两个岗位自己的理解和认识，并与姚经理交换了意见，确定以在大型计算机软件行业的销售中高层背景、达成年销售额在3 000万以上业绩、团队管理经验五年以上的候选人为目标。

之后，RL平台上的推荐QY公司的大客户部总监、销售部总监岗位的用户已经有了67个，客户服务专员小马与每个推荐人做了详细的交流，成功拿到了54份简历。经过余顾问对简历的筛选，大客户部总监岗位共有8份简历、销售部总监岗位共有12份简历符合QY公司的要求，余顾问对筛选出的20份简历进行电话沟通，对行业背景、工作内容、求职意向、未来发展方向等进行了详细沟通和了解。之后余顾问向QY公司推荐了审核出来的一位大客户部总监候选人李某，两位销售部总监候选人范某、刘某，并把与3位候选人的交流做了分析报告反馈给姚经理。姚经理30分钟之后回复："请在4月3日—5日上午10时半至下午5时之间安排3位候选人进行初试。"

4月4日，李某、范某参加了初试，5日刘某参加了初试。姚经理反馈：李某，软件行业经验丰富，但是其手中的大客户都来源于公司，无法在新公司得到利用，因此公司不考虑；刘某，知名软件行业9年工作经验，客户以生产、加工等著名外资公司为主，鉴于公司现阶段客户类型的差异化，公司不考虑；范某，大型软件公司背景，带领20人以上团队6年，面对的客户类型多样化，覆盖了IT、电子商务、零售批发、生产、机械加工等行业，因此公司决定约其下周二至下周四之间进行复试。4月11日下午2时，范某与公司总经理进行了长达2个小时的交流，经过与销售副总、人力资源部的面试结果评估，范某通过初试、复试，综合能力符合公司的要求，决定录用。

4月11日下午，余顾问与范某进行入聘商谈，由于范某尚在职，离职需要申请和交接。因此，范某允诺5月2日入职。4月12日下午，姚经理给范某的邮件发了录用通知。5月2日，范某成功入职。推荐者也拿到了可观的佣金。

如果你是该公司的人力资源专员，请你对此次猎头招聘服务进行一次复盘，明确其中的优点、缺点和可改进之处。

第一节　高级人才寻访服务概述

一、高级人才寻访服务的定义

高级人才寻访服务俗称“猎头”服务，是人力资源服务领域的新兴业务之一，属于人力资源服务业的高端业务，通常是指为客户提供咨询、搜寻、甄选、评估、推荐并协助录用高级人才的一系列服务活动，是人力资源服务市场对高端人才进行市场化配置的重要业态。

猎头公司、企业客户和受托人才是以市场为主体，以猎头公司为桥梁，以契约关系为保障的三方互动互利的关系。具体的三方关系如图 3–1 所示。

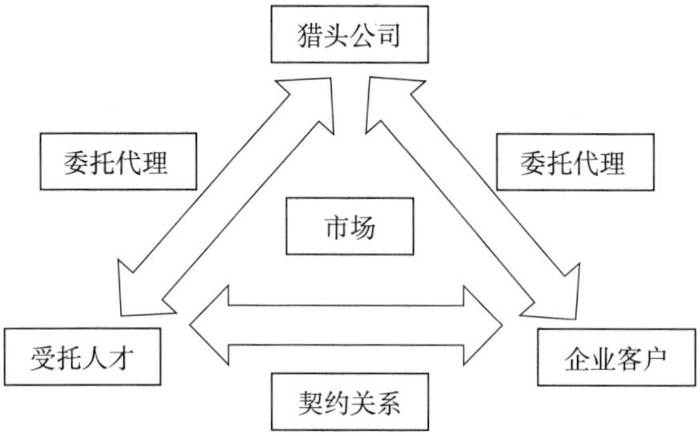

图 3–1　三方关系

高级人才寻访服务就其社会意义而言，是指调节整个社会中高端人才市场资源的再分配。从企业角度而言，则是通过猎头寻访到企业所需要的高级人才，解决人力资源问题。再具体一点，就是解决招聘过程中信息不对称的问题。

随着全球经济一体化进程的加快，高级人才在全世界范围内流动和配置的需求日益迫切，由此带来高级人才寻访业务的迅速发展。

目前，各类企事业单位对高级管理人才和高级技术人才的需求量大幅增加，用人单位通过人力资源服务机构寻觅高级人才成为满足需求的主要方式之一。

二、高级人才寻访服务的特点

从宏观上说，高级人才寻访服务是指猎头公司开展的高级人才招聘工作，看上去似乎并没有太多的独特之处，也不需要对其作出太多细致区分。

但从微观上说，无论是猎头公司、高级人才，还是猎头服务本身都会因猎头公司的市场定位、经营范围、收费模式等要素的不同而呈现出不同特点。如在公司融资上是独资企业还是中外合资；在猎头公司的业务范围上，可以是专营性猎头，还可以兼营多个领域。下面是对高级人才寻访服务不同方面特点的简述。

（一）专业化与多元化

一方面，猎头公司主要集中在互联网、金融、房地产、医药等领域，但具体来说很难有一个公司同时擅长这几个领域，往往是一家猎头公司专营一个领域，其提供的高级人才寻访服务呈现出专业化特性。

另一方面，随着经济的发展，行业分工日益细化，一些历史悠久、资金实力雄厚的企业也陆续涉足多个行业。保证专业化的同时，提供更加多样化的猎头服务便可以赢得更多市场。如内资企业沃锐就把自己的猎聘对象按照市场定位，细分成 48 个行业，并和 10 000 多家企业建立了合作关系，成功招聘了 30 000 多个岗位。

随着经济的进一步发展，各行各业之间的联系日益紧密，猎聘公司的业务类型多元化发展已经成为必然的趋势。

（二）人才层次高

猎头公司的高级人才寻访服务对象一般分成顶级人才、高级人才和中级人才，有些国外猎头公司只负责猎聘知名企业中的董事会成员，而有的猎头公司则不仅负责猎聘顶级人才还负责猎聘高级工程师和高级管理人才，如前文提到的沃锐就属于后者。

猎聘对象如果是顶尖人才，所需要花费的成本、经验、能力、技术等方面就更加综合复杂，对猎头公司资源掌控能力的要求就越高。根据所服务企业需求的不同，猎头公司猎聘的人才呈现出丰富的层次性，但都集中于较高的人才层次中。

同时，猎头行业所寻访的人才层次也因为时代的改变正在发生变化。传统的猎头行业一般所寻访的是高级人才，但由于社会的发展和传统猎聘市场的逐渐饱和以及能力、资源有限等原因，一些猎头公司已经将视线下移，猎聘服务对象呈现大众化、寻访一般人才的趋势。如近年来，一些猎头加大了对应届大学毕业生市场的开发力度，同时采取建立高级人才个人档案等手段，前期介入“猎物”的成长过程。

（三）合资为主

根据我国相关法律规定，猎头外资企业进入我国境内必须采用中外合资的形式。

综合来看，目前我国拥有的猎头公司，绝大多数属于中外合资企业，而内资企业在猎聘行业不占主要地位。在经济全球化的今天，人才在全球范围内流动，合资企业中外资比例越来越大，猎聘行业的竞争日益激烈。

（四）经营范围广泛

国内猎头公司覆盖的业务范围十分广泛，就猎头公司的选址而言，主要集中在北京、上海、广州、深圳、天津、重庆和成都等少数大城市中。

大城市是人才、资金、教育、医疗等各种资源的聚集地，因此市场容量大，发展前景广阔。相反，中小城市人才更易流失，根据市场的集聚效应，猎聘公司自然不易安置在中小城市中，这不符合市场规律，更和猎头公司的盈利需求不符。

由于我国大多数猎头公司的合资性质，对于高级人才寻访服务本身来说就是一种有利条件。在经济全球化的今天，不光是资本在跨国流动，人才更是在主动寻求更合适环境。因此，合资属性猎头公司的经营范围就呈现出国际性特点，在更广阔的视野范围内寻找更加优秀的人才，开展高级人才寻访业务。

（五）预付定金为主

猎头公司的高级人才寻访服务收费方式一般分为两种类型：一种是猎头公司给企业客户提供相应候选人后，企业客户按猎头公司提供的候选人情况付费；另一种是预付定金，猎聘候选人成功就职后按照合同规定分期付费。

无论是第一种收费方式还是第二种收费方式，猎头公司收费的标准基本是按照聘用人员岗位年薪的比例，并且在不同行业和不同岗位甚至不同时间，其薪资标准都会有所不同或波动。

一般而言，出于风险和成本因素考虑，单独采用前一种收费方式提供高级人才寻访服务的猎头公司很少，大部分猎头公司所提供服务都是采用预付定金，而后剩余部分在招聘过程中再分期付清的办法。

三、高级人才寻访服务的类型

（一）按服务对象划分

猎头在现代的意义多指猎头公司搜寻并获取高级人才的行为。在猎头招聘业务中，猎头公司猎聘的人才主要是高级人才，具体包括具有丰富专业技能的专业人才和具有优秀高层管理能力的管理人才两类。

在猎头招聘服务中，猎头公司提供的高级人才寻访业务按照服务对象的不同划分主要包括两类，具体说明见表 3–1。

表 3–1　　猎头招聘业务说明

业务类型	业务说明
为企业搜寻高级人才	猎头公司根据企业客户的招聘需求，搜寻人才，并进行筛选
为高级人才寻找工作	猎头公司根据具有求职意向的高级人才的求职需求，寻找匹配合适岗位

（二）按服务方式划分

在猎头招聘服务实施过程中，根据服务方式的不同，可将高级人才寻访业务分为标准招聘业务、长期招聘业务、定向招聘业务三类，具体说明见表 3-2。

表 3-2　猎头招聘业务类型说明

业务类型	服务方式说明	适用企业
标准招聘业务	猎头公司按照猎头招聘业务实施流程，为企业客户推荐候选人	空缺岗位较少的企业
长期招聘业务	猎头公司成立项目组，专门负责为企业客户提供长期人才招聘服务 长期招聘业务实施程序与标准招聘业务相同，但服务期限长于标准招聘业务	空缺岗位较多、用人需求较大的企业
定向招聘业务	企业客户指定具体的招聘人选，猎头公司采用专业的方法为企业客户猎聘指定的招聘人选	具有明确招聘人选目标的企业

（三）按收费方式划分

猎头公司提供高级人才寻访服务一般有两种收费方式，这两种不同的收费方式也造成了一定的服务区别。

1. 预付费服务

预付费服务是指在项目开始的前、中、后期分别收取 1/3 的费用。这一方法通常在独家委托时用到，一般在寻访人才级别较高、候选人库中名额较少、企业客户希望低调进行招聘时采用。

采用预付费模式的猎头一般为行业中声誉高且综合能力极强的顾问，在与候选人的沟通过程中，会让候选人感觉非常舒适，有利于提高企业客户在行业中的口碑。

同时，这一服务模式也保证了猎头公司的收入，他们对候选人的评估会更加公正客观，力求推荐最符合企业客户要求的候选人。

2. 结果付费服务

结果付费服务是指在项目成功完成后收取费用。如果对所招聘人员没有特殊要求或企业客户希望了解更多候选人进行挑选时，一般采用这一模式。

大多数情况下，企业客户会同时委托多家猎头公司进行招聘，最后对搜索到最合适候选人的公司进行付费。因此在这一方式中，如果招聘不成功或战略调整取消岗位，企业客户可以不用付费，有利于节约招聘方的成本。这也是在无特殊要求的情况下，企业客户较常采用的方式。

四、高级人才寻访服务发展趋势

（一）外部——市场

在我国，高级人才寻访服务市场现状基本表现为从业机构众多，但是“开得快，关得也快”，此消彼长。对比许多其他行业而言，高级人才寻访服务的市场生存是一个很艰巨的事情。最近五年的资料显示，每年会有 20%～30% 的高级人才寻访服务机构在激烈的市场竞争中倒闭。

当前国内的高级人才寻访服务市场，整体表现出以下四大显著特征。

1. 市场地域分布集中于一线城市

据不完全统计，当前国内的相关从业机构有 8 000～10 000 家。同时，由于这一市场的准入门槛比较低，所以每年新增企业的速度高达 30%。其中至少有 70%～80% 的机构业务是集中在北京、上海、广州、深圳四地开展的。

2. 市场竞业无序

我国高级人才寻访服务起步晚、门槛低，行业标准还不健全，不少高级人才寻访机构为降低成本，往往存在以降低收费标准的方式来吸引客户，谋求生存。因为相关的法律法规尚未完善，这就使得整个行业竞争处在一种无序甚至混乱的状态。

首个高级人才寻访服务国家标准——《高级人才寻访服务规范》（GB/T 25124—2019）由人力资源社会保障部提出，于 2011 年 1 月 1 日起第一版实施，2020 年 1 月 1 日第二版修订实施。该标准对保障人力资源行业中高级人才寻访服务市场的竞争秩序，力求通过行业规范来使得这一市场有序发展起到重要作用。

3. 市场尚未形成主力机构

相关数据显示，在我国这个市场上，仅仅拿最近五年当中的纯业务猎头公司来统计和测算，每年有 2 000 亿左右的产值。但同时应该看到，直到目前为止，国内也没有一家本土猎头公司能占有市场份额的 1% 以上。

4. 行业分化市场细分

猎头公司十多年前第一次出现在我国，如今已发展为数千家之多，但真正具备专业资质的机构很少。目前在国内，约 20% 的猎头公司占据了 80% 的市场。

（二）内部——服务

1. 高级人才寻访服务业社会认可度加深，寻访服务机构规范意识增强

近年的中高级人才寻访服务市场调研显示，寻访服务机构的规范意识增强。通过访谈了解到，多数从业者将服务的规范性作为评价寻访服务机构的关键指标，并认为规范的操作方法、标准的服务流程能够提升服务质量、改善口碑。

2. 寻访服务机构跨领域发展，产业链不断拓展

高级人才寻访服务和人力资源咨询、软件、外包服务相互渗透，正“跨界”联合相关领域，走上多元化发展之路。

据中国人才交流协会高级人才寻访专业委员会的调查显示，55% 的寻访服务机构业务实现了多元化，业务范围不仅涵盖中高级人才寻访，也包括培训、咨询、业务流程外包等业务。

寻访服务机构还会和相关业务组织进行资源共享、优势互补，以满足客户多元化需求。很多寻访服务机构负责人表示，这种跨领域的竞争和合作源于客户不断增长的需求，很多客户希望已有合作的供应商能够提供“一揽子”服务。

第二节　高级人才寻访服务实施

一、高级人才寻访服务实施步骤

猎头公司在开展高级人才寻访服务时，既需要同企业客户就招聘需求、招聘实施程序等内容进行沟通，还需要搜寻、筛选高级人才。概括来说，高级人才寻访服务业务步骤主要包括受理企业客户需求信息、企业客户背景调查与需求岗位分析、人才搜寻与背景初查、人才甄选与面试、协助入职与业务跟踪五大步骤。

（一）受理企业客户需求信息

猎头公司要时刻关注公司信息库内的企业客户人力资源方面的变化，及时发现企业客户中高层管理岗位的人员流动和变化情况，掌握可能或者已经出现的岗位空缺信息，安排猎头服务专员拜访、受理企业客户的人才寻访需求。

猎头公司应积极开发新客户，扩大猎头服务的业务对象，通过社交网络、客户官网、行业内部渠道等收集潜在企业客户的高级人才需求信息，被动接收与主动扩展同步推动。

（二）企业客户背景调查与需求岗位分析

猎头公司接到企业客户的需求信息之后，需要先对企业客户的整体状况展开调查，如资产负债率、盈利能力、人力资源结构、员工工资待遇、企业环境与企业文化等。

调查的主要目的有两点：一是了解企业客户的运营状况，判断对方的信用信息和履约能力，降低可控风险以保证双方合作能够顺利开展；二是对企业了解之后，有利于猎头公司更有针对性地选择适合企业客户所需人才，使下一阶段的人才搜寻更有方向性和目的性。

猎头公司将企业客户的需求信息作出整理，结合企业客户的具体要求和标准，对不同的需求岗位进行综合分析，准确把握岗位招聘和人才寻访的标准和条件。

（三）人才搜寻与背景初查

猎头公司组织人才寻访项目小组拟定出详细的人才搜寻方案，通过招聘网络、人才数据库、社交人际网、大数据云分析等渠道获取到相关高级人才信息。然后将这些搜寻到的候选人信息进行汇总整理，逐个与候选人进行联系沟通，并将企业客户的基本信息与开出的任职条件、岗位要求、利益条件告知候选人。询问候选人意向，并做详细记录。

需要注意的是，猎头公司与候选人交流的过程是在相对保密的状态下进行，避免泄露企业客户的重要商业运作信息。同时，猎头顾问与候选人沟通时，需要对高度符合条件和意向度高的候选人做初步的人才背景调查，确保候选人的资料和信息真实，以实现候选人和企业客户的精准对接。

（四）人才甄选与面试

猎头公司将企业客户需求和候选人意愿进行详细的比较分析，从候选人中甄选出一部分较为合适的人才作为进一步的筛选对象。同时将候选人的简历、背景资料和信息介绍给企业客户，按照企业客户合作的猎头服务类型，由猎头公司进行候选人面试或者安排企业客户同甄选出的候选人进行洽谈面试。

（五）协助入职与业务跟踪

当企业客户和人才相互满意并且确定了聘用意向之后，猎头公司需组织对候选人的背景开展全面严格的调查工作，包括候选人的相关工作经历、学历与资质证明等。候选人背景调查完成后，猎头公司要协助候选人办理入职手续，同时为其提供合理建议，以帮助其尽快尽早地适应新的工作岗位及企业环境。

候选人入职上岗后，猎头公司要进行业务跟踪，与客户企业人力资源部、用人部门加强联系，掌握候选人的工作情况、绩效考核结果能否达到企业客户所制定的指标等。同时要了解企业客户为人才提供的薪酬方案是否顺利实施，确保人才能持续稳定地为企业贡献劳动价值。

二、高级人才寻访服务实施规范

猎头公司高级人才寻访服务实施规范一般包含法律法规与实操标准两部分。其中，高级人才寻访服务实施步骤包含四个方面内容：客户开发、人才寻访推荐、候选人筛选面试、候选人上岗及跟踪。

（一）高级人才寻访服务法律法规

1. 对法定资格作出规定的法律法规

猎头公司作为用人单位与高级人才的媒介，其设立条件要求与普通人才中介机构的设立条件相似，即需要获得行政许可。针对猎头公司法定资格的确定，《就业促进法》《就业服务与就业管理规定》《人才市场管理规定》等法律政策均作出了明确的规定。

（1）《就业促进法》第四十条对职业中介机构设立的法定资格作出以下规定。

第四十条　设立职业中介机构应当具备下列条件：

（一）有明确的章程和管理制度；

（二）有开展业务必备的固定场所、办公设施和一定数额的开办资金；

（三）有一定数量具备相应职业资格的专职工作人员；

（四）法律、法规规定的其他条件。

设立职业中介机构，应当依法办理行政许可。经许可的职业中介机构，应当向工商行政部门办理登记。

未经依法许可和登记的机构，不得从事职业中介活动。

国家对外商投资职业中介机构和向劳动者提供境外就业服务的职业中介机构另有规定的，依照其规定。

（2）《就业服务与就业管理规定》对职业中介机构设立的法定资格及条件作出了明确的规定。

第四十七条　职业中介实行行政许可制度。设立职业中介机构或其他机构开展职业中介活动，须经劳动保障行政部门批准，并获得职业中介许可证。

经批准获得职业中介许可证的职业中介机构，应当持许可证向工商行政管理部门办理登记。

未经依法许可和登记的机构，不得从事职业中介活动。

职业中介许可证由劳动和社会保障部统一印制并免费发放。

第四十八条　设立职业中介机构应当具备下列条件：

（一）有明确的机构章程和管理制度；

（二）有开展业务必备的固定场所、办公设施和一定数额的开办资金；

（三）有一定数量具备相应职业资格的专职工作人员；

（四）法律、法规规定的其他条件。

第四十九条　设立职业中介机构，应当向当地县级以上劳动保障行政部门提出申请，提交下列文件：

（一）设立申请书；

（二）机构章程和管理制度草案；

（三）场所使用权证明；

（四）注册资本（金）验资报告；

（五）拟任负责人的基本情况、身份证明；

（六）具备相应职业资格的专职工作人员的相关证明；

（七）法律、法规规定的其他文件。

第五十一条　职业中介机构变更名称、住所、法定代表人等或者终止的，应当按照设立许可程序办理变更或者注销登记手续。

设立分支机构的，应当在征得原审批机关的书面同意后，由拟设立分支机构所在地县级以上劳动保障行政部门审批。

（3）《人才市场管理规定》对职业中介机构特别是中外合资人才中介机构的设立，作出了明确的规定。

第六条　设立人才中介服务机构应具备下列条件：

（一）有与开展人才中介业务相适应的场所、设施；

（二）有5名以上大专以上学历、取得人才中介服务资格证书的专职工作人员；

（三）有健全可行的工作章程和制度；

（四）有独立承担民事责任的能力；

（五）具备相关法律、法规规定的其他条件。

第七条　设立人才中介服务机构，可以通过信函、电报、电传、传真、电子数据交换和电子邮件等方式向政府人事行政部门提出申请，并按本规定第六条的要求提交有关证明材料，但学历证明除外。其中设立固定人才交流场所的，须做专门的说明。

未经政府人事行政部门批准，不得设立人才中介服务机构。

第十条　互联网信息服务提供者专营或兼营人才信息网络中介服务的，必须申领许可证。

第十五条　人才中介服务机构有改变名称、住所、经营范围、法定代表人以及停业、终止等情形的，应当按原审批程序办理变更或者注销登记手续。

（4）《中外合资中外合作职业介绍机构设立管理暂行规定》对中外合资、中外合作职业介绍机构的设立资格、设立条件作出以下规定。

第六条　申请设立中外合资、中外合作职业介绍机构应当具备以下条件，并应按本规定第七条至第十条规定的程序办理审批手续：

（一）申请设立中外合资、中外合作职业介绍机构的外方投资者应是从事职业介绍的法人，在注册国有开展职业介绍服务的经历，并具有良好信誉；

（二）申请设立中外合资、中外合作职业介绍机构的中方投资者应是具有从事职业介绍资格的法人，并具有良好信誉；

（三）拟设立的中外合资、中外合作职业介绍机构应具有不低于30万美元注册资本，有3名以上具备职业介绍资格的专职工作人员，有明确的业务范围、机构章程、管理制度，有与开展业务相适应的固定场所、办公设施，主要经营者应具有从事职业介绍服务工作经历。

第七条　设立中外合资、中外合作职业介绍机构，应依法向拟设立企业住所地省级外经贸行政部门提出申请，并呈报申请设立中外合资、中外合作职业介绍机构的有关文件。

省级外经贸行政部门在接到申请后，应将其中下列文件转交同级劳动保障行政部门：

（一）中、外双方各自的登记注册证明（复印件）；

（二）主要经营者的资历证明（复印件）和简历；

（三）拟任专职工作人员的简历和职业资格证明；

（四）住所使用证明；

（五）拟开展经营范围的文件；

（六）法律、法规规定的其他文件。

第十条　获得批准的申请者，自接到中外合资、中外合作企业批准证书之日起 30 日内，到拟设立企业住所所在地国家工商行政管理总局授权的地方工商行政管理局申请登记注册，并应于登记注册之日起 10 日内，到省级劳动保障行政部门或其授权的地市级劳动保障行政部门办理备案手续。

第十一条　中外合资、中外合作职业介绍机构投资者变更、股权比例发生变化或设立分支机构，应按本规定的审批程序经原审批机关审批同意后，到工商行政管理部门办理相关变更登记手续，并到劳动保障行政部门办理变更备案手续。

2. 对服务项目作出规定的政策规范

针对猎头公司的服务项目，《人才市场管理规定》第十一条规定，人才中介服务机构可提供人才供求信息的收集、整理、储存、发布和咨询服务，人才信息网络服务，人才推荐，人才招聘，人才测评，法规、规章规定的其他有关业务。

同时，《中外合资中外合作职业介绍机构设立管理暂行规定》第五条对中外合资、中外合作职业介绍机构的服务项目作出规定，除第（四）项外，其他各款项内容均属于猎头公司的服务项目范围。

第五条　中外合资、中外合作职业介绍机构可以从事下列业务：

（一）为中外求职者和用人单位提供职业介绍服务；

（二）提供职业指导、咨询服务；

（三）收集和发布劳动力市场信息；

（四）经省级劳动保障行政部门或其授权的地市级劳动保障行政部门同意，举办职业招聘洽谈会；

（五）经省级劳动保障行政部门或其授权的地市级劳动保障行政部门核准的其他服务项目。

3. 对猎头机构的行为作出规定的政策规范

作为高级人才寻访服务的实施主体，其行为规范均受《就业服务与就业管理规定》《人才市场管理规定》及《中外合资中外合作职业介绍机构设立管理暂行规定》的约束。

（1）《就业服务与就业管理规定》明确规定，猎头机构不得因民族、种族、性别、宗教信仰等不同而歧视劳动者，不得对农村劳动者进城就业设置歧视性限制。同时，对其他方面的行为规范，明确规定如下。

第四十六条　从事职业中介活动，应当遵循合法、诚实信用、公平、公开的原则。

禁止任何组织或者个人利用职业中介活动侵害劳动者和用人单位的合法权益。

第五十八条　禁止职业中介机构有下列行为：

（一）提供虚假就业信息；

（二）发布的就业信息中包含歧视性内容；

（三）伪造、涂改、转让职业中介许可证；

（四）为无合法证照的用人单位提供职业中介服务；

（五）介绍未满16周岁的未成年人就业；

（六）为无合法身份证件的劳动者提供职业中介服务；

（七）介绍劳动者从事法律、法规禁止从事的职业；

（八）扣押劳动者的居民身份证和其他证件，或者向劳动者收取押金；

（九）以暴力、胁迫、欺诈等方式进行职业中介活动；

（十）超出核准的业务范围经营；

（十一）其他违反法律、法规规定的行为。

（2）《人才市场管理规定》第十二条、第二十五条对人才中介服务机构行为规范作出规定如下。

第十二条　人才中介服务机构应当依法开展经营业务活动，不得超越许可证核准的业务范围经营；不得采取不正当竞争手段从事中介活动；不得提供虚假信息或作虚假承诺。

第二十五条　人才中介服务机构通过各种形式、在各种媒体（含互联网）为用人单位发布人才招聘广告，不得超出许可业务范围。广告发布者不得为超出许可业务范围或无许可证的中介服务机构发布人才招聘广告。

（3）中外合资、中外合作的猎头机构也可参照《中外合资中外合作职业介绍机构设立管理暂行规定》的相关规定来执行。

4. 对用人单位的行为作出规定的政策规范

在高级人才寻访服务中，用人单位作为猎头公司的企业客户，其行为同样受到《就业服务与就业管理规定》《人才市场管理规定》等政策规范的约束。

（1）《就业服务与就业管理规定》对用人单位行为规范约束如下。

第十一条　用人单位委托公共就业服务机构或职业中介机构招用人员，或者参加招聘洽谈会时，应当提供招用人员简章，并出示营业执照（副本）或者有关部门批准其设立的文件、经办人的身份证件和受用人单位委托的证明。

招用人员简章应当包括用人单位基本情况、招用人数、工作内容、招录条件、劳动报酬、福利待遇、社会保险等内容，以及法律、法规规定的其他内容。

第十二条　用人单位招用人员时，应当依法如实告知劳动者有关工作内容、工作条件、工作地点、职业危害、安全生产状况、劳动报酬以及劳动者要求了解的其他情况。

用人单位应当根据劳动者的要求，及时向其反馈是否录用的情况。

第十三条　用人单位应当对劳动者的个人资料予以保密。公开劳动者的个人资料信息和使用劳动者的技术、智力成果，须经劳动者本人书面同意。

第十四条　用人单位招用人员不得有下列行为：

（一）提供虚假招聘信息，发布虚假招聘广告；

（二）扣押被录用人员的居民身份证和其他证件；

（三）以担保或者其他名义向劳动者收取财物；

（四）招用未满16周岁的未成年人以及国家法律、行政法规规定不得招用的其他人员；

（五）招用无合法身份证件的人员；

（六）以招用人员为名牟取不正当利益或进行其他违法活动。

第十五条　用人单位不得以诋毁其他用人单位信誉、商业贿赂等不正当手段招聘人员。

第十六条　用人单位在招用人员时，除国家规定的不适合妇女从事的工种或者岗位外，不得以性别为由拒绝录用妇女或者提高对妇女的录用标准。

用人单位录用女职工，不得在劳动合同中规定限制女职工结婚、生育的内容。

第十八条　用人单位招用人员，不得歧视残疾人。

第十九条　用人单位招用人员，不得以是传染病病原携带者为由拒绝录用。但是，经医学鉴定传染病病原携带者在治愈前或者排除传染嫌疑前，不得从事法律、行政法规和国务院卫生行政部门规定禁止从事的易使传染病扩散的工作。

用人单位招用人员，除国家法律、行政法规和国务院卫生行政部门规定禁止乙肝病原携带者从事的工作外，不得强行将乙肝病毒血清学指标作为体检标准。

（2）《人才市场管理规定》对用人单位招聘人才的行为作出了下列规范。

第二十三条　用人单位公开招聘人才，应当出具有关部门批准其设立的文件或营业执照（副本），并如实公布拟聘用人员的数量、岗位和条件。

用人单位在招聘人才时，不得以民族、宗教信仰为由拒绝聘用或者提高聘用标准；除国家规定的不适合妇女工作的岗位外，不得以性别为由拒绝招聘妇女或提高对妇女的招聘条件。

第二十四条　用人单位招聘人才，不得以任何名义向应聘者收取费用，不得有欺诈行为或采取其他方式谋取非法利益。

第三十一条　用人单位与应聘人才确定聘用关系后，应当在平等自愿、协商一致的基础上，依法签订聘用合同或劳动合同。

5. 对劳动者的行为作出规定的政策规范

对于高级人才寻访服务对象之一的劳动者，《就业服务与就业管理规定》的第七条就其行为规范作出了相应的规定：劳动者求职时，应当如实向公共就业服务机构或职业中介机构、用人单位提供个人基本情况以及与应聘岗位直接相关的知识技能、工作经历、就业现状等情况，并出示相关证明。

（二）高级人才寻访服务实施步骤

1. 客户开发

猎头公司开发客户主要由客户开发岗（Business Development，BD）完成，负责在猎头公司的支持下开展客户开发工作。

（1）寻找客户资源。BD 需及时准确地记录搜集到的客户信息并做好以下工作：

1）根据公司年度客户开发工作要求，编制客户开发工作计划；需根据工作计划，定期开展客户资源搜寻工作。

2）根据客户资源搜寻需要，选择合适的信息搜集渠道。

BD 可选用的客户信息搜集渠道包括网络渠道（如潜在客户企业网站、专业招聘网站等）、行业信息库、他人推荐等。

3）按照以下标准，初步筛选客户信息。

①企业客户有一定的规模，在业内有一定的口碑，有资金实力。

②企业客户认可猎头的服务方式。

③企业客户对人才需求迫切，且可提供的年薪。

④公司收费将不低于正常收费标准，或者不低于其他猎头公司的收费，企业客户应基本认可公司的收费标准。

⑤公司曾经与该客户有过成功合作的经历。

⑥企业客户的主要负责人民主宽容，有好的理念和人格魅力。

⑦企业客户招聘负责人和猎头公司沟通基本无障碍。

⑧企业客户拟招聘的人才不是特别稀有。

（2）筛选客户。BD 搜集到的客户信息进行分析，并结合公司的实际情况，进一步筛选客户，明确企业名称、企业性质、行业属性、企业发展状况、企业规模、企业联系方式（包括电话、电子邮件等）、企业法人信息、高级人才招聘需求（招聘岗位、招聘人数等）等信息。

BD 电话联系筛查出的企业，与其招聘负责人进行沟通，并做好沟通如下各方面的记录。

1）企业是否招聘猎头服务。

2）企业的业务情况。

3）企业招聘岗位的基本信息，如岗位类别、岗位信息、招聘人数、薪资情况等。

4）企业招聘预算情况。

5）公司服务的收费标准。

BD 需与猎头顾问共同对沟通记录进行分析评估，确定可进行面谈的客户。

（3）确定合作。BD 根据评估结果，与企业客户招聘负责人约定面谈事宜，明确面谈时间和地点，BD 需准备好企业客户基本信息资料、公司宣传资料、公司参与面谈的人员名片等材料物品。

在与企业客户招聘负责人面谈时，BD、猎头顾问需就招聘岗位基本信息、猎头服务项目说明等内容进行深入沟通，并做好面谈记录，还需要对面谈记录进行分析，评估服务项目可行性，并进行以下处理。

1）对不可接受的服务项目，猎头顾问助理需将原因明确告知企业客户，并将企业客户相关信息存档。

2）对可接受的服务项目，猎头顾问助理可在猎头顾问的指导下，开展合同约谈的准备工作。

3）BD、猎头顾问需按如下要求同企业客户进行合同约谈工作：

①猎头服务合同由公司提供合同范本。

②BD、猎头顾问需同企业客户就合同范本的各项条款进行沟通，并达成一致。

③BD、猎头顾问在与企业客户沟通合同范本内容时，可根据实际工作需要，对相关条款进行修改。

④BD、猎头顾问需根据企业客户的招聘要求，编制招聘岗位说明书，并提交客户确认。

⑤在客户确认招聘岗位说明书后，BD需与客户签订猎头服务合同。

4）BD在企业客户支付首款后，组织开展猎头服务的相关工作。同时，BD应将企业客户的资料与本次开发工作相关的材料进行归档。

2. 人才寻访推荐

猎头公司人才寻访与推荐工作主要由猎头顾问负责执行。

（1）人才寻访工作实施规划。猎头顾问与企业客户及时沟通，明确招聘岗位的相关信息，包括招聘岗位名称、招聘人数、招聘岗位类别、招聘岗位工作职责、招聘岗位任职资格等；组织寻访员展开项目调查分析工作，确定寻访方向及人员分工；根据项目分析结果，编制人才寻访方案，明确服务项目现状、候选人定位、寻访渠道、人员分工、项目实施进度安排等相关内容。

（2）目标人才寻访

1）猎头顾问根据人才寻访方案，确定人才寻访渠道。

2）寻访员通过既定的人才寻访渠道搜集人才信息，并做好记录。

3）猎头顾问根据企业客户的招聘需求，对搜集到的人才信息进行分析，初步筛选人才信息，确定目标人才。

（3）目标人才访谈

1）寻访员根据实际情况选择合适的沟通渠道同目标人才进行沟通，将招聘岗位基本情况告知目标人才，并询问目标人才的意向。同时，根据沟通情况做好沟通记录。

2）猎头顾问协调寻访员对沟通记录进行分析，初步判定目标人才与招聘岗位的匹配度，并确定面谈人选。

3）寻访员与目标人才沟通，约定面谈事宜，明确面谈时间、地点等内容。

4）寻访员同目标人才面谈，进一步确定目标人才与招聘岗位匹配度，确定面试候选人。

5）寻访员根据项目进度安排，通知面试候选人，明确告知面试时间、地点及相关面试准备事项等内容。

6）寻访员将目标人才的相关信息再来进行存档管理。

3. 候选人筛选与面试

猎头公司筛选与面试人才工作由项目组集体负责，共同挑选合适的候选人才。

（1）简历筛选与面试准备。高级人才简历筛选与面试准备工作主要包含三个部分，即简历分析、面试问题准备、面试用品准备。

1）简历分析

①项目组需对候选人的简历进行分析，初步筛选符合企业客户招聘需求的求职者。

②项目组如对简历中的内容存在疑惑，需及时与候选人进行沟通确认。

2）面试问题准备

①项目组需提前对相关专业知识进行储备，避免提出专业度不高的问题，降低面试专业性。

②项目组需根据面试的实际需求，准备三类问题：反映候选人硬性条件的问题，如工作年限、职称、学历、英语程度等；反映候选人软性条件的问题，一般为体现候选人工作能力和工作态度的问题；反映候选人职业规划的问题，如离职原因、职业期望、职业发展规划等。

3）面试用品准备。项目组需根据面试的实际需求准备相应的面试用品。面试用品一般包括但不限于五类，即项目组相关人员名片、信息记录工具用品（电脑、纸、笔等）、时间提示工具、桌椅、特定行业面试所需的辅助工具等。

（2）面试实施。面试实施阶段工作主要包含三个部分，即面试导入、面试提问、面试结束沟通。

1）面试导入

①项目组在面试正式开始前，热情友好地同候选人问好，营造良好的面试沟通氛围。

②在面试导入阶段，项目组可对猎头公司或本次面试的基本情况进行简单介绍，让候选人初步了解公司及面试基本情况。

2）面试提问

①项目组需按顺序向候选者提问：第一，硬性条件提问，项目组需围绕候选人的工作年限、职称、学历、外语程度等内容提问候选人，对简历中的相关信息进一步核实、确认；第二，软性条件提问，项目组需围绕候选人的管理技能、工作重心、工作习惯、角色认知、忠诚度、责任感、协调沟通能力等内容进行提问，以了解候选人的工作能力及工作态度；第三，职业规划提问，项目组需围绕候选人的离职原因、职业期望、职业发展规划等内容进行提问，明确候选人的职业规划是否与企业客户的企业文化、发展方向一致。

同时，项目组向候选人介绍企业客户情况，将企业客户的基本情况及招聘岗位的相关情况客观地告知候选人。

②在提问环节，项目组需合理安排时间，要求面试时间控制在规定时间之内。

③在提问过程中，项目组要注意提问的侧重点，一般软性条件、职业规划及企业客户情况介绍为重要内容。

④在提问时，项目组需注意语言、表情及相关动作的规范性与专业性。

⑤如候选人对相关问题提出疑问，项目组需进行客观全面地解答。

⑥根据候选人的实际回答，项目组做好面试记录。

3）面试结束沟通

①项目组对面试过程中记录的相关信息进行梳理，确定准确、无疏漏。

②项目组应明确将面试后续安排告知候选人。

③项目组应礼貌地向候选人表示感谢，并结束面试。

（3）面试后工作推进。面试后工作推进包含四个方面的内容，即确定面试结果、候选人指导、候选人推荐、企业客户面试沟通。

1）确定面试结果

①项目组根据候选人的面试情况，对候选人的表现进行评估，确定评估结果。

②项目组应在规定时间内将面试结果反馈至候选人。对于不合适的候选人，项目组应详细客观地告知其原因。

2）候选人指导

①简历指导。根据企业客户的招聘需要，项目组可从专业性的角度，指导候选人进行简历完善。

②企业客户面试指导。针对企业客户的面试要求，项目组对候选人进行指导，具体包括面试着装、面试礼仪、面试心态、面试行为规范、企业客户的基本情况等内容。

3）候选人推荐。项目组需按照规定（根据企业客户要求具体确定）比例将候选人的个人资料以加密报告的形式递交至企业客户。

4）企业客户面试沟通

①项目组需围绕客户企业面试时间、客户企业面试形式两项内容同企业客户进行沟通。

②项目组及时将企业客户面试的相关内容准确告知候选人，并协助企业客户安排候选人参加面试。

③企业客户面试结束后，项目组按照企业客户相关要求，在规定时间内将面试结果通知候选人。

4. 候选人上岗及跟踪

企业客户与高级人才双方互相确认明确意向之后，猎头公司需要协助候选人上岗同时进行后续跟踪，这一部分内容包含两个方面，即候选人上岗安排与候选人上岗情况跟踪。

（1）候选人上岗安排

1）在企业客户确定拟录用的候选人后，猎头顾问需组织对候选人的背景情况开展调查工作，具体调查内容包括候选人学历及相关证书的真实性、工作经历核查等。

2）猎头顾问需根据调查的结果如实编写背景调查报告，提交给客户企业招聘负责人。如果候选人存在造假行为，且企业客户作出不予录用的决定时，猎头顾问需将原因告知候选人，并提供相关证据，同时记录候选人的相关信息并存档；如果企业客户确定录用候选人，猎头顾问在规定时间内通知候选人，并协助办理相关入职手续。

3）猎头顾问需在候选人上岗后规定时间内，向企业客户发出付款通知书，收取当期服务费。

（2）候选人上岗情况跟踪。猎头顾问助理需在候选人上岗后，可与企业客户人力资源部、用人部门加强联系，定期进行候选人在职表现跟踪，掌握候选人的工作情况。如存在问题，猎头顾问助理需及时进行协调解决。

在猎头服务保证期满后，猎头顾问需根据候选人的上岗情况进行处理：如果候选人通过保证期考核，猎头顾问需向企业客户发出付款通知书，收取尾款；如果候选人在保证期离职，猎头顾问需根据离职原因进行相关处理，候选人因个人原因主动离职或因不胜任工作被企业客户解聘的，猎头顾问需免费为企业客户重新推荐候选人，如因用人单位在保证期内调整应聘岗位相关条件导致候选人离职，猎头顾问需按猎头服务合同相关内容进行处理，并收取相关服务费用。

本章自测题

1. 简述高级人才寻访服务的定义。
2. 简述猎头服务的特点。
3. 列举猎头服务的不同类型。
4. 简述高级人才寻访服务的发展趋势。
5. 高级人才寻访服务的实施步骤有哪些？

第四章　人员素质测评服务

学习目标

➢ 了解人员素质测评服务的原理、作用

➢ 熟悉人员素质测评实施步骤

➢ 掌握人员素质测评的几个通用方法，如心理测验、面试、评价中心的实施步骤

引导案例

WZ 是一家大中型集团公司。2005 年之前，该公司产业链扩大，但是经济效益并不显著。因此，在 2007 年公司董事会作出了战略调整决策，把绿色节能产业作为公司的主营方向。此时，节能概念、节能产品、节能领域在国内都是刚刚起步，这可以说是一个非常明智的决策。到 2008 年年初，公司已经拥有 15 亿元合同金额的项目。此外，公司管理采用项目管理模式，也就是总承包一个项目然后再分包出去，这种经营模式就当时来说一是一种趋势，二是因为当时整个公司不到 100 人，而从董事长到基层员工，几乎都没有大型工程项目运作和管理的经验。

与此同时，公司最大的一个合同项目金额达到9亿元。为了解决人力资源困境，公司唯一的选择只有面向全国招聘专业人员和管理人员。通过媒体宣传，原计划招聘150人，有5 000多人前来应聘。

刚开始，公司使用传统方法进行招聘，即电话沟通+面试的方法，通过第一轮筛选，最后剩下522名应聘者。在决定这522名应聘者中哪些能胜任项目经理、技术经理，哪些能胜任部门经理的过程中，公司却遇到了难题。由于公司的单项合同金额都较大，对人员的要求比较高，但公司人力资源部门在面对应聘者时，觉得应聘者水平都差不多，谁能用，谁不能用，不能准确评判。于是公司希望借助于人员素质测评的技术来为公司把好关。人员素质测评专家为职业经理人的选拔增加了专业的评估过程。这一过程中，专家将对应聘者进行综合分析评价，然后向该公司的人力资源部门提交报告。

测评对象所应聘的岗位包括了一些重要的项目经理、技术经理和部门经理等。在对这些经理岗位的候选人测评中，使用到的技术包括电脑测试、评价中心、投射练习、背景调查技术四种。在一次长假中，公司把筛选剩下的这500多名应聘者都集中到了W市，由专家对这些应聘者进行人员素质测评。

测评期间，发生了这样一则案例：应聘者H的能力很强，是某大型设计院的业务骨干，和同单位的同事一起参加了面试。在关于薪酬的讨论中，面试主考官提出，项目经理有30万元左右的年薪，但是会根据项目多少进行浮动。H的同事快速地说：“可以接受浮动，但希望幅度不能过大。”因此主考官认为他过于看重薪酬而将他淘汰。但是H则表示，薪酬根据项目浮动是正常的，自己可以接受。这个回答让主考官非常满意。H先生也成了最终获胜的热门岗位人选。同时，测评结果显示，H在掩饰性上的得分同样很高。而掩饰性高大致有两种情况：一是应聘者动机太强烈，所以总是挑一些社会期许的答案来回答；二是可能应聘者不太诚实，比较夸张。之后，专家又对H做了一次职业背景调查。其同事表示，H业务能力确实很强，曾被评为单位的先进工作者，但当他作为先进代表在大会上发言时，曾借机发表许多的不恰当言论，令场面非常难堪。这一细节说明，H有很强掩饰性，所以在大会上突然发难完全出乎他人意料，并且，用这种极端的方式表达不满，说明H具有一定破坏性，当他的愿望得不到满足时，往往不是通过沟通等比较温和的方式解决，而是采用极端的方式来发泄。最终，专家建议把他放在技术岗位，而不要在管理岗位任职。

请仔细阅读以上案例，并思考，人员素质测评在此案例中发挥了怎样的作用。

第一节　人员素质测评服务概述

一、人员素质测评服务的定义

（一）人员素质测评服务的概念

人员素质测评服务是指市场上的第三方人力资源服务机构，通过科学的测评方法和手段对测评对象的知识结构、个性特征、能力素质、工作业绩和工作资历等方面进行评估，以便为企业客户和组织选人、用人提供一定的科学依据，也为测评对象的能力和素质状况及其职业发展提供建议和参考。

（二）人员素质测评服务内容

人员素质测评服务主要是针对测评对象的知识结构、个性特征、能力素质、工作业绩和工作资历五个方面进行测评。因此，人员素质测评服务内容包括知识结构测评、个性特征测评、能力素质测评、工作业绩测评和工作资历测评。

1. 知识结构测评

（1）对企业客户管理人才的测评，需对其知识构成情况进行测评。

（2）知识结构包括国家方针、政策、法规的相关知识，以及企业经营管理知识、产品知识、业务操作知识等。

2. 个性特征测评

（1）个性特征测评包括个性倾向性和个性心理特征等的测评。

（2）个性倾向性测评包括需求、动机、兴趣、理想、信念、价值观等，进一步可引申为对人生观、价值观、择业观、社会观以及政治思想品德、伦理道德、职业道德、社会责任感和社会公德等的测评。

（3）个性心理特征测评主要指气质、性格等的测评。

3. 能力素质测评

能力素质测评包括认知能力、职业技能、职业能力倾向性等的测评。

4. 工作业绩测评

（1）工作业绩测评是对企业客户员工担当工作结果或履行职务工作结果进行测评。

（2）工作业绩测评的结果是对企业员工贡献程度的衡量，直接体现出员工在企业中的价值大小。

（3）常见的工作业绩指标包括企业规模、投资收益率、市场占有率等。

5. 工作资历测评

工作资历测评是指对测评对象的具体工作经历、工作业绩、工作年限等情况进行测评。

（三）人员素质测评服务的范围

根据划分标准不同，人员素质测评服务可有不同的服务范围。

1. 根据服务业务划分

人员素质测评服务根据服务业务划分主要可分为测评工具的开发与供应、工具开发应用全程服务、人员素质测评实施服务、人员素质测评专家咨询服务、客户定制测评整体解决方案五类。

2. 根据测评目的划分

根据测评目的与用途可将人员素质测评服务范围划分为选拔性测评服务、配置性测评服务、开发性测评服务、诊断性测评服务、考核性测评服务五类。

（四）人员素质测评服务机构

在我国现阶段还没有专门从事人员素质测评服务的机构，大部分从事人员素质测评服务的都是一些中介机构或者咨询公司，这些组织不仅提供人员素质测评服务也可提供其他人事相关业务。

国内从事人员素质测评服务机构主要有人才中介服务机构、人力资源咨询服务机构、人才市场。

1. 人才中介服务机构

（1）人才中介服务机构是指为用人单位、应聘者、职场人士等提供中介服务及其他相关服务的专营或兼营组织。

（2）人才中介服务机构可以从事人才推荐、人才招聘、人才培训、人员素质测评等服务，以及法规规章规定的其他有关业务。

2. 人力资源咨询服务机构

人力资源咨询服务机构是指专门从事人员素质测评或者从事人力资源管理相关业务的专业管理咨询服务公司，人员素质测评是人力资源管理相关业务模块之一。

3. 人才市场

人才市场是指提供劳动力的市场，由于市场竞争日益加剧，人才市场也在积极地推出人员素质测评服务这一项重要业务。

二、人员素质测评服务的原理

人员素质测评服务是借助人才测评而兴起的一种服务业务，其原理和人才测评的原理是相通的。经过长时间社会实践和科学研究的归纳总结，人员素质测评的原理主要分为匹配性原理、推断性原理和误差性原理。

（一）匹配性原理

匹配性原理是指人员素质测评应明确判断测评对象特征与人才需求标准的适宜性，对人才的使用和发展作出明确的正面或负面判断，而不是简单地将测量属性数字化。匹配性原理是人员素质测评的本质特征，它指出了测评与测量的根本区别。匹配的准确性取决于以下两个方面。

1. 人才标准的合适性

人才标准一般分为两种，社会宏观人才标准和微观组织人才标准。社会宏观人才标准是社会发展在特定时期对人才的文化素养、专业能力、个人品性、人生态度、身体素质等方面的综合要求，而微观组织人才标准是指在既定的组织战略发展下，对各岗位人才的专业能力、工作技能、工作经验、综合素质和职业道德的要求。

2. 对人才（测评对象）特征测量的准确性

人是最复杂多变的，人的性格特征，特别是关于人的性格、心理、态度、价值观、能力等都很难测量，容易产生误判。因此，有必要在科学测量理论的指导下，运用现代科学技术手段提高测量精度。

（二）推断性原理

推断性原理是指人员素质测评的结论是通过推断分析得来的，而不是一种已定的事实性结论。人员素质测评结论是建立在概率论和统计学基础上的科学推理，而不是个人经验的主观推理。

1. 对一个人潜在特征的测评本身就是一种推断

从人才角度测评特点出发，大多数特征是一种间接测评而不是直接测评，特别是一些潜在功能，如知识、品质、素养、目的等不能直接测评，只能进行间接测评，但间接测评结果本身是一个合理的假设推断。

2. 人才特征测评是从样本来推断总体的过程

人才特征的测评只能通过抽样进行，不能通过总体测评进行。人员素质测评通常是通过观察和测评测评对象的行为，然后抽取测评对象的行为作为样本进行测评，这就是整个测评过程。因此，测评过程是根据人才特点的测评结果推断结果，也就是说，从样本来推断总体。所以，样本的特征性和样本的抽取数量成为影响推理是否科学合理的重要因素。

（三）误差性原理

误差性原理是指对人员素质测评的推断结论存在偏差，而不可能100%准确。偏差是测评不可避免的，有测评的地方就必然有偏差。而测评偏差来自两个方面，一是对人才特征测评时发生的误差，二是对人才标准理解上的误差。

1. 在人才特征测评中，容易产生误差

人不仅具有自然属性，也具有社会属性。这些性质本身不仅复杂，而且表现得形式多样，不易被观察和测评。对这些社会属性或潜在特征的测评主要是通过对参与者的行为进行观察和测评，因此是一种间接测评。在间接测评过程中，测评工具的科学性、测评过程操作的严谨性、最终测评结果的处理和描述都会对误差产生或大或小的影响。而且除了测评工具和过程之外，测评过程中参与者的参与度、契合度和测评所处环境也会影响测评结果的准确性。

2. 在人才标准方面，认识上的偏差也会导致人员素质测评结果的偏差

人才标准是市场和企业发展对人才客观要求的体现。以企业为例，确定其人才标准需要了解企业自身的性质、发展目标、发展战略、工作特征、企业文化以及企业所在的国家、行业、市场环境等。人才标准涵盖的领域很广，稍有遗漏就易发生偏差。

三、人员素质测评服务的作用

人员素质测评服务最主要的作用，是为企业和个人做决策时提供可靠、客观的依据和参考性建议。

（一）对企业的作用

1. 配置人才资源

人才资源管理的基础性工作是人才资源配置。以往的人才资源管理由于人才考核技术的缺乏、人才资源缺失科学合理的配置，导致人才资源闲置、被遗忘和浪费，影响经济发展和行业发展。而当代人才资源管理借助人员素质测评服务，对人才资源进行优化，可实现最佳效果。

2. 推动人才开发

现代人员素质测评作为一种有效的途径和方法时，它为现代人才资源管理提供了相关信息，因此它的作用不可忽视。所以借助现代人员素质测评服务，不但可以寻找优异且稀缺的人才，还能够识别每个人的优点和不足，对于不足可以加强培训，最大限度地发展人才的潜力。

（二）对个人的作用

1. 促进自我认知

人员素质测评服务可以帮助个人更多了解自己、分析自己的实际水平和个人爱好，对自己有更深入的了解，从而更加明确自己的职业选择和发展路径。

2. 明确个人就业方向

通过提供专业素质测评的第三方服务机构，个人可以和服务机构建立有效沟通渠道，服务机构为个人提供科学合理的应用程序，通过测评结果，可以让个人能够明确最适合他们的职业方向。

3. 促进自我发展

从学习到就业，每个人都需要对自己有一个清晰的认识。人员素质测评服务可以使每个人认识到自己的真实情况，了解自己的优点和不足，从而能够接受有针对性的教育和培训，并在实践中尽可能地提高自身能力，努力实现自我发展。

四、人员素质测评服务的业务类型

（一）性格测评

性格测评主要用于了解个体对现实的态度及其相应的行为方式中比较稳定的、具有核心意义的个性心理特征。

招聘工作中会看重岗位匹配度这一指标，而这一指标又可细分为如下两个方面的内容：一是知识、能力、技能与岗位要求的匹配度；二是性格、兴趣与岗位的匹配度。

通过性格测评，可以提升招聘工作的有效性。以下提供了一些用于性格测评的工具。

1. MBTI 性格测评

MBTI 性格测评是一种职业人格评估工具，用以衡量和描述人们在获取信息、作出决策、对待生活等方面的心理活动规律和性格类型。

MBTI 测评将性格细分为 4 个维度，每个维度上包含相互对立的两种偏好，分别是外向（E）和内向（I）、感觉（S）和直觉（N）、思考（T）和情感（F）、判断（J）和知觉（P），两两组合，共有 16 种类型。4 个维度在每个人身上会有不同的比重。4 个维度上特定偏好的组合就构成一种特定性格，譬如 ISTJ 代表“内向—感觉—思考—判断”型性格。

2. DISC 性格测评工具

DISC 性格测试工具由 24 组描述个性特质的形容词构成，每组包含 4 个形容词，这些形容词是根据支配性（D）、影响性（I）、服从性（C）、稳定性（S）和 4 个测量维度以及一些干扰维度来选择的，要求测评对象从中选择一个最适合自己和最不适合自己的形容词。由此，根据测评对象各量表的得分分析测评对象的人格特征。

3. 卡特尔 16 种性格因素测评量表（16PF）

卡特尔 16 种性格因素测评量表是通过让测评对象回答一系列问题，测算出16种性格因素的特征，根据这些特征测评人的人格特征和职业倾向。

根据测评对象16种性格因素的结果，分析测评对象在性格内外特性、心理健康状态、学习与适应新环境的成长能力、专业有成就的性格因素、创造能力的性格因素5个方面的表现。

4. DPA 动态性格管理系统

DPA 动态性格管理系统能够让人们更好地认识和了解自己，可以帮助企业降低员工流失率，是应用最广泛的测评工具之一。

DPA 动态性格管理系统分为三大模块：DPA 工作动力系统，DPA 家庭幸福系统和 DPA 个人发展系统。

其中，DPA 个人发展系统包含创业者特质与行业分析、经理人测评模块、大学生职业能力系统、学生状态测评系统、高中生专业选择模块共五大模块。

（二）行为反应测评

行为反应是指人们在思考问题和解决问题时表现出的不同行为特点。比如，有的人处世稳健，有的人办事果断；有的人细致，有的人豪爽等。这些都属于行为风格。行为反应测评可以为企业招聘、选拔和评价人才提供科学依据。

可用于测评个体的行为反应测评的工具有 DSIC 个性测验、PDP 行为风格测评、基本人际关系行为倾向测评。这类测评工具与性格测评工具在功能上有一定相似性，但又不尽相同。它们主要是关注人的行为模式，通过对测评对象面对事情的沟通态度、反应模式、强弱决心等方面的观察，作出评估。

（三）职业兴趣测评

职业兴趣是人们对某种工作或职业的积极态度，不同人对同一职业可能会有积极态度，可能会有消极态度，也可能会有无所谓态度。对于个人而言，在择业时如果选择与兴趣相符的职业，可以充分调动自己的潜能，有利于提高工作主动性。

职业兴趣测评是对个人最感兴趣的、从中得到成就感和满足感的工作进行的测评，它是用于了解个人兴趣方向和兴趣序列的一项心理测评方法。

用于职业兴趣测评的方法有很多，总体说来主要有以下四种。

1. 兴趣表达法

兴趣表达法直接要求测评对象回答自己的职业兴趣是什么，但由于有些人的自我认知不清晰，根本不清楚自己的兴趣是什么，所以这种直接表达兴趣的方法有时并不是很准确。

2. 行为观察法

行为观察法是通过观察测评对象参与活动的种类、数量、倾向和在各种情境中的行为来了解其职业兴趣。这种方法与事实记录法类似，但因其一般情况下费时较长，因此不适宜用于开展大规模的人员素质测评。

3. 能力测验

能力测验是通过测评测评对象掌握某种职业的词汇及相关知识的多少来推断他对某职业的兴趣高低，这种方法对于职业词汇及相关知识的设计要求较高，从而可以有效地测评测评对象的兴趣倾向。此方法比较适用于选拔性测评。

4. 兴趣问卷

兴趣问卷是通过纸笔测验的形式来测评测评对象的职业兴趣倾向。这种方法节约成本和时间，适用于对群体施测，且其信度和效度比较容易保证，在选拔性测评和配置性测评中的运用十分广泛。其中比较著名的兴趣问卷有霍兰德职业兴趣测验量表、斯特朗—坎贝尔兴趣问卷等。

（四）智商测评

智商即智力商数，是衡量个人智力高低的标准。以下介绍两种智力测验量表。

1. 比奈—西蒙量表

比奈和西蒙以测验年龄差异和一般心理能力为基础，制定了比奈—西蒙量表。1905 年的比奈—西蒙量表有 30 个由易到难排列的项目，其中既有对较低级的感知觉方面的测评，也有对较高级的判断、推理、理解等方面的测评。

1908年，比奈发表修订后的比奈—西蒙量表，使项目总数达到59个，并把测验题目按年龄分组，从3岁到15岁。1911年，他又一次发布了修订版的量表，但这次修订没有重大变化，只是改变了几种年龄水平分组，并扩展到了成人组。

2. 韦克斯勒智力量表

到20世纪30年代后期，心理测验中没有完善的标准化成人智力测评工具。直到1939年心理学家韦克斯勒编制了韦克斯勒—贝勒维（W—B）智力量表以后，这种情况才有所改观。W—B智力量表由10个分测验组成，其中言语量表包括常识、理解、背数、算术、类同5个分测验；操作量表包括图片排列、图画、积木图案、物体拼配和数字符号5个分测验。另外，它还有一个词汇分测验来作为其他分测验的备用测验。

（五）情商测评

情商又称情绪智力，是相对于智商而言的心理学概念。情商测评是指对人的情绪智力进行测评。以下列举的是常用的三套情商测评的工具。

1. 情绪智力测试

情绪智力测试（Emotion Quotient Test，EQT）是测评情绪智力方面的量表。本量表的理论基础是美国心理学博士丹尼·戈尔曼提出的情绪智力理论。量表共分五大部分，即情绪自我觉察能力、情绪自我控制能力、情绪自我激励能力、识别他人情绪能力、人际关系处理能力。

2. EQ–i 2.0

EQ–i是第一个基于20年以上的研究，被认为是最具科学有效性且在全世界各地广泛应用的情绪智力测评工具。EQ–i 2.0是EQ–i的升级修订版，是现阶段最全面的自评性情绪智力测评工具。

3. EQ 360 2.0

EQ 360 2.0是多个测评主体参与的EQ–i 2.0，是从观察者的角度评估测评对象的情绪智力和社会能力，由测评对象指定测评主体完成评估，且自己完成自评。测评主体和测评对象都完成评估后，测评对象将会得到一份详尽的评估报告。EQ 360 2.0 有助于测评对象从他人的角度了解自己的表现。

（六）能力测评

能力是一种个性心理特征，是顺利完成某项活动必需的主观条件，能力的高低会影响一个人的学习效率和工作效率。

能力测评又称认知测评，是指对个人或团体某种能力作出的评价或预测。其中涉及的能力可以是现有的实际能力或将来的潜在能力，可以是一般能力如观察力、学习力、记忆力等，也可以是某种特殊能力如体育、音乐、绘画等方面的特殊能力。常见的能力测评有能力倾向测验、创造力测验等。

1. 能力倾向测验

能力倾向是个体在不同能力因素上潜在的优势或劣势倾向，能力倾向测验是用于测评从事某项活动或某种职业的潜在能力的一种素质测评方法。它主要用于预测，其测量结果是一组不同能力倾向的分数而不是总的指标值。

能力倾向测验按照内容可以分为一般能力倾向测验、特殊职业能力倾向测验、创造力测验和心理运动机能测验等。

（1）一般能力倾向测验主要是测评个体的思维能力、想象能力、记忆能力、推理能力、分析能力、空间关系能力和语言能力等，测验方法如普通能力倾向成套测验（GATB）、区分性能力倾向测验（DAT）等。

（2）特殊职业能力测验主要是对除一般能力外的较为特殊和专门的能力进行测验，如对音乐能力、艺术能力、绘画能力等的测验，测验方法如明尼苏达办事员能力测验、飞行能力测验等。

（3）创造力测验主要测评个体的各种创新思维能力，测验方法如南加利福尼亚大学测验等。

（4）心理运动机能测验主要测评个体支配心理运动的能力和身体运动的能力。它是专门测量速度、协调性和运动反应等特性，测验方法如明尼苏达空间关系测验、明尼苏达秘书测验、奥卡挪手指灵活性测验等。

2. 创造力测验

创造力测验主要测评个体的各种创新思维能力，着重于对未知的、新颖独特的答案或解决问题的方式进行测评。下文列举了三种个体创造力测验的方法。

（1）情境测验法。情境测验法是给测评对象设置特定的情境，并控制或改变一些条件，然后要求测评对象根据情境作出反应，最后依据测评对象的反应结果来测评其创造力的一种测评方法。

（2）评定法。评定法是指由测评主体按照一定的标准对测评对象的创造力作出评价的一种方法，根据评价的结果，可以测评测评对象的创造能力。

（3）量表测验法。量表测验法就是通过纸笔测评的形式对测评对象的创造力进行测评的一种方法。这种方法一般是采用标准化的题目，按照规定的程序对测评对象进行测评，然后将测评结果与建立的常规模型进行比较，最后根据结果的比较对测评对象的创造力水平作出评价。

（七）知识测评

知识测评是指采用合适的测评方法如笔试等，对测评对象知识的广度和深度、知识结构等进行了解的一种方式。

知识测评的内容又可以细分为如下三部分。

1. 基础知识测评

基础知识测评内容广泛，包括天文地理、文学艺术、数理化等多方面，主要了解测评对象对基本知识的了解程度以及掌握水平。

2. 专业知识测评

专业知识测评主要测评与岗位有直接关系的专业知识。

3. 相关知识测评

相关知识测评主要测评测评对象对岗位有关知识的了解程度。

对个体进行知识测评，其测评方式有很多，如笔试、面试等。以下所列是一套用于测评招聘专员的专业知识笔试题。

1. 选择题（其中 1～8 题为单选题，9 题、10 题为多选题）

（1）下面的（　　）不属于内部招聘的方法。

A. 员工推荐　　B. 人才招聘会

C. 发布岗位公告　　D. 人力资源技能清单

（2）招聘的基本程序是（　　）。

①招聘准备　②招聘评估　③招聘信息的发布　④人员选拔　⑤录用决策

A. ①②③④⑤　　B. ③①④⑤②

C. ①③④⑤②　　D. ③①⑤④②

（3）人员招聘的直接目的是（　　）。

A. 为企业做宣传　　B. 招聘最优秀的人才

C. 为企业做人才储备　　D. 招聘到企业所需要的人才

（4）工作分析法不包括下面的（　　）。

A. 工作日志法　　B. 问卷调查法

C. 观察法　　D. 职业倾向法

（5）人才招聘会较适合于招聘（　　）类型的人才。

A. 高层管理者　　B. 专业人才

C. 热门人才　　D. 无工作经验

（6）在应聘人数众多时，为达到筛选人员的目的，一般采用（　　）方法。

A. 笔试　　B. 面试

C. 评价中心　　D. 心理测验

（7）影响招聘效果的外部原因之一是（　　）。

A. 企业的知名度　　B. 企业文化

C. 外部劳动力市场供求状况　　D. 企业的发展阶段

（8）《劳动合同法》规定：劳动合同期限一年以上不满三年的，试用期不得超过（　　）。

A. 1 个月　　　　B. 2 个月

C. 6 个月　　　　D. 1 年

（9）根据人员来源渠道不同，招聘分为（　　）。

A. 内部招聘　　　　B. 员工推荐

C. 外部招聘　　　　D. 猎头公司推荐

（10）招聘的基本原则有（　　）。

A. 能级对应　　　　B. 因岗择人

C. 公平公正　　　　D. 协调互补

2. 名词解释

（1）结构化面试

（2）人力资源成本

（3）工作分析

（4）招聘的信度和效度

（5）评价中心

3. 简答题

（1）招聘的主要渠道及各自的优缺点。

（2）请列举招聘中常见的几种误区以及如何规避。

（3）简述人员素质测评在人力资源服务中的应用。

五、人员素质测评服务的发展模式

（一）测评 + 招聘

在企业，人员素质测评就是通过科学合理的方法和标准，对员工的整体职业素养和工作绩效进行测量评定的过程。

人员素质测评被应用于企业管理的诸多领域，如人才招聘。人员素质测评在人员招聘过程中有非常重要的作用，通过人员素质测评，可以深入了解应聘者的基本能力素质、行为风格、兴趣偏好、稳定性等特点，考察应聘者的发展潜力、工作风格、工作内容、环境偏好、工作积极性等因素。因此，人员素质测评的实施有助于提高企业在人才招聘过程中甄选的效度和准确度，降低录用失误的风险与成本。

（二）测评 + 培训

企业在培训管理工作中往往会遇到这样的情况：投入了不菲的培训成本，但员工对培训的评价却很低，并且培训后也没有取得预期效果。

通过实施人员素质测评，根据测评的结果来制订并开展培训计划，最后呈现的结果就会与上述的情形大不相同。

人员素质测评可以对员工进行诊断，据此制定出有针对性的培训项目，并作为评估培训效果的工具。此外，人员素质测评系统还可以帮助员工分析自己能力、动力、个性等方面特性，进而协助员工解决职业发展定位等问题，帮助其更科学地进行职业生涯规划。

（三）测评 + 人才盘点

人员素质测评是进行人才盘点工作前的重要一环。人员素质测评选用科学的方法，对员工的能力、职业兴趣、人格特质等要素进行具体量化，使其能更加清晰地认识自己，也有助于企业更加了解员工的能力水平，进而构建起内部人才梯队。

（四）测评 + 大数据

大数据技术被应用在人员素质测评工作中，有助于员工查找自身不足，进行自身能力提升，从而更快地达到预设的职业目标。与此同时，企业也可以对员工的工作业绩作出预测，为员工的进一步甄选提供有力参考。

此外，大数据技术通过结构化和非结构化的数据处理，还可以提高分析结果的客观性，为企业管理者提供相对准确的测评结果，同时也提高了他们决策的科学性。这就避免了目前采用的测评方法易受到主观因素的影响而降低测评结果的信度这一问题。

（五）测评 +VR

VR 技术的发展会促使人员素质测评从选择何种经典测验走向更关注测评内容及后续发展的阶段，测评结果以更生动活泼的企业化语言来展现。

目前，一些公司推出了 VR 评估产品，用来评估测评对象某方面或多方面的潜质。在测评过程中，人员素质测评服务方会采用虚拟情景构建虚拟的仿真情景，情景中预设考察点，测评方从中收集反馈信息并据此得出测评结果。

第二节　人员素质测评服务实施

一、人员素质测评服务实施步骤

人力资源社会保障部于 2014 年 12 月发布《人才测评服务业务规范》，2015 年 7 月正式实施，该规范明确规定了人员素质测评服务的基本要求、服务流程、服务要求及服务评价与改进，适用于人力资源服务机构开展的人员素质测评服务，以下摘录了其中有关人员素质测评服务的具体实施步骤。

4.1　接受委托

4.1.1　客户指有人才测评需求的用人单位，以及有人才测评需求的个人。

4.1.2　服务机构了解客户的人才测评需求，包括人才测评目的、对象、要求等。服务机构应向客户出示能够提供人才测评服务的资质证明材料。

4.1.3　服务机构确认客户的相应资质或身份，接受客户委托。

4.2　设计人才测评方案

4.2.1　根据客户的人才测评需求设计人才测评方案，内容应包括：

a）人才测评要素；

b）人才测评方法；

c）人才测评工具；

d）人才测评时间；

e）人才测评场地。

人才测评方法包括笔试、心理测验、结构化面试、半结构化面试、非结构化面试、评价中心技术（包括小组讨论测评、文件筐测验、角色扮演、管理游戏、演讲测评）、资历评价。人才测评方法服务流程见附录A。

4.2.2 人才测评方案内容宜包括胜任特征。

4.3 提交人才测评方案

人才测评方案征求客户意见并确认后，向客户提交。

4.4 签订人才测评项目合同书

服务机构与客户应签订人才测评项目合同书，明确双方权利义务、保密责任、违约及争议处理办法等。

4.5 制定人才测评实施方案

人才测评实施方案内容应包括：

a）人员配置；

b）任务分工；

c）工作日程；

d）运作程序及要求；

e）应急预案。

4.6 选择并培训评价人员

4.6.1 根据人才测评需求，选择评价人员。

4.6.2 评价人员应由相关领域专家、服务机构专业人员或用人单位相关人员担任。

4.6.3 对评价人员进行人才测评方法和技术等培训。

4.7 施测准备

施测准备的内容应包括：

a）人才测评试题；

b）施测用品；

c）人才测评场地。

4.8　实施人才测评

根据人才测评方案和人才测评实施方案进行人才测评，人才测评方法的服务流程应符合附录 A 的要求。

4.9　提交人才测评结果

服务机构应以书面报告形式向客户提交人才测评结果，内容应包括人才测评分数、签字盖章。还宜包括对受测者的评价、管理使用建议等。

4.10　人才测评项目资料归档

归档资料应包括：

a）受测者名单；

b）人才测评方案；

c）人才测评项目合同书；

d）人才测评试题；

e）人才测评结果。

二、人员素质测评服务实施标准

人员素质测评服务实施时按照《人才测评服务业务规范》中的标准执行，服务实施的具体要求如下：

（1）人才服务机构应向客户公开服务项目、服务流程、收费标准等信息。

（2）人才服务机构应建立明确的投诉处理流程，并向客户公开。

（3）人才服务机构应对客户信息及受测者信息和人才测评结果等保密。

（4）人才服务机构使用的人才测评工具信度与效度应达到心理测量要求。

（5）人才服务机构应如实、客观地向客户提交人才测评结果。

（6）人才服务机构应及时处理客户反馈的问题。

（7）人才服务机构的从业人员着装应端庄、大方、整洁。

（8）人才服务机构的从业人员应规范用语，保持热情的服务态度。

（9）人才服务机构的从业人员应按照服务流程和服务标准实施人才测评。

（10）人才服务机构的从业人员应对人才测评方案、试题、工具、结果和受测者及客户信息等保密。

（11）人才服务机构的评价人员应根据人才测评要求客观、公正地评价受测者。

第三节　人员素质测评的工具与方法

一、心理测验

（一）心理测验概述

在进行人员素质测评时，心理测验作为辅助决策的工具之一，也是第三方人员素质测评常用的方法之一。

1. 心理测验的构成要素

一般来说，心理测验主要由抽取行为样本、标准化、客观性、信度和效度 5 个要素构成。

（1）抽取行为样本。抽取行为样本是指人们对事情的特质进行考查时，往往无法对这类事物的所有行为特征逐个进行测评，而是选择抽取这类事物中具有代表性的、典型的一部分进行测评，从而推论该事物的普遍特征。同理，心理测验也是以仔细选择的个体行为为样本，对它们进行测评。例如，测评领导者的管理能力，只需要使用一组有代表性的题目即可完成测评。

（2）标准化。标准化是指心理测验的编制、实施、评分、计分和测验的结果解释应遵循统一的科学程序。要做到心理测验的标准化应实现 3 个关键步骤，即测验题目的标准化，测验实施过程、评分和计分的标准化，以及选择有代表性的常规模型。

（3）客观性。客观性是指心理测验结果反映测评对象实际情况的程度。心理测验的客观性主要体现在测评的题目、方法和分数等方面。

（4）信度。信度是指测评结果的可靠性、一致性和稳定性，即测评主体对相同或者相似的测评对象进行不同形式或不同时间的测评所取得结果的一致性程度。

（5）效度。效度又称有效性，是指测评工具或手段能准确测出所需测评事物的程度。测评的有效性越高，测评结果就越能代表测评特质的真正水平。

2. 心理测验的种类

（1）依据测验内容划分，可以将心理测验分为认知测验和人格测验。认知测验是对认知行为的测评，如智力测验、能力倾向测验、成就测评等；人格测验测评的是社会行为，如态度测验、兴趣测验、性格测验等。

（2）根据测验实施对象划分，可以将心理测验分为个人测验和团体测验。个人测验每次仅对一位测评对象进行测评，通常是由一位测评主体与一位测评对象在面对面的情形下进行；团体测验是在同一时间内由一位测评主体，必要时可配几名助手对多名测评对象进行测验。

（3）根据测验方式划分，可以将心理测验分为纸笔测验、操作测验、口头测验等。纸笔测验所用的是文字或图形材料，实施方便。团体测验一般采用此种方式进行，但纸笔测验中的文字材料易受测评对象文化程度的影响。操作测验项目多是通过测评对象对图片、实物、工具、模型的辨认和操作来测评，无须使用文字作答，所以不受文化因素的限制。此种测验的缺点是不宜团体实施，要花费大量时间。口头测验的测验项目为言语材料，由测评主体口头提问，测评对象进行口头作答。

（4）根据实施过程规范性划分，可以将心理测验分为标准化测验、非标准化测验。当测验按照标准化程序进行编制时，所得的测验是一种标准化测验。标准化心理测验通常也称为心理量表，它不仅在编制程序上要标准化，而且在测验施测、分数评定、结果解释方面也要标准化。与标准化测验相对的是自编的非标准化测验。这类测验不能准确地在一个分数量尺上鉴定测评对象的心理水平，它只能粗略地用于对测评对象的心理个别差异进行分类或分级。

3. 心理测验的优劣分析

与其他测评方法相比，心理测验有很多优点。首先，心理测验具有科学性。心理测验有着深厚的心理学理论基础，具有较高信度和效度的心理测验技术，能较为科学地考察个体的心理特征。其次，心理测验具有公平性。心理测验有着严格的实施规范，测评结果较为公正客观，很少受到主考官的晕轮效应、近因效应等主观因素的影响。最后，心理测验具有便捷高效的特点。心理测验实施过程比较简单，可以迅速了解一个人的心理状态、个性特征和能力水平，从而作为依据帮助组织或个人迅速作出判断。

但心理测验的缺点也比较明显：首先，心理测验的准备工作需要花费大量人力、物力和财力；其次，心理测验对测评主体的能力有很高要求；最后，心理测验的结果容易受到测评对象主观性的影响。

4. 心理测验在实践中的应用

在目前的人员素质测评中，心理测验越来越受到重视，在人力资源第三方服务管理的很多环节中得到广泛应用。

（1）选拔与配置。心理测验一个主要用途是为组织选人。需要通过岗位分析找出该工作岗位所需要的心理特征，然后通过有效施测，分析并找出合适的人才配置到工作岗位上，做到人岗匹配、职得其人。

（2）诊断与培训。心理测验可以有效地诊断出个体的心理状态，并且帮助组织搞清楚不良状态产生的根源，从而着手处理。

（3）评价与预防。心理测验不仅可以帮助组织了解个体的心理状态，还可以使个体更加了解自己。一方面，心理测验可以有效评价个体在心理人格和能力上的差异，帮助个体更了解自我的发展阶段，从而采取一些有效措施预防心理疾病的产生。根据心理测验的结果，人们可以找到自己的能力倾向和个性特征，查明心理问题，为个体的行为矫正提供依据。另一方面，心理测验可以帮助个体了解自己的倾向，以便找到适合自己的发展方向，降低失败的概率。

（二）心理测验工具

心理测验工具在生活和工作中的应用越来越普遍，每个测验工具都有其自身的假设前提和理论基础，且测验维度也是不同的。所以个人、企业或第三方测评服务在进行测评时，要依据测验目的和测验的因素有针对性地选择测验工具。常见的心理测验工具见表 4–1。

表 4–1　常见的心理测验工具

类型	测验工具	内容	适用范围
人格测验工具	卡特尔 16 种性格因素测评量表（16PF 量表）	1. 通过让测评对象回答一系列问题，测算出 16 种性格因素的特征 2. 根据测评对象 16 个因素的结果，分析测评对象在性格内外特征、心理健康状态、学习与适应新环境的成长能力、专业有成就的性格因素、创造能力的性格因素 5 个方面的表现	1. 适用于组织人才的选拔、考核、培养等活动 2. 适用心理和教育辅导
	艾森克人格测评问卷（EPQ）	1. 主要用来测评人们在内外倾向、情绪性和心理变态倾向 3 个方面的表现程度 2. 问卷采用是非题的形式，从精神质、内外倾向、神经质和效度 4 个维度设计量表，根据测评对象各个量表分数特征分析其人格特征	在人才招聘中适用销售类和财务类岗位
	霍兰德职业兴趣与价值观测评量表	1. 主要用来测评个人对工作所持的态度和对工作的评价 2. 根据个性特征和职业选择关系，把人的个性划分为 6 种兴趣类型，并对其特征和职业选择倾向进行界定 3. 量表由 7 个部分组成，从 60 种活动的特征和应具备的胜任力着手，对测评对象进行测评，分析测评对象最适合的职业类型	适用于所有人群
	明尼苏达多项人格测验（MMPI）	共有 566 道题目，其中 16 道是重复性的题目，用以检测测评对象反应的一致性和回答是否认真。有 10 个临床量表，可以得到 10 个分数，代表 10 种人格特质，还有 4 个与效度相关的量表，用以考查测评对象的作答态度	该量表适用于 16 岁以上人群，要求具有小学以上文化程度

续表

类型	测验工具	内容	适用范围
人格测验工具	迈尔斯—布里格斯性测验（MBTI）	1. 是一种自陈式的性格评估测试，属于类型学测验 2. MBTI包括4个维度，这4个维度形成了16种性格类型	主要适用于考察测评对象在组织中的贡献、领导风格、偏好的工作环境、潜在缺陷等个体特征与潜力
	“大五”人格模型	把人格分成5个方面来描述，分别是情绪稳定性、外向性、开放性、宜人性和责任感	适用于销售类、管理类和财务类岗位
	罗夏墨迹测验	通过测评对象对5张黑白、3张彩色和2张除黑色外还带鲜艳红色的3类图片所产生的联想及联想场景的描述，分析测评对象的人格特征	1. 测评人的人格和人生态度 2. 适用于招聘高层管理岗位的测评
能力测验	比奈—西蒙智力测验	是世界上第一个智力量表，包含30个测验项目，测量儿童的记忆、言语、理解等	主要适合测量小学生和初中生的智力
	斯坦福—比奈测验	斯坦福大学教授推孟于1916年对比奈—西蒙量表进行了修订，保留了原来量表中的51道题，又自编了39道题，共90道题目	可测的年龄组为儿童组、普通成人组和优秀成人组
	韦氏智力测验	是测验成年人的智力量表，由10个分测验组成，其中言语量表包括常识、理解、背数、算术、类同5个分测验；操作量表包括图片排列、图画、积木图案、物体拼配和数字符号5个分测验	适用于大部分群体的智力测验
	瑞文智力测验	是一种纯粹的非文字智力测验。整个测验一共由60张图组成，由5个单元的渐进矩阵构图组成，每个单元在智慧活动的要求各不相同	适用于6～70岁的所有人群
	芝加哥大学创造力测验	测验共有5项题目，分别是语词联想、用途测验、隐蔽图形、完成寓言、组成问题	适用于小学高年级至高中阶段的学生
心理健康量表	90症状清单（SCL—90）	该量表共有90个项目，包含有较广泛的精神疾病症状学内容，对感觉、情感、思维、意识、行为直至生活习惯、人际关系、饮食睡眠等均有涉及，并采用10个因子分别反映10个方面的心理疾病症状情况	调查不同职业群体的心理卫生问题，从不同侧面反映各种职业群体的心理卫生问题

续表

类型	测验工具	内容	适用范围
心理健康量表	康奈尔医学指数（CPI）	是一种自评式健康问卷，分为18个部分195个项目，其中51个项目是与精神活动有关的情绪、情感和行为方面的问题，涉及4个方面内容，即躯体症状、家族史和既往史、一般健康和习惯、精神症状	适用于14岁及以上的人群，了解正常人群身心健康水平，特别为特殊专业选择人员提供基础数据
	抑郁状态量表（SDS）	含有20个项目，分为四级评分的自评量表。其特点是使用简便，并能相当直观地反映抑郁病患者的主观感受及其在治疗中的变化	本量表可以评定抑郁症状的轻重程度及其在治疗中的变化，特别适用于发现抑郁症病人
	焦虑自评量表（SAS）	从量表构造的形式到具体评定的方法，都与抑郁状态量表（SDS）十分相似，是一种分析病人主观症状相当简便的临床工具	适用于具有焦虑症状的成年人，具有广泛的应用性

（三）心理测验实施步骤

心理测验的实施一般分为以下6个步骤。

1. 确定心理测验的目的与对象

（1）明确测验目的。根据不同的测验用途，选择的测验也会不同。如测验人的智力，就需要将测验的重点放在几种传统的智力测验分析上。

（2）明确测验对象。根据测验对象的不同，测验内容也会存在较大差异。无论是在题目难度的设置上还是在语言的表达上，都必须在明确测验对象后才能有一个比较明确的定位。

2. 选择或编制测验题目

（1）确定测验题目的来源。心理测验的题目来源较为广泛，可以是研究者已经编制好的问卷，还可以是向专家咨询征集到的测验题目的集合，也可以是测评主体根据实际测评需求自行编制的题目。无论来源如何，但都必须保证测验题目的科学性与客观性。

（2）确定测验题目的形式。心理测验的测验题目主要有5种，即判断题、选择题、匹配题、填空题与问答题。

（3）修改后形成正式测验。在测验题目经过检验与修改后，便可以将测验题目定稿，针对测评对象进行正式测验。

3. 确定测验时间及地点

测验前应当预定好测验时间和地点，并提前通知测评对象按时到指定地点参与测验。心理测验因目的不同而在时间与地点的设置上都会有一定的要求。但总而言之，心理测验的地点都宜选择较为安静的环境。

4. 实施测验

（1）测评主体应当向测评对象解说测验的各项要求，如相关的答题规范、答题时限等，以确保测评对象在正确的指导下完成测验。

（2）在测验进行时，应当确保测评对象在不受干扰的情况下，客观科学地完成测验。

（3）在一定的测验时间内，测评主体应当及时对试题进行收集及密封工作，若为网上答题则应当按时关闭电脑答题系统并存储测评对象的答案记录。

5. 测验记分及解释

及时、准确、详细地记录测评对象的反应，然后制作标准答案，将反应与标准答案比较，给反应归类或赋予分数值。记分结束后，根据不同测评对象的分数或类别对测验结果进行解释。

6. 测验结果的反馈

在测验实施结束后，应及时进行测验结果反馈。

下面是 IBM 公司的 MBTI 测评案例，供读者参考。

IBM 公司的 MBTI 测评案例

MBTI 能够让人们更好地认识和了解自己，可以帮助人力资源部门对不同类型的员工进行更好组合，目前已成为世界上应用最广泛的识别人与人之间差异的测评工具之一。MBTI 主要用于了解测评对象的处事风格、特点、职业适应性、潜质等，从而提供合理的工作及人事决策建议。

在美国，每年约有 300 万人以上参加 MBTI 的测评和培训，在世界

500强企业，如迪斯尼、百事可乐、西南航空公司等，约有80%以上的高层管理者使用过这个工具。MBTI是当今世界上应用最广泛的性格测评工具。它已经被翻译成近20种世界主要语言。

IBM公司是成功运用MBTI的公司之一。IBM公司曾准备在印度拓展业务市场，由于对印度缺乏了解和存在偏见文化，没人愿意前往。IBM相关部门负责运用MBTI对候选人进行了性格类型的针对性研究，“一把钥匙开一把锁”，对于IFSE（内向情感带外向实感）型的人，采用情绪渲染的手段，说明在印度工作不仅有自我发挥的巨大空间还可以领略印度灿烂的古代文明，是一种难得的人生体验。而针对ETNI（外向思考带内向直觉）型的人，就用晋升、加薪和新工作富于挑战性和提升自身能力等手段来进行游说，最终顺利地完成了这项工作。

IBM还成功运用MBTI帮助员工选择更好的职业发展途径。Alan是IBM公司MBTI战略中的典型一员：Alan与下属沟通不畅，完成任务也有些困难。通过MBTI测试，Alan是ENTP（外向直觉带思考知觉）型人，而他的下属是ISTP（内向感觉带理智知觉）型人，Alan的领导风格倾向于一种互动的领导行为，更具创造性和应对变化能力，不可避免地会与下属存在分歧。Alan更适合于创造性较强的领域，因此建议他选择品牌经理这个上升通道，这样更利于他的职业发展。

二、面试

（一）面试测评概述

面试是现代人员素质测评服务中非常重要的一种方法，在现代企业的人员选聘、提拔中，几乎所有的企业包括第三方人员素质测评服务公司都会使用面试方法。在面试测评中，它的信息沟通通道最多，得到的信息量较大。

1. 面试的适用范围

面试在现今的人员素质测评中，占据着十分重要的地位，其适用范围十分广泛。一般来讲，当人们面对以下两种情景时，会采用面试这一手段。

（1）看重笔试中难以获得的信息。笔试是一种简单易行的测评方法，能够使测评主体对测评对象的书面表达能力、基础知识掌握程度和部分专业能力有一定的了解，但难以评价测评对象的仪容仪表、工作经验、个性特征、价值观念等内容，这时就需要使用面试进行评价。

（2）看重测评对象的求职动机。用人单位在进行招聘活动时首先需要了解的信息是测评对象的求职动机，测评对象的求职动机会影响入职后的行为表现，面试正好是了解求职动机的最好手段之一。测评主体能在与测评对象交流的过程中，通过追问、设置情景等手段分辨测评对象言语的真假，了解其真实求职动机。

2. 面试的优势

与其他人员素质测评形式相比，面试有以下优势。

（1）面试具有直接交互性。测评主体与测评对象在面试过程中是直接沟通交流的，并且是双向互动的。

（2）面试信息具有复合性。面试过程中获得的信息丰富、深入、完整，通过面试可以综合考查测评对象的知识、能力、工作经验及其他素质特征。

（3）面试内容具有灵活性。面试中测评主体通过语言或行为发出刺激信息，测评对象接收到信息后经过对其进行解码，会以语言或行为的形式进行反馈。测评主体针对测评对象的基本信息、回答问题情况及测评需要可以不断地调换问题的形式和内容。

3. 面试的不足

面试的最大问题就是测评对象的表现容易受测评主体态度和行为的影响，并且面试成绩由测评主体来评价，不可避免地会带有测评主体的主观性。此外，测评主体在面试过程中会受到一些心理效应的影响，比如首因效应、近因效应、刻板印象等，从而影响面试的有效性。

（二）面试测评方法

根据不同标准，面试测评方法有不同的划分。

1. 根据面试标准化程度划分

根据面试的标准化程度，面试可分为结构化面试、非结构化面试和半结构化面试。

结构化面试又称为模式化面试，是依照提前准备的内容、程序、评分标准和分值结果进行的面试形式。该类型的面试结构严密、面试程序性强、评分模式固定；非结构化面试是指在面试中事先没有规定的框架结构，也不使用有确定答案的固定问题的面试；半结构化面试是介于结构化面试与非结构化面试之间的一种面试形式。

正规的面试一般都为结构化面试，公务员录用和竞争上岗面试即为结构化面试。非结构化面试颇类似于人们日常非正式交谈，除非面试考官的个人素质极高，否则很难保证非结构化面试的效果。目前，采用非结构化的面试方式测评越来越少。

2. 根据面试实施方式划分

根据面试的实施方式，面试可分为单独面试与小组面试。

所谓单独面试，指测评主体对测评对象单独进行的面试。这是最普遍、最基本的一种面试方式。单独面试的优点是能够提供一个面对面的机会，让面试双方较深入地交流。单独面试又有两种类型，一种是只有一个测评主体负责整个面试过程，这种面试大多在较小规模的单位录用较低职位人员时采用；一种是由多位测评主体参加整个面试过程，但每次均只与一个测评对象交谈，公务员面试大多属于这种形式。

小组面试又称集体面试，指多位测评对象在一起进行的面试。在集体面试中，通常要求测评对象作小组讨论，相互协作解决某一问题，或者让测评对象轮流担任领导主持会议、发表演说等。这种面试方法主要用于考查测评对象的人际沟通能力、洞察与把握环境能力、领导能力等。

3. 根据面试进程划分

根据面试的进程，面试可分为一次性面试与分阶段面试。

一次性面试是指对测评对象的面试集中于一次进行。在一次性面试中，测评主体的阵容一般都比较“强大”，通常由用人单位人力资源部门负责人、业务部门负责人及第三方人员素质测评专家组成。在一次性面试情况下，测评对象是否能面试过关，甚至是否被最终录用，都取决于这一次面试表现。面对这类面试，测评对象必须集中所长、认真准备、全力以赴。

分阶段面试一般有依序面试和逐步面试。依序面试一般分为初试、复试和综合评定三个阶段。逐步面试一般是由用人单位的主管领导、处（科）长以及一般工作人员组成面试小组，按照小组成员的层次、由低到高的顺序，依次对测评对象进行面试。

4. 根据面试提问内容划分

根据面试提问的内容，面试可分为情境面试、行为描述面试、演讲法面试和压力面试。

情境面试是将测评对象置于某一具体情境中，根据测评对象在该情境中的言行等观察其各方面能力的一种面试测评方法；行为描述面试是指测评主体对测评对象有关以往行为的回答来推断其未来某一时期内的工作态度、工作潜能和工作绩效的一种面试测评方法；演讲法面试是指测评对象根据测评主体的提问导向，结合已有的知识和经验，运用语言、肢体动作、神情等向测评主体表达自己观点的一种面试测评方法；压力面试指的是由测评主体有意识地对测评对象施加压力，就某些问题或事件做一连串提问，并对其做追踪式提问，直至无以对答。

（三）面试测评实施步骤

面试是一个循序渐进的过程，在面试测评阶段，测评主体应把握好面试进度，有条不紊地实施面试。面试的步骤可以分为开始阶段、导入阶段、核心阶段、测评对象提问阶段和结束阶段。

1. 开始阶段

测评主体与测评对象第一次接触。为了消除测评对象的紧张情绪，为面试创造友好轻松的氛围，测评主体可以问一些轻松的、与面试不相关的问题。如“来的时候堵车吗?”等。

2. 导入阶段

在这一阶段测评主体应提问一些比较通用的、测评对象比较熟悉并且可能有所准备的问题，如“请你用一分钟时间简单地介绍一下自己”“请简单谈一下你的教育经历”“目前为止对你影响最大的人是谁”等。

3. 核心阶段

进入面试核心阶段，即对测评对象进行岗位胜任能力测评，可提问一些行为性问题、情景模拟性问题等，并根据测评对象的回答对其各项岗位胜任能力作出评价，如“你在哪些方面有优势可以胜任这个职位”等。

4. 测评对象提问阶段

测评主体提问完后，在结束面试之前应该给予测评对象提问的机会，如“请问你还有什么要补充的吗”“对我们公司或你的求职岗位，还有什么需要了解的吗”等。

5. 结束阶段

在结束面试时，不管录用与否，测评主体均应礼貌地感谢测评对象前来参加面试，并将下一步的面试程序告知测评对象，如“非常感谢你今天来参加我们公司的面试”“面试结果将在一周内公布，我们会邮件的方式通知你”。

下面是某公司的结构化面试案例，仅供参考。

×××公司的结构化面试案例

×××公司要招聘某职能部门项目经理，在逻辑思维能力、信息归纳整理能力、分析判断能力、任职应对能力、人际沟通能力、职业素质、价值取向等方面进行考核。

×××公司笔试完后采用结构化面试，设置以下几个考核点。

考核点一：逻辑思维能力、信息归纳整理能力

考题：请用三分钟介绍一下自己，重点介绍实践工作经验、经历及体会。

考核点二：分析判断能力、任职应对能力、人际沟通能力

考题：你所在的企业发不出工资导致人心浮动，但公司产品的市场很好，作为部门经理，你将如何做好员工工作?

小提示：与领导和下属的沟通交流。

向领导询问：为何还发不出工资，发工资的最后期限。

对下级说最后期限。

考核点三：职业素质

考题：总经理给你一项工作，让你草拟一个计划书，要求周五下午交，但听说总经理周五晚上要出差，周一才回来，请问你是周五按时交还是利用老板休假时间修改一下，周一交？

小提示：一定不要交两份，那会让总经理以为你是在应付。

考核点四：人际沟通能力

考题：你来到一个新的单位，发现有领导在和你谈话的时候总是离你很近。但他口中有一股很难闻的气味，令你很难受，你会不会给他提出来？怎样提？

小提示：生活习惯类问题一定不要提！忍着！

考核点五：价值取向

考题：你坐船出行，船上5人，分别是你上司、挚友、不认识的小男孩儿、一位物理学家，4人都不会游泳，但是同时落水。如果只允许救两位请问你会救哪两位？（排序）

小提示：这是个价值取向的问题，没有对错，一般人的选择排在第一位的是儿童，因为怕道德的谴责。所以排在第二位的，才是真正想要救的。

三、评价中心

（一）评价中心概述

1. 评价中心的特点

与传统的人员素质测评相比，评价中心具有针对性、全面性、可靠性、动态性、预测性的特点。

（1）针对性。评价中心中的评价指标体系的设计是从岗位的工作分析出发进行的，根据不同层次、不同类别人员的岗位要求和必备能力，有针对性地设计不同的模拟情景，避免“高分低能”倾向。

（2）全面性。评价中心是多种测评方法的综合运用，不仅能很好地反映测评对象的实际工作能力，还可以测评其性格、品质和能力等素质特征。

（3）可靠性。评价中心往往采用多种测评方法和技术对测评对象进行多次评价，并由多个评价人员进行评价，减少了测评对象水平发挥失误或评价人员评价偏差而导致的测评结果失真的可能性，使评价结果的可靠性大大增加。

（4）动态性。评价中心多采用动态的测评手段，将测评对象置于动态的模拟情景中执行任务，模拟期间不断对测评对象发出各种随机变化的信息，要求测评对象在一定时间和一定情景压力下作出决策，然后评价人员根据其动态的实际行为进行评价。

（5）预测性。评价中心是采用与实际情况非常形似的情况进行模拟，在测评过程中不容易伪装，测评对象的表现比较接近真实的情况。因此对测评对象在未来工作中的表现有较强的预测性。

2. 评价中心的基本原则

（1）在确立评价需求时，应经过深入的工作分析。

（2）根据工作分析建立的评价标准设计相应的要素、等级和评分方法。

（3）在进行评价时必须采用多种评价技术和方法。

（4）坚持既能广泛评价，又能多重评价行为要素的评价方向。

（5）观察的行为必须分类归入相关要素或类别中。

（6）在评价全过程中，坚持多名评价人员同时测评一个或多个测评对象的原则。

（7）评价人员应得到严格而系统的培训。

（8）评价人员应确保在练习行为发生的同时，作出准确详细的记录以用于讨论汇总。

（9）必须在汇总所有信息的基础上，经过反复讨论和必要的统计方法得出最终评价结论。

（二）评价中心方法

评价中心是多方法、多技术的综合体。从测评形式来看，广义的评价中心包含了传统的心理测验、面谈、投射测验和情景模拟等，狭义的评价中心是指以情景模拟为核心的系列测评技术。

本书介绍的评价中心是指狭义的评价中心。评价中心方法主要包括文件筐测验、无领导小组讨论、管理游戏、角色扮演等。下面主要简单介绍文件筐测验和无领导小组讨论这两种常用的评价中心方法。

1. 文件筐测验

文件筐测验也叫公文处理、公文包测验，被认为是评价中心中应用最广且最为有效的一种测评方法，是一种情景模拟测验。它是指对测评对象规定某一特定时间，要求其在该时间内对一系列文件材料进行处理，并以此来考查测评对象的计划、组织、沟通、决策和问题解决能力等多方面的管理潜质。

在文件筐测验中，要求测评对象以管理者的身份，模拟真实工作情景中的想法和行为习惯，在规定条件下对各类公文材料进行处理，形成公文处理报告。公文材料处理完毕后，一般还要求测评对象填写行为理由问卷，说明处理的理由、原则或依据，对于不清楚的地方或想深入了解测评对象时，测评主体还可以与测评对象进行深入面谈，澄清模糊的地方。

通过观察测评对象在规定条件下，处理公文过程中的行为表现以及分析测评对象的处理理由说明，可以评估其计划、组织、沟通、决策和问题解决能力等多方面的管理潜质。

文件筐测验具有以下的优缺点。

（1）文件筐测验的优点

1）考查内容广泛。任何背景知识、业务知识、操作经验以及能力要素都可以涵盖于文件之中，借助测评对象对文件的处理来实现对测评对象素质的考察。

2）表面效度高。文件筐测验所采用的文件与应聘岗位中常见的文件十分类似，有的文件甚至完全相同。因此，文件筐测验可以有效地评价测评对象处理实际问题的素质。

3）应用范围广。由于文件筐测验考察的内容范围广泛，并且表面效度高，因此，具有广泛的实用性。

4）综合性强。测验的文件涉及日常管理、人事、财务、市场、公共关系、政策法规等企事业单位的各项工作，可以对中高层管理人员作出全面的评价。

（2）文件筐测验的缺点

1）评分难度大。一方面管理观念不同的组织具有不同的评价标准，另一方面文件筐测验评分过程中，专业人员和实际工作者往往存在理解上的偏差。

2）成本费用高。文件筐测验的试题设计、实施、评分都需要较长时间的研究和筛选，为了提高预测效度，必须投入较大的人力、物力和财力，因此花费的成本费用比较高。

2. 无领导小组讨论

无领导小组讨论是一种情景模拟的测评方法，是指一组无具体负责人的测评对象在一定时间内，围绕给定的问题或在既定的背景下展开自由讨论，并得出小组意见，测评主体通过对测评对象在讨论中的言语行为及非言语行为的观察，来对他们作出评价的一种测评形式。

无领导小组的测评对象一般以 6 ~ 8 人为宜，若测评对象比较多，应适当进行分组。

根据不同的划分标准，无领导小组可以分为以下不同的类型。

（1）根据讨论背景的情境性划分，可以将无领导小组讨论分为无情境性无领导小组讨论和有情境性无领导小组讨论。

无情境性无领导小组讨论一般是让测评对象就一个开放的问题展开讨论，阐述自己的观点，并试图说服他人。有时也会要求测评对象在规定的时间内得出一个一致结论。

有情境性无领导小组讨论是将测评对象置于某假设的情境中让其进行讨论，让他们从情境所要求的角色的角度去思考某个问题，寻找解决问题的思路和方法。

（2）根据是否给测评对象分配角色角度来划分，可以将无领导小组讨论分为不定角色无领导小组讨论和定角色无领导小组讨论。

不定角色无领导小组讨论是指在讨论的过程中，没有给测评对象分配一个固定的角色。在此种讨论中，测评对象仅仅阐述自己的观点或充当小组中的一个与其他人没有任何差别的成员。

定角色无领导小组讨论是指在讨论过程中给每个测评对象分配一个固定的角色，这个角色与他在日常生活中的角色不同。测评对象要履行这个给定角色的责任，完成所规定的任务。

（3）根据测评对象在讨论过程中的相互关系划分，可以将无领导小组讨论分为竞争型、合作型、竞争—合作型。

竞争型无领导小组讨论，是指在某些讨论情境中，每个小组成员代表其自身利益，小组成员之间的目标是相互冲突的，并且往往存在着某些机会或资源的争夺。

合作型无领导小组讨论，是指小组成员之间需要相互配合来共同完成某一项任务，每一个小组成员的成绩都依赖于与其他小组成员合作完成这项任务，同时也取决于他们在合作完成这项任务的过程中所做出的贡献。

竞争—合作型无领导小组讨论，是指在讨论的过程中，既包含了竞争的因素，又包含了合作的因素，测评对象在这种无领导小组讨论实施过程中，既要相互竞争又要相互合作才能达到讨论的目标。

（4）根据无领导小组讨论的情境与拟任岗位的相关性划分，可以将其分为与工作相关情境的无领导小组讨论和与工作无关情境的无领导小组讨论。

与工作相关情境的无领导小组讨论，是指给测评对象设定一种与拟任工作或岗位相关的情况，让其置于此情境中进行讨论。

与工作无关情境的无领导小组讨论，是指给测评对象设定一种与工作无关的情境，这种情境往往是虚设的，任何人都很难在现实中接触的情境。

（5）根据无领导小组讨论的结果要求划分，可以分为须得出一致结论的无领导小组讨论和无须得出一致结论的无领导小组讨论。

须得出一致结论的无领导小组讨论，是指小组成员在最后必须达成一致意见，并能给予充分的理由解释。讨论结束时，派一名代表汇报讨论结果，其他成员可以给予适当补充。在规定的时间内，如果还没有得出统一意见，那么小组中每个成员的成绩都会相应减去一定的分数。

无须得出一致结论的无领导小组讨论，是指小组成员不需要得出一致结论，每个测评对象仅代表自己的利益，对自己的观点给予充分的理由解释。

四、其他测评方法

人员素质测评服务过程中，除上述常用方法之外，还会用到在线测评方法、资历评价方法等其他测评方法。

（一）在线测评方法

在线测评方法是在心理测试、智力测试、能力倾向测试和人格测试等各类测试的基础上，通过互联网将各地远程的测评对象连接到一个测试平台上，测评对象需要登录测试平台进行在线答题，测评对象的测评数据可以通过测试平台后台分析整理，形成分析报告提交给测评实施方。

测试平台的设计有多种方式，以下为提供的示例。

将测试平台分为四大模块，即防作弊模块、测评答题模块、测评分析模块、后台管理员模块。

1. 防作弊模块

有的测评平台要求测评对象的电脑或其他终端装有摄像头，考试过程全程录像，且考试过程无法或有限次数可以打开其他界面和程序，以防止测评对象作弊。

2. 测评答题模块

测评答题模块分为两种，一种是统一的测试题目，另一种为系统随机从题库中抽取题目进行组合。

3. 测评分析模块

测评分析模块可以根据测评对象的测评结果数据，按照编写既定的程序进行对比分析，并输出分析报告。

4. 后台管理员模块

后台管理员模块是为测评平台开发、维护、管理设置的，可以根据实际情况对测评平台进行维护升级等管理。

随着智能移动终端的兴起，过去只能在计算机端进行在线测试的方法已经普及到智能移动终端上，只要能连接互联网，测评对象可以随时随地进行在线测评。

（二）资历评价方法

1. 资历评价方法概述

绝大多数组织在选拔人才时都非常关注其经历。一般认为，在条件相对稳定的情况下，一个人的经历和表现是预测其未来工作绩效的最好依据。

（1）资历评价方法的特点

1）适用范围普遍。资历评价的适用范围非常广泛，几乎适用于所有的部门和岗位，尤其适用于某些实践性较强的岗位招聘。

2）依据真实度高。资历评价是以测评对象个人的经历信息作为评价依据来分析、预测其未来的职业发展，这种经历信息通常是可以核实的，真实度较高。

3）分析维度全面。资历评价不是单纯从知识、能力等横向方面对测评对象进行考查，而是包含了对个人历史的纵向考查，即对个人工作实践的整个过程进行历史的、全面的评价。

（2）资历评价方法的意义。资历评价有效利用了测评对象各种重要的履历信息，对资格审查合格的入围者进行区分，能够得到履历量化分析成绩，这些有利于对测评对象进行综合评价和比较。

1）全面掌握候选人的基本情况。人才选拔时测评对象申请所提交的履历表反映了个人的许多信息，如性别、年龄、民族、政治面貌、毕业院校、专业、家庭状况、培训情况、工作经历、成绩等，这些信息不但可以描绘出候选人一个大致轮廓，还可以为后面的人事决策、人员定岗、薪酬定级等提供依据。

2）有助于人才的初步筛选。可以根据岗位说明书的要求，按照履历表里的一些信息对测评对象进行初步筛选。通过初审，迅速排除明显不合格的人员，可以提高选拔效率，大大降低成本。

3）可以为后续的人员素质测评工作确定重点。通过履历分析，有可能发现一些测评对象遗漏的对于能否胜任岗位具有重要影响的信息，或者一些存在疑问而需要进一步探究的信息，如离职原因、工作经历中出现时间中断的原因、前后矛盾冲突等。这些问题可以记录下来，以便于在后续测评工作中作为重点有针对性地提出，作出合适的选拔决策。

2. 资历评价工具

目前比较广泛应用的资历评价工具有两种，即权重式资历评价表和传记式资历评价表。

（1）权重式资历评价表。权重式资历评价表一般包含 10 ~ 20 个信息，主要由个人基本情况、个人经历和工作表现情况等项目组成。表中所有项目都依据其影响工作业绩的作用大小而被赋予相应权重。测评对象各个项目的得分加权汇总得到测评对象的最后得分，在决策中以此作为筛选的依据。表 4–2 是权重资历评价表的参考范例。

表 4–2　　　　×××公司权重式资历评价表

<table>
<tr><td colspan="6">一、基本情况</td></tr>
<tr><td>姓名</td><td></td><td>性别</td><td></td><td>年龄</td><td></td></tr>
<tr><td>政治面貌</td><td></td><td>籍贯</td><td></td><td>户口所在地</td><td></td></tr>
<tr><td>婚姻状况</td><td></td><td>身高</td><td></td><td>体重</td><td></td></tr>
<tr><td colspan="6">详细通信地址：</td></tr>
<tr><td colspan="6">联系电话：</td></tr>
<tr><td colspan="6">应聘前的工作情况：现在职□　已离职□　　　最后的离职时间：
离职原因：劳动报酬□　上司关系□　工作条件□　晋升机会□　家庭因素□
其他情况□</td></tr>
</table>

续表

<table>
<tr><td>在职工作情况</td><td colspan="7">岗位：　　职务：　　技术水平：　　使用设备：</td></tr>
<tr><td colspan="8">希望获得的工作岗位：　　期望月薪：　　何时上岗：</td></tr>
<tr><td colspan="8">二、教育背景</td></tr>
<tr><td>学历</td><td>年份</td><td>学校</td><td>是否毕业</td><td>离校时间</td><td>专业</td><td>平时成绩</td><td>备注</td></tr>
<tr><td></td><td></td><td></td><td></td><td></td><td></td><td></td><td></td></tr>
<tr><td></td><td></td><td></td><td></td><td></td><td></td><td></td><td></td></tr>
<tr><td colspan="8">三、工作经历</td></tr>
<tr><td>职务名称</td><td>开始时间</td><td>离开时间</td><td colspan="3">公司名称、地址和负责人姓名</td><td>工资待遇</td><td>离职原因</td></tr>
<tr><td></td><td></td><td></td><td colspan="3"></td><td></td><td></td></tr>
<tr><td></td><td></td><td></td><td colspan="3"></td><td></td><td></td></tr>
<tr><td colspan="8">四、培训情况</td></tr>
<tr><td colspan="8"></td></tr>
<tr><td colspan="8">五、家庭状况</td></tr>
<tr><td colspan="2">姓名</td><td>与本人关系</td><td>年龄</td><td colspan="4">工作单位及职务</td></tr>
<tr><td colspan="2"></td><td></td><td></td><td colspan="4"></td></tr>
<tr><td colspan="2"></td><td></td><td></td><td colspan="4"></td></tr>
<tr><td colspan="2"></td><td></td><td></td><td colspan="4"></td></tr>
<tr><td colspan="8">六、其他个人情况</td></tr>
<tr><td colspan="8">其他需要说明的信息，如爱好、特别事项等</td></tr>
</table>

（2）传记式资历评价表。传记式资历评价表一般包含 50～200 个问题，这些问题并不完全是客观题，除了包括个人历史和经历之外，还包括考察测评对象态度、观念和价值观等方面的问题。

传记式资历评价表的设计依据是一个人当前的素质与工作绩效与过去各种环境中的行为是相联系的，同时也与态度、兴趣爱好、价值观等相关联。

传记式资历评价表中具体列出的问题与选项，必须依据大量的实证研究与理论分析，并从中找出关键性因素。传记式资历评价表中所有问题也都与工作标准相关。根据记分标准，测评对象选择不同的选项可以得到一个相应分数，把各个项目的分数汇总就可以得到资历分析的总分数作为决策的依据。表 4–3 是传记式资历评价表范例。

表 4–3　　×××公司传记式资历评价表

1. 性别：
A. 女　B. 男

2. 年龄：
A. 25 岁及以下　B. 26 ~ 30 岁　C. 31 ~ 35 岁　D. 36 ~ 40 岁　E. 41 ~ 45 岁
F. 46 岁及以上

3. 学历：
A. 高中（职）　B. 大专　C. 大学本科　D. 硕士及以上

4. 婚姻状况：
A. 未婚　B. 已婚　C. 离异（或丧偶）

5. 子女人数：
A. 0 个　B. 1 个　C. 2 个　D. 3 个及以上

6. 您曾经读过几本伟人传记？
A. 0 本　B. 1 本　C. 2 本　D. 3 本　E. 4 本及以上

7. 在求学时代，您曾经几次当选过班长？
A. 0 次　B. 1 ~ 3 次　C. 4 ~ 6 次　D. 7 次及以上

8. 目前您负责抚养、赡养的亲属有几位？
A. 0 位　B. 1 ~ 3 位　C. 3 ~ 5 位　D. 5 ~ 7 位　E. 7 位及以上

9. 您在学生时代有多少次上台接受表扬？
A. 不曾　B. 1 ~ 2 次　C. 3 ~ 4 次　D. 5 ~ 6 次　E. 7 次及以上

10. 在您的工作行业中，您是否常被视为专业人士？
A. 从不　B. 很少　C. 有时　D. 经常　E. 总是

11. 您上班的交通工具是什么？
A. 公共汽车　B. 自行车　C. 摩托车　D. 小汽车　E. 步行

12. 家中经济负担，您负责多少比例？
A. 0　B. 小于 1/3　C. 1/3 ~ 2/3　D. 2/3 以上　E. 全部

13. 青少年时期，您经常在同伴活动中担任领导者吗？
A. 从不　B. 很少　C. 有时　D. 经常　E. 总是

14. 您是否有宗教信仰？
A. 无　B. 虔诚　C. 十分虔诚

续表

15. 您目前拥有几张信用卡？ A. 0　B. 1 张　C. 2 张　D. 3 张　E. 4 张及以上
16. 您是否经常与陌生人聊天？ A. 从不　B. 很少　C. 有时　D. 经常　E. 总是
17. 您目前需要赚钱的迫切程度如何？ A. 不急迫　B. 普通　C. 相当需要　D. 十分急迫
18. 您是否有随身携带记事本记事的习惯？ A. 从不　B. 很少　C. 有时　D. 经常　E. 总是
19. 您每天阅读报纸的份数有多少？ A. 0　B. 1 份　C. 2 份　D. 3 份　E. 4 份及以上
20. 您觉得自己的身价是多少？ A. 一文不值　B. 10 万元及以下　C. 10 万 ~ 50 万元　D. 50 万元及以上

（3）比较权重式资历评价表和传记式资历评价表，综合来看两者有所区别（见表 4–4）。

表 4–4　权重式和传记式资历评价表的比较

	权重式资历评价表	传记式资历评价表
项目数量	一般包括 10 ~ 20 个信息	一般包括 50 ~ 200 个问题
项目构成	通常包括个人基本情况、个人经历和工作表现情况	除了包括个人资料、人生经历外，还包括态度、观念、价值观等方面的问题
项目形式	填空题和问答题为主	选择题为主
项目内容	主要是客观信息	客观信息和主观信息相结合
计分方式	1. 设置门槛性指标，即某个条件的满足与否直接决定候选人是否进入下一轮考核 2. 对不同问题设立权重，加权统计	可采用 Likert5 点评分法和选项独立评分法两种评分标准

3. 资历评价流程

为了保证资历评价的科学性和有效性，必须建立符合逻辑的实施步骤和正确的分析方法。

（1）进行岗位分析，确定评价的具体内容与指标。不同岗位有不同的任职资格条件，对测评对象的知识、技能、能力、性格特点等的要求各不相同，但同一岗位对任职者的要求应该是一致的，应根据目标岗位的特点，设计出岗位任职资格标准。岗位任职资格标准是指在特定岗位从事相关工作对人才的知识、经验、能力、个性等方面素质进行统一规定，是人才胜任工作所需要具备的基本条件，建立岗位任职资格标准是进行资历评价的前提。

（2）编制资历评价表，确定评分权重和评分方法。资历评价表的内容很丰富。根据经验的可验证性，大致可以分为两类：一类是测评对象可以验证的项目，如学历、年龄、户籍所在地、家庭情况；另一类是难以查证的项目，如工作总结、自我评价等。由于不同组织的战略、文化、价值观和岗位要求各不相同，在设计资历评价表时要根据实际情况，选取有代表性的资历分析项目。所选择项目的数量可能会达到几个甚至几十个，但有些非常重要岗位需要分析的项目数量可能会达到几十个乃至上百个。

为了反映不同项目的相对重要性和需求程度，有时还要对资历评价表测评项目赋以不同权重。确定每一个项目的评分标准，如果候选人的情况符合标准，则得分就高，否则得分就低或者不得分。权重式资历评价表可采用定性分析法和定量分析法两种评分标准；传记式资历评价表可采用 Likert5 点评分法和选项独立评分法两种评分标准。

（3）小范围试用，对所得结果进行评估后修订资历评价表。资历评价表完善后，可在小范围内试用，如有不够准确或有效的项目权重或评分标准，就应进行修订。

（4）收集测评对象资历信息，信息应真实全面。资历数据的内容都是历史性信息，是无法改变的客观事实，其真实性也需要通过进一步调查来核实。

（5）对评价人员进行培训。测评过程对评价人员的要求非常高，岗位的分析、资历评价表的编制、权重和评分的设置，都需要评价人员具备良好的专业知识基础和实践能力。因此，要对评价人员进行培训。

（6）评价人员进行评分。根据确定的标准和计算方法，按照测评对象填写的内容或选择的答案，测评主体确定测评对象每个资历项目的得分。

（7）统计分数，提交测评结果。测评主体将测评对象各个项目的得分求和，以此总分来评价测评对象履行相应岗位的适宜性或胜任度。

本章自测题

1. 简述人员素质测评服务的目标。
2. 简述人员素质测评服务的实施步骤。
3. 简述心理测验方法的优点和缺点。
4. 如何评价面试方法的优缺点？
5. 如何理解无领导小组方法的优缺点？
6. 编写资历评价表时，如何确定评分方法？
7. 评价中心的优缺点有哪些？

第五章　人力资源培训服务

学习目标

- 了解人力资源培训服务的内涵
- 熟悉人力资源培训服务的业务类型
- 了解人力资源培训服务的发展模式
- 了解人力资源培训服务的发展现状与趋势
- 掌握人力资源培训服务的实施步骤
- 熟悉人力资源培训服务的实施标准

引导案例

中国石油化工集团有限公司在线培训

1. 公司概况

中国石油化工集团有限公司（以下简称中石化）是1998年7月国家在原中国石油化工总公司基础上重组成立的特大型石油石化企业集团，是国家独资设立的国有公司、国家授权投资的机构和国家控股公司。公司注册资本3 265亿元人民币，董事长为法定代表人，总部设在北京。

中石化主营业务范围广阔，范围涉及国内、国外。公司认真履行国有企业的经济责任、政治责任和社会责任，着力打造人民满意、世界一流的能源化工企业，先后荣获了全国科技进步百强企业、企业管理“金马奖”、“全国五一劳动奖状”、资源综合利用先进单位、厂务公开先进集体、思想政治工作优秀企业等数十项荣誉称号。同时通过企业培训模式优化，为企业培养了一大批优秀管理干部和专业人才，提高了企业核心竞争力，为国民经济和社会发展做出了积极贡献。

2. 线上培训模式

通过网络化平台开展培训学习是现代科技发展的必然趋势。虽然传统培训模式效果显著，但传统培训模式已经远远不能满足当下日益增长的多元化培训要求。不可否认，线上培训发展潜力无限且前景一片光明。

线上培训需要依靠网络平台，企业线上培训运营需要依靠企业相应的网络信息系统。中石化着力打造网络信息系统满足现代化发展要求，信息系统涉及网络基本服务、教学管理、视频点播以及企业内部资源共享等，为线上培训全面运营和发展奠定、夯实了基础。

中石化线上培训采用的是网校课堂模式，员工可以自己安排时间接受培训，不受时间、地点的限制。同时网络信息更新速度快使得培训内容不断更新，满足员工多样化需求。在这个平台上，员工自行组成小组，学习过程中一起思考讨论，完成学习任务，在学习中提升默契，加强团队凝聚力。中石化的网校课程线上培训模式包括以下三个重要部分。

（1）开放式线上学习平台。员工进入线上网络课堂来接受培训，在线上完成培训任务。同时员工不是一个人接受培训学习，所有培训者通过分组一起思考讨论培训中的问题和任务，这有利于员工们对问题的理解，也增强了培训的互动性。

（2）引导员工开展自主学习。线上培训突破了时间、地点等的限制，使员工被动接受知识转换为积极主动学习，为员工提供了随时随地学习的平台。

（3）借助互联网开展在线培训。网络课堂模式让员工在网站上直接边学习边练习，或者以练习的方式学习，在网络上就搭建了工作环境。比如学习某种技能操作，不依靠讲师滔滔不绝的讲演，直接让员工在指导下对石化工作中的案例进行分析思考，随时在实践中反思进步。

企业线上培训是一种有组织、有目的的培训学习活动，它建立在现代互联网信息技术基础之上，体现了一种全新的学习模式。中石化作为大型国有企业，人才技术资金力量雄厚。同时中石化面临与国际市场的结合，面对激烈的竞争市场，中石化能具有行业的领先地位，做到了对员工必备知识进行更新换代，培训模式优化改善。中石化选择线上培训模式不仅满足了环境的需要，而且提高了全员的综合素质，增加了企业综合竞争能力。

第一节　人力资源培训服务概述

一、人力资源培训服务的内涵

培训工作是指有计划、有组织地向受训者传授其完成本职工作及提高工作能力所必须掌握的各种知识和技能、应具备的职业观念和态度、应牢记并遵守的行为规范等内容的过程。从广义上来说，第三方举办的各类考试性培训、认证性培训也属于第三方培训的范畴。

人力资源培训服务是指第三方人力资源培训机构受客户（单位或个人）委托而为其提供的专业性培训服务。当下比较流行的第三方专业性培训服务主要包括职业技能鉴定系列培训、企业领导力系列培训、销售系列培训、营销系列培训、行政系列培训等，培训方式有大型公开课、在线商学院、高端沙龙、企业内训、精品班、保过班等。

二、人力资源培训服务的业务类型

根据不同的分类依据，人力资源培训服务可以划分为不同的类型。

（一）按培训目的划分

按培训目的划分，可将人力资源培训服务业务分为八类。

1. 领导力类

如领导水平与领导艺术、领导班子团队建设及组织文化发展、领导者个人风采打造、用心管理——管理心理学实务、帮你知人善任等。

2. 心理压力调适类

如优秀管理者的心理修炼、心理压力及心理调适等。

3. 决策与管理类

如领导决策手段、精细化管理理念与实务、打造自己的团队——组织内部培训师的培训等。

4. 执行力类

如打造执行力、执行力兵法、如何打造团队建设等。

5. 战略类

如企业文化建设、行业市场规划、企业经营计划与市场风险分析等。

6. 职业素养与修炼类

如职业素养、经理人的核心技能、重塑管理者、管理者的沟通技能修炼等。

7. 情绪管理类

如 EQ 与情绪管理等。

8. 办公软件应用类

如 PPT 的制作技术与艺术、Word 实用方法与技巧、Excel 教程等。

（二）按服务对象划分

按服务对象划分，可将人力资源培训服务业务分为两类。

1. 个人技能培训

如英语培训、小语种培训、职业技能鉴定培训、非学历教育培训等。

2. 企事业单位员工培训

如企业内训、公开课培训、认证培训、咨询式培训、企业网络培训等。

（三）按培训内容划分

按培训内容划分，可将人力资源培训服务业务分为三类。

1. 管理培训

如企业仓储管理培训、企业财务管理培训、企业生产管理培训、企业 5S 管理培训等。

2. IT 培训

如 Office 办公软件培训、CAD 培训、Photoshop 培训、Flash 培训、Java 培训等。

3. 外语培训

如英语培训、法语培训、俄语培训、德语培训、韩语培训等。

（四）按有无认证划分

按有无认证划分，可将人力资源培训服务业务分为两类。

1. 一般培训

在培训结束后，无需进行专业性认证。

2. 认证培训

在培训结束后进行专业考试及认证，如 CPA 培训、出版专业技术人员职业资格培训等。

（五）按受训者状态划分

按受训者状态划分，可将人力资源培训服务业务分为三类。

1. 在校学生培训

一般多为针对在校大学生开展的培训。

2. 失业人员培训

针对失业人员再就业所需掌握的知识、技能开展的培训。

3. 在职培训

（1）岗前培训。向受训者提供团队拓展训练、职业态度训练、职业化塑造与修炼、自我管理能力提升等。

（2）在岗培训。利用业余时间（如周六、日）或部分工作时间，对在岗员工开展的培训，如企业内训、公开课培训等。

（3）脱岗培训。对组织安排的脱岗培训人员进行脱岗培训，主要培训内容集中在知识、技能、业务、状态等方面。

三、人力资源培训服务的发展模式

人力资源培训服务经过长期发展，已经比较成熟，常见的有在线培训、企业内部培训以及公开课培训三种模式。

（一）在线培训

我国企业的在线培训比欧美国家起步晚，目前正处于成长期。伴随着社会经济的不断发展以及信息技术水平的不断提升，互联网信息技术已经深入人们的日常生活和工作中，在线培训在企业培训中的运用与普及是必然发展趋势。

1. 在线培训的定义

在线培训是将互联网信息技术应用于人力资源开发领域而创造出来的一种培训方法和形式。目前在线培训是第三方人力资源培训企业为企业客户提供培训服务的重要的培训方法和形式。

2. 在线培训的发展历程

在我国，在线培训发展至今共经历了三个阶段。

（1）2000 年前后的萌芽期。当时的网络宽带十分有限，企业的在线培训产品还是文档形式，直到“三分屏”形式的网络视频播放课件出现，在线培训才进入到多媒体时代。

（2）2006—2011 年的徘徊期。这一阶段，行业在摸索前进，市场容量在逐年升高。虽然这一阶段在线培训发展趋势渐增，尤其 2009 年以后有不少新企业加入，但也有不少企业没有找到有效的培训模式而退出。与同样以互联网为依托的电子商务相比，在线培训当时是一个发展相对缓慢的行业。

（3）2012—2018 年的井喷期。自 2012 年起，美国的 MOOC、可汗学院传来的在线培训融资风暴开始影响我国，在线培训成为我国的互联网经营者关注的行业。2013 年，有 20 多亿资金注入到在线培训行业，在线培训的创新时代由此到来。预计未来 6 年是在线培训产业高速发展的时期。

3. **在线培训的优势**

随着互联网信息技术的高速发展，市场发展的快节奏化对于企业的要求更高，传统培训的弊端日益显露。通过传统培训和在线培训的对比，在线培训主要有以下三项优势。

（1）传统培训通常采用现场授课的形式，且培训与实践分离，对于培训效果很难进行量化。而在线培训系统可以随时制订培训学习计划并发布任务，为团队员工量身定制学习目标，有针对性地进行培训，进而达到增强培训效果的目的。

（2）传统培训学习资源少，课件受培训讲师阅历和精力影响。在线培训系统汇集了大量培训讲师的智慧，有着全面的课程体系规划，课件涵盖多行业、多岗位，课程内容丰富多样，员工可以根据自身需求爱好，结合岗位特点针对性地选择培训内容，并且企业可以上传内部资料，仅供企业员工学习，解决内部培训资料整理问题。在这个培训过程中，员工所接收的一手信息及前沿研究成果，也能激发员工的创造力，提高员工的岗位胜任力，进而提升企业绩效。

（3）传统培训受时间、空间、工作安排的制约，难以进行大规模的全员培训，往往也只是针对中高层管理者，而基层员工接触培训的机会少之又少。而在线培训只要在学员有网络和学习设备的情况下就可以进行学习，不受时间、空间限制；可利用碎片时间进行学习，打造终身学习理念，突破工学矛盾，提升员工思想，使全员培训成为可能；大量员工参与在线培训并不会大幅度增加企业的培训成本，反而有效地降低了培训的综合成本，提高了培训效率。

4. 在线培训的劣势

（1）投资大。在线培训系统的构建除了传统的培训设计人员参与，还需要在线运营专家和网络技术专员的参与，企业前期在在线培训系统的建设上投入成本高，且风险大，培训成果预见性低。此外，线上平台后期要进行维护和升级创新，也是一笔不容小觑的成本。

（2）适用性的局限。有些课程不合适利用在线培训的方法，如人际沟通课程，这一类需要通过实践学习的课程，如果只是靠线上课程单一的理论指导，则培训效果不佳。

（3）互动性不强。在传统培训中，培训讲师可随时与员工进行互动以检验培训效率，而线上培训的运用是培训讲师单方面的输出，员工的接收方面是未知的，所以要增强培训效果，企业需要对在线培训成果反馈系统机制方面进行建设。

（4）学习过程不容易监控。在线培训系统需要员工通过移动互联网进行学习，与传统的线下培训相比，员工和培训讲师的联系不再紧密，线下的监督机制效果不再明显。因此，仅仅通过优质的线上课程无法保证培训效果。并且在线培训的学习对员工的主观能动性要求相对较高，若员工在心理上产生惰性且排斥，那么培训结果也会大打折扣。

5. 在线培训行业分析

企业在线培训发展如火如荼。目前，世界五百强企业中已经有超过90%的企业开展在线培训。在线培训在我国已经发展多年，在这期间，越来越多的企业加入在线培训的队伍中，并在这一过程中形成了独特的企业培训特色和文化。由此可见在线培训必将成为未来企业培训的主流趋势。

据中国产业调研网发布的2018—2025年中国企业在线培训行业研究分析及发展趋势预测报告显示，企业在线培训是企业培训方式上的划时代革新，它不仅使得学习和工作同时进行，而且打破了传统培训时间和空间的限制，使得员工可以灵活自主地安排自己的培训计划，满足了企业对员工多样性的培训需求，教学资源也得以充分利用。近年来，我国企业在线培训市场规模稳步持续增长。

通过对国外高端培训机构近期动作观察，高端在线培训课程终将成为在线培训行业新的行业热点与市场主流。优质优价、金牌学历、高端定制、差异势能是我国在线培训市场突破同质化竞争、为学习者提供“机会赋能”“机会输出”的重要发展方式。

随着全球通信新技术的蓬勃发展，在线培训也呈现出一些新的发展趋势。

（1）随着移动互联网迅猛发展，企业移动学习平台快速发展。从用户需求角度来看，企业管理层人员已经逐渐从“60后”“70后”过渡到“80后”“90后”，“80后”“90后”是伴随互联网成长的，因此他们的思维方式、知识结构和交流方式与传统培训截然不同。移动学习是基于网络技术环境的学习形式的移动化，随时随地地碎片化学习，学习者和学习资源都是移动的，具有高互动、高效率、随学随用、个性定制等特点，因其低成本、移动性、场景化的特点备受青睐，而在线培训的这些特点都与“80后”“90后”的学习风格十分契合。

（2）随着直播技术的成熟，企业在线培训直播成为新标配。2016年，随着直播平台的出现，直播潮被推上新媒体营销的风口，这一年被誉为直播元年。企业培训与直播技术的结合，是一种即时性视频互动为主的专业内容型社交传播工具，能传递的信息更加立体、丰富、直观，能给用户留下更深刻的印象。这一方法的目的是提供一个足够便捷的工具，在企业中形成随时随地共享知识的机制和氛围，帮助企业快速进行经验的复制和传播，把隐性的知识显性化，基于企业培训和学习需求而生，致力于让培训更简单高效，让学习更实用快乐。

（3）社交媒体发展日益成熟，使得企业培训讲师IP化、垂直细分化。首先，移动互联网为线上培训提供了天然便利的环境和土壤，单线上培训平台和工具就有QQ群、微信群等多种，使用十分方便。同时，支付宝和微信支付带来的便捷支付也提供了重大的帮助。其次，社交媒体的丰富和活跃，学习成长类移动教育平台产生，为企业培训 IP 讲师打造个人品牌提供了机会。企业培训行业的超级 IP 应运而生，企业内部讲师 IP 化，专业领域的意见领袖 IP 化，倒逼培训平台纷纷开放优惠政策吸引或者培养自己旗下的 IP 讲师。此外，互联网加快了信息的生产和流通速度，让一部分善于整合知识资源的人，能通过自己的聪明和努力，把“学霸思维”运用到极致，把知识加工成系统的课程变现。

6. 在线培训运营

（1）运营新契机。传统企业大多数都采用线下面授法，员工必须放下手头工作在规定的地方、规定的时间集中学习，对于员工来说极易影响日常工作。同时对于新员工来说，集中或单独培训都会造成培训成本高、工作负担重。

伴随着互联网快速发展，在线培训应运而生，因其低成本、随时随地学习、自由调节时间进度、随时更新培训内容等特点，成为信息化时代企业培训体系中不可或缺的一部分。作为必备工具，在线培训给企业培训带来了新契机，企业运用好在线培训，开展实施有计划、有系统的培养和训练活动，可使员工的知识、技能、工作方法、工作态度以及工作价值观得到改善和提高，从而发挥最大的潜能提高个人和组织的业绩，推动组织和个人不断进步，实现组织和个人不断发展。

（2）运营组合拳。商场如战场，培训像练兵。培训是一个练兵的过程，在线培训作为企业必备工具，在运营发展操作过程中也受到诸多因素的影响，例如，受训者参与积极性、领导的重视和投入支持、在线培训产品的质量等。基于诸多方面考虑与企业实际现状，要想提高在线培训的效果，需要从在线课程的设置、受训者的积极性、学习氛围等方面入手，打出一套漂亮的组合拳。

1）建立归属感。目前，很多企业进行在线培训时选择借助外部供应商提供的线上课程进行培训，这些课程内容设计精良、体系完备，但同时存在无法保证课程内容与企业和受训者一一对应的缺点，很难做到针对性，只能对企业中部分用户和员工的培训起到一定的培训参考作用，不能提高受训者的黏性和使用性，不能满足企业员工的归属感和拥有感，不能直接解决员工在学习培训中的问题和需求，这样的线上培训使用率不高且效果不好。

线上培训课程要与企业实际相符合，对于员工的培训要有针对性，在培训过程中建立起员工的归属感和拥有感。近些年很多企业也开始注意到线上培训课程开发，更加注重员工归属感问题。

2）解决受训者学习“孤独感”。在线培训和传统培训最本质的区别在于教学方式上的区别，即时空分离、教师和学生分离、学生和学生分离。对于传统培训来说，在线培训特点是师生永久性分离，师生无法真实地了解对方面部表情，不能第一时间明白他们内心的真实想法，从而产生一种“孤独感”。

企业线上培训学习者多为成年人。他们受到工作、生活等各方面因素影响，和伙伴交流意识不强，缺乏班级集体的概念，使得线上培训过程中产生的孤独感更加强烈，这也正是目前线上培训需要解决的一大困惑。

3）系统规划和整合培训体系。“90后”“00后”人群进入职场，在就业问题上和“70后”“80后”进入职场不一样，大部分“90后”“00后”并不是把第一份薪资有多少放在心上，他们更看重发展前景和培训机会。他们的学习能力更强，尤其擅长社交化、团体化、网络化的相关学习方式，通过在线培训向他们更多展示企业对员工个人发展前景和对培训机会的看重和投入，这样更有利于增强企业对于人才的吸引力。

在线培训包括培训内容、课程，展示企业的发展运营等方方面面，企业要系统规划和整合培训体系，要从企业战略和人力资源开发角度出发，使在线培训的定位更加符合企业发展和培训需要，另外也需要制定相关管理措施，从而保证培训顺利进行。

4）收益作为导向。衡量一个企业的培训与学习活动是否成功的标准，是要看它在多大程度上提升组织的人力资本价值以及是否帮助了组织完成了使命。同样对于个人而言，衡量参加一个培训是否必要，标准就是看这个培训是否能帮助掌握技能，能提升实际竞争力、提高收益。

相关部门或人员在作决策时，需要考虑产生直接的绩效和价值，不然无法得到企业重视和领导的支持。所以在线培训要与公司管理和业务紧密联合，只要在线培训应用有效果，就会得到领导和员工的重视，取得更好效果。

（二）企业内部培训

1. 企业内部培训的定义

企业内部培训是第三方人力资源服务机构根据企业自身的行业特点和发展状况而专门设定的培训服务。

2. 企业内部培训的分类

（1）依培训的基本形态划分，企业内部培训可分为集体训练、工作岗位训练、自我启发等。

（2）依培训需要划分，企业内部培训可分为阶层类训练、职能类训练、课题类训练等。

1）阶层类训练是指依企业组织职位层次高低，作职能上横断面的训练。因此，这类训练先以各组织所具有的各职位层次加以体系化，再以集体训练方式实施；又因各层次能力开发的重点有所区别，致使各阶层的训练内容及技法也有所不同。

2）职能类训练是指着眼于相同专门职能者所共有训练需要，以岗位作纵断面的训练。这种训练以各组织所具有的职能区分，并予以体系化。

3）课题类训练是指以组织所面临的特定课题的解决作为训练需求而实施的训练。

3. 企业内部培训运营

目前，我国许多企业已经意识到企业内部培训的优势，纷纷加大对员工内部培训的力度，虽取得一些成绩，但存在培训体系状况与企业发展需求及竞争不符合、培训只重视形式、内部培训实践效果差、理论与实际相脱节等问题，企业内部培训要想良好运营，必须及时做好相关转变。

（1）从“以工作为中心”到“以人为中心”的转变。企业内部培训是想通过培训提高员工的相关技能来为组织发展做贡献。但是很多企业都属于“头痛医头，脚疼医脚”，为培训而培训，内部培训以工作为中心，着眼于解决当下面临的具体问题。员工作为培训的重要部分，企业内部培训常常忽略了员工的个性化需要，忽视了他们的可持续发展，没有考虑员工的自身发展因素。这样的结果会导致员工认为自己只是一个工具，需要时才使用，员工对于企业没有归属感，更不要提员工对于企业的忠诚度。

（2）从注重“投资”到注重“效益”的转变。重“投资”轻“效益”，很多企业认为培训就一定会有效果，而对于培训后的效果却不进行评估。企业这种掐头去尾只顾中间的行为会使得培训效果大打折扣。

然而，培训效果评估是企业培训的必修课，也是培训工作重要环节。培训评估不仅关系到培训工作本身是否做到位，更是一个不断反思的过程，反思怎样进行培训才能达到效果，反思怎样才能把培训落到实处。如果只培训不评估，对培训质量的优劣、带来的影响、产生的效果、培训前后的变化就无法判断。没有了培训效果评估就很难说明培训的效果，也难以对培训进行针对性改进，也无法形成培训与提高员工技能的良性循环，必将严重制约培训工作的改进和提高。

（3）从“企业福利”到“竞争之本”的转变。员工在应聘时，企业总会承诺提供培训学习机会，但实际上很多企业并没有真正做到把培训作为一种“福利”发给员工。培训为员工带来发展和学习的机会，的确对于员工来说是一种“福利”，但是企业绝对不能完全将培训认为是“福利”。

全球经济正在加速市场化、知识化、信息化、一体化，企业要想在激烈的竞争中不断高速发展，需要先思索如何提高自身竞争力。现代社会的市场竞争就是人才的竞争，人才在企业发展中具有核心作用，有则生之，无则亡之。任何企业的创新、变革和发展，都是源于企业员工的不断学习和进步，员工的学习力和素质的高低将最终决定着企业在竞争中的兴衰成败。所以只有企业将内部培训提高到“竞争之本”，树立正确观念，才会不断提高自身竞争力，同时也会促进内部培训的运营。

（三）公开课培训

1. 公开课的概念

公开课是一种面向非特定人群作正式的公开课程讲授的形式，可分为面向学生的公开课和面向企业的公开课。其中，面向企业的公开课是以公开授课形式为企业或个人提供工作技能提升的培训服务，适合参加公开课培训的人群涵盖了社会的各个阶层。

2. 公开课培训原则

公开课培训应遵循系统性原则、制度化原则、主动性原则、多样化原则和效益性原则。

（1）系统性原则。员工培训应是一个全员性、全方位、贯穿员工职业生涯始终的系统工程。

（2）制度化原则。应建立和完善培训管理制度，把培训工作例行化、制度化，保证培训工作的贯彻落实。

（3）主动性原则。应强调员工参与和互动，充分发挥员工的积极性、主动性。

（4）多样化原则。开展员工培训工作要充分考虑受训者的层次和类型，考虑培训内容和形式的多样性。

（5）效益性原则。员工培训是人、财、物投入的过程，是价值增值的过程，培训应该有产出和回报，应该有助于提升公司的整体绩效。

3. 公开课培训的形式

（1）研讨会。研讨会是一种用集体讨论方式进行培训的方法，但研讨会通过研讨不单是为了解决问题，而是借助这个研讨会的平台与公司各部门或者与其他公司的员工相互交流、汲取经验，并且借助对特定案例的分析、辩论培养受训者对问题的分析判断及解决能力等。

（2）体验式培训。体验式培训是一种让受训者对他们所掌握或者还未掌握的知识和能力进行直接认知、欣然接受、灵活运用的过程。体验式培训是让参训者深入情境中，经历体验过程、分享感觉、交流经验、整合提取，最后将体验联系工作，从而达到培训的目的。

（3）教练技术。教练技术是一个心理学应用的专业技能，是一个通过谈话来实现其效果的技能。培训讲师通过与受训者的谈话可以促进受训者发现及释放自我内心的潜能，将受训者已经拥有的技术、资源和创造性等最大限度地发挥出来，从而达到企业培训的效果。

（4）高峰论坛。高峰论坛是一种为某个主题或者某类主题而召开的会议，主要参与人员都是企业高层。而在公开课培训中，各企业以顾问公司为媒介召开高峰论坛，邀请各大公司高层前来参与，在会议上高谈阔论，相互交流和辩论，从而得出正确结论和经验。

（5）网络视频公开课。在“互联网 +”时代背景下，公开课培训更趋向于网络视频形式，网络视频公开课培训以其丰富的学习内容、灵活的学习时间和开放共享的学习理念满足企业在职人员对学习新知识、新技能的需求，任何一个参训者都可以随时随地利用网络视频公开课资源进行培训学习，网络视频公开课培训正在活跃于企业培训方式之中。

4. 公开课培训运营

运营就是计划、组织、实施和控制的过程，是与产品生产和服务创造密切相关的各项管理工作的总称。从另一个角度来讲，运营管理也可以指对生产和提供公司主要产品和服务的系统进行设计、运行、评价和改进的管理工作。随着网络信息化的迅速发展，公开课培训作为人力资源培训服务中的一种新形式更需要运营。

（1）公开课培训运营所面临的问题

1）线下公开课培训所面临的问题

①培训课程设计没有针对性。学员、企业的差异，导致关注点也会有差异，在课程设计上就需要多方面迁就、照顾，难以突出重点，让学员、企业在接收到很多信息的同时，在解决实际问题时又感到十分吃力。

②参训者不具普遍性。公开课人均培训成本较高，企业只有少数人能去学习，他们接受了新思想后再对其他员工进行培训，需要付出很多精力和时间，否则难以让大家取得共识。

③培训时间安排具有局限性。公开课的培训时间和课程长短由培训机构来安排，企业需要根据时间表派遣相应的员工去参加，没有主导权。

④培训内容与企业需求不符。培训讲师无法准确了解企业现状和员工问题，无法对症下药，使得公开课的课程内容较为固定，可能与企业具体情况不符合。

2）线上公开课培训运营所面临的问题（以网络视频公开课培训运营为例）。现如今，网络视频培训运营情况还存在一些问题。

①网络视频公开课培训宣传力度不够，企业知晓程度不高。很多企业没有尝试过在网络视频公开课培训，也不知道有哪些专业权威的网络视频培训机构。大多数企业更倾向于使用传统的培训方式或新方式——培训外包，而不愿尝试网络视频公开课的培训方式。

②基础投入是制约网络视频公开课企业的客观藩篱。人力资源服务机构推动“互联网+”面临专业人才缺乏、资金不足等问题，也缺乏政府的帮助与支持。企业的“互联网+”转型需要大量的信息化基础建设投入，目前多数人力资源服务机构实施信息化主要还是靠自有资金，政策性资金支持非常有限，与相关单位合作的比例则更少。

③企业传统思想障碍。大多数企业还愿意采用传统的培训方式，认为更安全、可靠、无风险。随着“互联网+”时代的到来，企业更需要借助互联网信息技术走出国门，与世界上的优秀企业竞争，因此，他们亟须转变观念。

（2）公开课培训运营方式

1）贯彻落实党的相关方针政策，推动互联网、大数据、人工智能和人力资源服务业深度融合。

2）大力推广公开课培训方式。

3）不断提高公开课培训课程（内容设计与制作）的质量，不断追求主讲人的专业性和权威性，使其提供多元化的、灵活的授课方式。

4）不断完善和优化人力资源服务机构的网络视频公开课培训平台，使其提供的公开课培训视频分类清晰，企业易于找到所需资源。

5）借鉴业内优质公开课代表的成熟经验，创造培训知识共享和创造培训知识公用，以改变企业面临的培训问题。

四、人力资源培训服务的发展现状与趋势

（一）人力资源培训服务的发展现状

随着国内外经济和社会形势变化，企业生存发展和转型升级压力不断增大，对人力资源培训服务的需求日益迫切，为人力资源培训服务行业带来了巨大发展机遇。

随着人力资源培训服务市场的稳健发展，人力资源培训服务市场发生了一些新的变化。

1. 培训服务进一步细分，趋于个性化和多样性

网络直播、云学习、大数据等元素都开始与人力资源培训相关联，形成各种不同模式的培训服务。其中，依托移动互联网的网络直播、垂直社区、微课、知识分享等新模式在培训行业很受关注。

除了互联网信息技术的应用，培训服务在服务内容和服务对象上也进一步细分，形成了针对不同考试内容和不同人群培训的多样化培训服务市场。

2. 领先培训服务机构加快地域及目标群体的拓展，市场格局面临变化

在一线城市获得成功的领先培训服务机构通过课程输出和并购的方式，开始向二、三线甚至是四线城市拓展和布局。

（二）人力资源培训服务的发展趋势

进入21世纪，国内民营企业、外资企业迅速发展，企业管理层的培训意识也有所增强，对第三方培训的认可度越来越高，形成了较广阔的第三方培训需求市场，可以说第三方培训服务机构正进入一个锐意进取、开拓创新的阶段。

从目前的发展状况看，第三方培训服务行业尚处于成长阶段，面临的竞争虽然非常激烈，但并没有出现垄断的局面。因此，对于一些行业新进入者或中小微企业来说，发展机会很大。

第三方培训服务行业准入门槛低，面对培训存在的巨大市场和诱人利润，有的机构并没有做好充分准备，不管自己是否具备相应资格，有没有合适的师资、标准化教材及硬件设施，都一哄而上，最终铩羽而归。

对于第三方培训服务行业的新入者或从业者来说，必须掌握第三方培训服务机构的发展趋势，注重内外提升，方可立足于行业内并取得丰厚的回报。第三方培训服务机构的发展趋势主要有三方面特点。

1. 专业化

未来，越来越多的企业会倾向于将企业内部培训工作外包给专业化第三方人力资源培训服务机构。这就要求第三方人力资源培训服务机构在专业上必须有所长，才可以在激烈的市场竞争中赢得地位。

2. 实战化

从课程的设计到培训过程必须具有实战性，具有良好的实用价值和针对性。一个不具有实际指导意义的课程，即使课堂上气氛活跃，其培训效果也是不佳的，这种不佳的培训效果往往会影响企业客户的二次消费。

3. 品牌化

第三方人力资源培训服务机构需注重品牌建设，塑造良好口碑，才能在众多的佼佼者中脱颖而出。

第二节　人力资源培训服务实施

一、人力资源培训服务实施步骤

第三方人力资源培训服务机构在面向企业客户及其员工、个人等提供培训服务时，大体过程包括培训前调研、制订培训计划、展开培训、培训后跟进落实这四个阶段。

（一）培训前调研

培训前调研，主要是做培训需求分析以及可行性分析，是指对企业客户的基层员工、中层员工及高层管理者进行调研，并对其发展历史、战略目标、业务常态、客户群等进行调研，全面了解企业各层级员工对培训课程的需求，从而有针对性地设计、开发培训课程。

（二）制订培训计划

应根据培训需求分析的结果，确定合适的培训方式，因材施教，从客观实际出发，制订有针对性的培训计划。

（三）展开培训

专业培训讲师应根据培训计划，借助能广泛引起参训者学习兴趣，并有助于理解和掌握培训内容的授课方式进行授课。

（四）培训后的跟进落实

通过组织读书会、案例分享会，配合企业客户人力资源部门制作培训内容实施手册，可促进参训者在实际工作中积极运用培训中学到的知识和技能。

二、人力资源培训服务实施标准

关于人力资源培训服务实施标准，国家出台了《人力资源培训服务规范》，下面是其部分正文摘录。

1. 范围

本标准规定了人力资源培训服务的基本要求、服务流程及服务评价与改进。

本标准适用于人力资源服务机构（以下简称服务机构）开展的人力资源培训服务。

2. 术语和定义

下列术语和定义适用于本文件。

2.1　人力资源培训服务 human resources training service

为满足或提高培训对象在工作中需要的能力和素质而提供的培养和训练过程。

3. 基本要求

3.1 服务机构

3.1.1 服务机构从事人力资源培训服务应获得相应资质。

3.1.2 服务机构应建立完善的管理体系，主要包括培训服务管理制度、学员管理制度、培训讲师管理制度、行政后勤服务制度、财务管理制度、应急预案。

3.2 从业人员

3.2.1 服务机构从业人员分为专业人员、培训讲师和辅助人员。

3.2.2 专业人员主要负责培训需求分析、课程项目研发、培训方案制定、培训考核评估等工作。专业人员应符合以下要求：

a）具备1年以上人力资源培训工作经验；

b）具备人力资源培训服务专业知识和岗位能力。

3.2.3 培训讲师应符合以下要求之一：

a）具备本科及以上学历，从教经验3年以上且有相关行业从业5年以上经历；

b）其他特殊专业的人才。

3.3 场地及设施设备

3.3.1 培训场地和设施设备应与培训规模和培训内容相适应。

3.3.2 培训场地应整洁卫生，场地设施应符合消防安全要求。

3.3.3 网络在线培训应符合国家互联网管理规定且符合技术要求。

3.4 数据库

3.4.1 服务机构应建立培训服务信息数据库。

3.4.2 数据库应包括客户、培训讲师、课程资料等信息内容。

3.4.3 数据库信息应定期进行更新和备份。

3.4.4 服务机构对客户信息应保密，未经允许不得泄露。

3.5 培训内容

服务机构提供的培训内容，主要包括：

a）人力资源和社会保障相关法律法规、政策培训；

b）行业、职业相关政策、法规培训；

c）个人能力开发、素质提升培训；

d）就业指导、创业和职业发展培训；

e）管理知识和能力培训；

f）职业道德培训；

g）专业技能培训；

h）岗位技能培训；

i）职（执）业资格考前培训；

j）其他培训。

4. 服务流程

4.1　需求调查分析

4.1.1　服务机构应对客户或市场的培训需求进行调查分析。

4.1.2　服务机构可根据客户需求，提供培训需求分析报告。

4.2　课程项目研发

4.2.1　服务机构应根据培训需求分析结果及客户意见，研发或定制课程方案，确定课程主题、课程内容、师资、教材及参考资料等。

4.2.2　属于国家或地方专业、行业资质、职（执）业资格、技能考核课程体系的课程项目，应报相关部门批准或备案。

4.2.3　培训内容不得违反国家法律法规相应规定。

4.3　培训方案制定

服务机构应制定培训方案，内容应包括且不限于：

a）培训对象；

b）培训目的；

c）培训内容；

d）培训形式与方法；

e）实施工具；

f）辅助手段；

g）考核或培训效果评估方式；

h）经费预算；

i）阶段目标任务；

j）时间进度安排；

k）人员职责分工；

l）应急处理预案；

m）培训讲师及介绍。

4.4 招生发布

4.4.1 服务机构可通过自行、委托、合作等渠道发布招生信息，宣传推广培训项目。

4.4.2 从事招生活动应遵循公平、公开、诚实信用的原则，不应虚假宣传、误导客户。

4.5 服务协议签订

4.5.1 服务机构应与客户明确培训内容、培训方式、培训期限、收费项目、收费标准等有关事项。

4.5.2 服务机构应通过签订服务协议或报名付费提供发票的形式与客户确定培训关系。

4.6 服务提供

4.6.1 服务机构应按照签订的服务协议提供培训服务。

4.6.2 服务机构应按培训方案，提供培训资料、教学设备。

4.6.3 在培训过程中，培训讲师应遵守课程方案，选用合适的教学手段，合理组织教学。

4.6.4 在培训过程中，辅助人员应完成后勤工作和安全保障工作，并配合培训讲师完成教学辅助工作，协调培训讲师与培训对象之间的沟通。

4.6.5 服务机构应对培训全过程及从业人员进行管理与控制。

4.6.6 服务机构应根据培训方案，针对培训内容，组织培训对象进行考核。

4.6.7 属于国家或地方专业、行业资质、职业资格、技能考核课程体系的培训课程，培训对象参加考试合格后，应发放相关证书。

4.6.8 培训结束前，服务机构应组织培训对象进行满意度调查。满意度调查内容应包括以下方面：

a）培训内容的针对性；

b）课程设置的合理性；

c）培训讲师的专业性；

d）教学方法的有效性；

e）设施设备的安全性；

f）培训管理的高效性；

g）后勤服务的有序性；

h）其他意见和建议。

4.7　培训项目评估

4.7.1　培训项目结束后，服务机构应开展评估工作。

4.7.2　服务机构应分析满意度调查结果，评估培训对象的满意度。

4.7.3　服务机构应对培训效果进行评估，方式包括：

a）应考核测评培训对象的学习获得程度；

b）应考察培训对象对知识运用的程度及其行为变化；

c）应考察培训对象通过运用所学知识而提高的自身和组织的绩效。

4.7.4　评估完成，服务机构应撰写培训项目评估报告，总结培训项目经验，提出改进措施。

4.8　资料归档

4.8.1　根据服务协议约定，将培训过程中产生的影音材料留存归档。

4.8.2　应有专人负责储存和保管归档的资料。归档资料应包括：

a）研发资料：

1）客户提交的资料；

2）培训需求分析报告；

3）课程研发资料；

4）培训方案。

b）服务过程资料：

1）服务协议；

2）培训课程实施资料；

3）教学影音记录。

c）考核评估资料：

1）培训对象考核结果，若有考卷，附考卷；

2）项目评估报告。

5. 服务评价与改进

5.1 应建立健全监督管理机制，完善培训体系，定期开展服务质量自查自纠，发现问题及时改进。

5.2 服务机构应在服务场所设立意见箱，公布客服电话和电子邮箱，或主动了解客户对服务的意见和建议。对于客户反馈的问题和投诉应在5个工作日予以反馈，后续进行改进。

三、人力资源培训服务注意事项

人力资源培训服务实施过程中，应注意规避以下风险。

（一）合同违约风险

第三方人力资源培训服务机构在对客户进行培训的过程中，如操作不当会出现以下风险：

（1）培训课件无法交付导致的合同违约风险。

（2）由于各种原因导致客户对培训工作不满意，进而不愿意继续接受企业的培训服务，导致培训业务中止及后续款项不支付的风险。

（二）其他运作方面的风险

第三方人力资源培训服务机构在运作方面，还需警惕三点风险：

（1）资质不齐全造成的风险。

（2）报名、考试、发证等环节工作人员操作失误造成的风险。

（3）信息系统由于损坏、更新等，使得数据丢失、泄密等风险。

四、人力资源培训服务合同

人力资源培训服务发生过程中，第三方人力资源培训服务机构需与培训需求企业客户签订人力资源培训服务合同，规定人力资源培训服务细节。以下所列为人力资源培训服务合同范本供参考。

人力资源培训服务合同

甲方（企业客户）：　　　　　　　乙方（人力资源服务机构）：

法定代表人：　　　　　　　　　　法定代表人：

地址：　　　　　　　　　　　　　地址：

邮编：　　　　　　　　　　　　　邮编：

联系电话：　　　　　　　　　　　联系电话：

根据《中华人民共和国民法典》等法律法规规定，甲乙双方在平等自愿、协商一致的基础上，就培训服务事宜达成如下协议：

一、培训时间及内容

1. 培训时间：____年____月____日至____年____月____日，共计____天。其中，____年____月____日至____月____日为培训的第一阶段，____年____月____日至____月____日为培训的第二阶段，____年____月____日至____月____日为培训的第三阶段。

2. 培训内容及师资安排（略）。

二、培训服务费用

1. 培训期间甲方应支付乙方培训服务费____元 / 课时；甲方依照培训阶段向乙方支付培训服务费，即在每一培训阶段开始前，向乙方支付当期的培训费用。

2. 支付方式：乙方账户名为____________，账号为____________，开户行为____________。

三、甲方的权利与义务

1. 在签订培训合同前，可试听安排课程。

2. 乙方未依照合同约定开展培训服务的，甲方有权要求乙方履行合同或者解除合同，并由乙方依照合同约定的服务金额的____% 支付违约金。

3. 培训期间，乙方未取得甲方同意擅自缩短培训课程，应依照合同约定的培训课时费用标准退还尚未完成培训课时的费用，同时向甲方支付违约金____元。

4. 对乙方提供的培训服务有批评、建议的权利。

5. 遵守乙方的培训管理规定。

6. 如实提供学员与培训课程有关的学习情况。

7. 依照合同约定支付培训费用。

8. 甲方因特殊原因改变培训时间的，应提前____小时告知乙方，并取得乙方的同意。

四、乙方的权利与义务

1. 依照合同约定收取培训费用。

2. 制订详细的培训计划，并依照约定对甲方实施培训管理。

3. 甲方在培训过程中遇到学习困难时、乙方应该免费在____小时内予以解决。

4. 提供与培训内容相适应的培训环境。

5. 乙方因特殊原因改变培训时间的，应提前____小时告知甲方，并取得甲方的同意。

五、合同争议解决

本合同在进行过程中发生争议的，由双方当事人协商解决；协商不成的，任何一方可向甲方所在地仲裁机关提起仲裁或向甲方所在地人民法院提起诉讼。

六、合同生效、变更与终止

1. 本合同自甲乙双方盖章签字之日起生效。

2. 如本合同在履行过程中发生需要变更、补充和修改的情况，可根据双方的合作意向实际情况进行友好协商，经双方同意后对合同进行变更。未经双方同意，任何一方不得随意更改合同内容。

七、其他

1. 本合同未尽事宜，由甲乙双方协商后产生书面文件，作为本合同的补充条款，具备与本合同同等的法律效力。

2. 对本合同内容的任何修改和变更需要用书面形式，并经双方确认后生效。

甲方（盖章）	乙方（盖章）
负责人签字：	负责人签字：
签订日期：	签订日期：

本章自测题

1. 按受训者状态划分，人力资源培训服务可划分为哪些类型？
2. 分析在线培训的优势与劣势。
3. 简述人力资源培训服务的发展趋势。
4. 人力资源培训服务实施中有哪些注意事项？

第六章 人力资源咨询服务

学习目标

- 了解人力资源咨询服务的发展模式
- 熟悉人力资源咨询服务的定义和作用
- 掌握人力资源咨询服务的业务类型
- 掌握人力资源咨询服务的实施步骤和标准

引导案例

Q公司自1990年成立以来，经过战略性调整与发展，目前正逐步向以建材行业为核心，集设计、建筑智能化于一体的集团化综合服务供应商迈进，逐步形成了企业品牌，拥有了丰富的建筑装饰行业管理经验，建立了稳定的客户群体。随着我国建筑市场的逐渐发展，Q公司的运营也处于日渐上升的趋势，成为行业典范之一。

Q公司在快速发展过程中，关于人力资源管理的相关问题逐步凸显，具体体现在如下两个方面：

一是各部门之间的协作存在一些困难，需要对部门职责及岗位职责进行重新梳理，岗位间的相对价值有待明确。

二是薪酬的内部公平性和激励性均不够，薪酬结构过于强调保障性，容易形成平均主义，并且薪酬没有与业绩完全挂钩。

Q公司管理层充分认识到竞争的市场化与管理的规范化的重要性，考虑到目前公司存在的问题，聘请第三方人力资源咨询机构，为公司的发展提供管理支持。第三方人力资源咨询项目组进驻公司以后，通过为期5天的调研和访谈，对公司提出相关人力资源管理进行了全面的审视，汇总后的具体问题如下：

1. 岗位体系存在问题

Q公司的岗位体系存在问题，岗位职责较为模糊，任职资格不全面，岗位价值体现不明显、基础不扎实，难以支撑人力资源管理其他模块运行。

2. 薪酬体系存在问题

（1）与同行业薪酬水平相比居于中等偏下，部分核心岗位薪酬水平竞争力不足。

（2）薪酬未能对员工在岗位、能力、业绩等方面的差异进行有说服力的体现，薪酬标准没有根据员工能力、业绩的变化及时进行调整。调研表明，工作三年后的预算员薪酬与入职时相比变化不大，打击了其积极性。

3. 绩效体系存在问题

（1）绩效考核指标缺失，个别部门自己制定了相关指标进行考核，但绩效指标更多从岗位职责中提取，缺少自上而下的分解原则，更没能与战略目标有效对接。

（2）绩效考核形式缺失，考核主体不明确，绩效考核制度不完善。

针对以上问题，第三方人力咨询项目组提出了相关解决办法。

1. 岗位体系解决思路

基于现行组织结构和调整变化后的各部门职能，以三级职能分解的形式对各部门职能进行重新梳理。基于此，从工作职责和岗位任职条件等方面撰写岗位说明书，使得各部门间的运行有条不紊。

2. 薪酬体系设计思路

薪酬设计采取“总—分”方法，即通过岗位评估确定总现金收入，然后确定固浮比例。绩效工资要按新的统一标准执行，目前项目奖金发放是按照项目的产值提取比例提前预发，没有固定的计提比例及项目周期，且发放范围仅限于项目部人员。为了规避风险，同时激励项目团队人员的积极性和主动性，建议设计一套较为合理适用的项目奖金发放办法。

3. 绩效体系设计思路

除了根据战略分级及部门职责确定考核指标外，还应增加部门间及内部沟通协调、学习成长、人才梯队建设等指标，这对于部门间协调运作、管理效率整体提升、员工长期发展是颇为重要的。同时为了全面考核员工素质与能力，建议公司各层级员工除了业绩考核指标外，增加行为态度考核指标。

经过一段时间运行，第三方人力资源咨询项目组提出的对策初现成效，Q公司的高层非常满意此次咨询服务。

请结合本章内容，简述人力资源咨询服务具体的实施步骤。

第一节　人力资源咨询服务概述

一、人力资源咨询服务的定义

（一）人力资源咨询服务的概念

人力资源咨询服务是指由专业的人力资源管理第三方提供，为实现提出咨询需求组织的战略目标，运用人力资源管理专业知识、技术和方法，调查、分析、诊断企业人力资源管理中存在的问题以形成解决方案，并指导落实该方案的顾问服务过程。人力资源咨询服务是企业借助外部智力资源提高自身管理水平和效率的重要路径，也是第三方人力资源服务的重要内容。

（二）人力资源咨询服务的主要范围

人力资源咨询主要围绕企业人力资源开展服务，如人力资源管理制度设计、组织架构设计、人力资源管理流程设计等，其中人力资源管理流程设计包括招聘、培训、绩效、薪酬与福利、员工关系管理等内容。人力资源咨询服务的主要范围包括以下多个方面。

1. 人力资源战略规划

分析企业客户战略对人力资源的要求，进行人力资源供需预测，制定保证企业客户发展战略目标实现的人力资源配置计划和人力资源管理政策。

2. 岗位管理

通过客户单位的岗位设置、岗位说明书编制、定岗定员等岗位管理工作，落实岗位职责，实现人岗匹配。

3. 员工招聘管理

优化企业客户的员工招聘操作流程，指导招聘与面试各个环节实施，设计面试及测评具体工具并辅导应用。

4. 人员素质测评

运用心理测评、智力测评、能力测评、人格测评等人员素质测评技术，对企业客户重要岗位的内外部应聘人员进行心理、知识、能力、业绩等方面的测评，公平、公开、科学地选聘企业客户所需要的人才。

5. 岗位胜任素质模型

为企业客户建立岗位胜任素质模型，为员工的选、用、育、留提供科学依据。

6. 培训管理

帮助企业客户设计、构建培训课程体系，帮助企业内部培训讲师掌握培训内容设计以及培训实施的主要方法和技巧，努力提高培训投入产出效果。

7. 薪酬设计和激励管理

根据企业客户的特点和需要设计薪酬构成、各类人员薪酬制度及激励方案，真正体现多劳多得、少劳少得、不劳不得，激发员工潜力，充分发挥薪酬的激励功能。

8. 绩效考核和管理

根据企业客户的经营特点和需要，设计科学实用的绩效考核办法，进行绩效目标分解，建立绩效管理体系，指导实施绩效考核工作并有效运用绩效考核结果，促进企业客户绩效水平不断提升。

9. 员工职业生涯管理

为企业客户建立员工职业生涯管理体系，规划不同类人员的职业生涯发展通道，制定员工职业发展规划、人才储备计划和接班人计划，指导企业客户有力落实员工职业生涯管理规划。

10. 劳动关系管理

指导企业客户用工及劳动合同管理，帮助企业客户处理解决劳动纠纷，规避劳动用工风险。

11. 保险、福利计划

设计企业客户各项保险方案和福利计划，既能有效规避风险，又能长效激励员工。

12. 人力资源管理提升

帮助企业客户的人力资源管理部门建立健全部门职能和管理制度，完成由人事管理向现代人力资源管理的转变。

13. 人力资源外包

为企业客户制定人力资源外包方案，向其推荐合格的、合适的外包服务商等。

二、人力资源咨询服务的作用

人力资源咨询服务是为企业提供的专业解决人力资源管理方面问题的服务，特别是在为企业构建完善的人力资源管理体系及人力资源法律体系中发挥不容小觑的作用，具体体现在如下 4 个方面。

（1）人力资源咨询服务通过帮助高级管理人员建立正确的经营理念，共同探索决策的方法和技术以提高他们的决策能力，通过提高高级管理人员的能力，帮助其建立和完善高效的功能管理系统，这将使高层管理人员有可能从繁忙的日常事务中解放出来，有更多的时间来研究长期发展战略。可以极大地提高他们高效利用时间和管理工作的能力。

（2）人力资源咨询服务是结合企业的实际情况，制订培训和指导中层管理人员计划，为他们提供专业知识以及新的管理技术和方法，使他们坚定地建立企业整体利益的概念，提高他们的整体管理质量。

（3）通过人力资源咨询服务，可以为全体员工培训各种科学管理的基本原理、知识和方法，可以提高他们的工作能力，拓宽他们的视野，加强职业道德。

（4）通过人力资源咨询服务，可以为企业提供全面的法律知识，加强企业的版权意识、合规意识等法律意识。

三、人力资源咨询服务的类型

人力资源咨询服务根据不同标准有不同的分类。

（一）根据服务范围分类

根据服务范围，人力资源咨询服务可分为全局性咨询和单元型咨询。其中，全局性咨询是对企业客户的总体人力资源管理情况进行咨询，单元型咨询是对企业客户的某一人力资源管理模块（如绩效、薪酬等）进行具体咨询。

（二）根据服务对象分类

根据服务对象，人力资源咨询服务可分为国有企业人力资源咨询服务、中小企业人力资源咨询服务、外资企业人力资源咨询服务。

深化国有企业改革是大型国有企业发展的要求及机会，对现代化、专业性的咨询建议需求很大，因此改革中的大型国有企业为中国本土的第三方人力资源服务机构提供了良好的发展机会。中小企业由于发展迅速，存在管理制度不够规范、人才缺失严重等问题，面对激烈的市场竞争，对人力资源咨询服务十分渴求。而外资企业一般具有重视人力资源管理的传统，其对人力资源咨询服务的需求向来很大。

（三）根据从业主体分类

根据从业主体，人力资源咨询服务可分为咨询公司人力资源咨询服务、个体业务人力资源咨询服务及政府机构服务部门人力资源咨询服务。

1. 咨询公司人力资源咨询服务

这类服务包括国内咨询公司和外资咨询公司。国内咨询公司正处于萌芽发展阶段，主要靠提供本地化的人力资源咨询服务而逐步发展壮大。

2. 个体业务人力资源咨询服务

这类服务包括所有尚未注册企业而从事人力资源咨询活动的个人或群体，如高校里的教研人员、科研机构的研究人员及独立从业的专家。个体业务人力资源咨询服务者凭借丰富经验、专业特色、个人关系及口碑相传，在业界树立了良好的个人形象及品牌。

3. 政府机构服务部门人力资源咨询服务

政府机构的服务部门凭借其特殊地位，向企事业单位提供各种培训、人才中介、人事代理服务，带有较浓厚的行政色彩。

（四）根据服务内容分类

根据服务内容进行划分，人力资源咨询服务可分为人力资源管理咨询服务和人力资源法律咨询服务。

1. **人力资源管理咨询服务**

人力资源管理咨询服务是人力资源咨询服务的一个分支，主要以方案报告的形式向企业客户的中高层管理者提供建议，但并不直接介入企业客户的具体经营管理，涉及人力资源规划、组织机构设计、薪酬激励咨询、绩效考核咨询、职业生涯咨询、企业文化咨询和培训体系设计等多方面内容。

（1）人力资源管理咨询服务内容分类。人力资源管理咨询服务机构向企业客户提供咨询服务，能够全面发现企业存在的人力资源管理相关问题，并针对这些问题具体制定切实可行的方案，通过传授给企业管理者发现和解决人力资源管理问题的方法和技能，使企业在人力资源管理上实现自我发展。按照人力资源管理咨询过程的内容可以将人力资源管理咨询服务分为工作分析咨询、招聘咨询、培训咨询、绩效管理咨询、薪酬体系设计咨询、员工职业发展咨询 6 个类别。

1）工作分析咨询。工作分析是对一个岗位的工作内容、职责、工作关系与责任、任职资格等的获取过程，是人力资源管理的基础性工作。

2）招聘咨询。咨询机构提供招聘咨询服务，重在分析企业人力资源需求的变化趋势和组织发展战略，确定企业未来所需员工数量、质量和结构，形成合理的人才梯队和外部选拔机制，使企业有目的、有计划地开展招聘工作，促进企业未来发展。

3）培训咨询。培训是企业通过多种形式，使员工具备完成现在或将来工作所需要的技能，并改变他们的工作态度，提升工作业绩的计划性活动。咨询机构为企业搭建培训体系，工作重点在于对企业培训需求进行分析，预测影响企业变革的关键业务和人力资源结构变化趋势。

4）绩效管理咨询。绩效管理咨询帮助企业建立绩效管理体系，通过系统评定员工的工作业绩、工作能力和工作态度，促进个人、企业协调共同发展。

5）薪酬体系设计咨询。薪酬体系是薪酬中相互联系、相互制约、相互补充的各个构成要素的有机统一，其基本模式包括基本工资、津贴、奖金、福利等形式。咨询机构在进行薪酬体系设计时应把握对内公平、对外有竞争力、对员工公平公正的原则。

6）员工职业发展咨询。咨询机构结合企业状况、人员现状和目标，为其设计可行的员工职业发展规划和实施计划，并提供配套的培训和教育支持途径，帮助企业开发和留住人才，满足企业未来发展的需要。咨询机构根据员工职业定位、员工特点等开展员工职业发展咨询服务，但应与企业、部门的工作紧密相关。

（2）人力资源管理咨询服务市场分析。根据人力资源和社会保障部发布的《人力资源和社会保障事业发展统计公报》，截至 2021 年年末，全国共有人力资源服务机构 5.91 万家，同比增长 29.04%；共有人力资源服务机构从业人员数量达 103.15 万人，同比增长 22.32%；2021 年服务用人单位数量达到 5 099 万家次，较 2020 年增长 2%。

1）人力资源管理咨询服务产业链整合。人力资源管理咨询覆盖了人力资源咨询产业链的多个环节，结合企业需求衍生出专业化的细分咨询类别。针对不同行业有差异化的专业咨询机构或团队提供服务，咨询需求也正经历从传统的咨询服务类别向能力素质模型、人力资源共享中心、人力资源转型等转变。产业链整合是人力资源管理咨询机构的发展路径，实力雄厚的人力资源咨询机构进行横向业务拓展和纵向客户深度开发，出现了咨询、信息技术、外包服务的一体化服务。

2）人力资源管理咨询服务市场驱动因素。人力资源管理咨询行业是一个以人、智力为主导的行业，从业人员的隐性知识和能力，如咨询专家的敬业和咨询技能是企业的核心知识和价值创造工具。此外，企业运营和市场开发能力、服务能力等都影响咨询企业的发展，也是咨询企业竞争力的重要来源（见表 6–1）。

表 6–1　　人力资源管理咨询机构竞争力影响因素及表现

影响因素	表现
运营能力	团队的行业专业知识和职业水平，人才获取与保留能力
服务能力	根据客户需求和特质提供个性化服务、信息化处理方式、专业认证、跨地域网点服务，以及拓展新型服务能力
品牌和市场认知度	品牌形象、媒体曝光率、客户分布区域

续表

影响因素	表现
市场开发能力	市场活动量、广告投放
客户反馈	客户满意度、客户忠诚度、客户推荐

3）客户类型和地区分析。一些优秀的外资人力资源管理咨询服务机构，凭借多年的经营经验、丰富的资源和稳定的客户成为我国本土人力资源咨询机构的强劲推力，客户多为外资企业和国内行业标杆企业。本土人力资源管理咨询机构在国内市场熟悉文化环境，有良好的人脉关系，客户集中于中小企业和民营企业。从区域来看，沿海地区人力资源管理咨询服务持续领先发展，上海、珠三角和京津冀经济圈是人力资源管理咨询客户的主要聚集地。中原及东北地区人力资源管理咨询服务需求快速提升，西部地区整体市场发展不足，仍有待开发。

2. 人力资源法律咨询服务

人力资源法律咨询服务是针对企业客户的行业特点、产业性质及实际需要，提供与企业客户密切联系的劳动用工法律服务，为企业客户规范用工提供法律支持和保障，帮助企业客户构建有效的法律风险防控体系。劳动关系是用人单位与劳动者之间在运用劳动者的劳动能力、实现劳动过程中所发生的关系。法律上，劳动者享有同工同酬、获取劳动报酬、拒绝不合理不合法劳动的权利。但实践中，企业基于强势地位侵害劳动者权益的事件时有发生，劳动纠纷案件一直在我国民事法律案件中占相当大比例，权益冲突的数量和范围呈上升趋势，激烈程度在不断加剧。法律咨询以预防劳资纠纷、维护员工基本权利、解决劳动争议、构建和谐稳定的劳动关系为目标，对于维护企业和员工的合法权益，协调各方关系大有裨益。

作为人力资源法律咨询服务工作所涉及的劳动法律规范主要包含《中华人民共和国公司法》《中华人民共和国劳动法》《中华人民共和国劳动合同法》《中华人民共和国劳动争议调解仲裁法》《中华人民共和国就业促进法》《职工带薪年休假条例》等各类劳动法律、行政法规，以及地方性法规和政策、规章制度等规范性文件。

（1）人力资源法律咨询服务机构分类。企业经营活动的核心是员工，良好的劳资关系不仅有利于企业发展壮大，而且对社会稳定有着重要意义。人力资源法律咨询服务围绕企业劳资关系展开服务，以预防和解决劳资纠纷为主要业务。

目前市场上提供人力资源法律咨询服务的机构数量较多，主要分为专业的律师事务所、人力资源咨询服务机构和其他人力资源法律咨询服务机构三种。

1）专业的律师事务所。律师事务所拥有处理企业劳动事务的专业人员，能够为企业提供人力资源法律咨询服务。律师应当协助企业规范用工制度，包括薪资和福利制度、员工激励计划、员工职业生涯规划等，帮助企业构建和谐的劳资关系体系。律师事务所提供的专业法律服务项目对企业有重要作用，能够保护企业员工和企业自身的合法权益，实现企业、员工、社会的“三赢”目标。

2）人力资源咨询服务机构。人力资源咨询服务机构中有专门的法务人员，在长期的代理服务中积累了处理企业劳资关系法律纠纷的经验，达到了提供法律咨询服务的水平，能够为企业提供人力资源法律咨询服务。

3）其他人力资源法律咨询服务机构。现代科技不断进步，以“互联网+”为依托，法律服务的地域限制被打破。全国各地一些知名律师建立了人力资源法律咨询服务互联网平台，为企业提供法律咨询服务，并以其便捷、优惠的服务费用受到市场青睐。

（2）人力资源法律咨询服务市场分析。劳资纠纷是劳动权利和劳动义务分歧而引发的对抗行为或状态，是人力资源法律咨询服务存在的现实基础。近年来，国家劳资关系保持平稳态势，法律法规也在不断调整，体现出对人力资源稳定的重视，并取得了一定成绩，但仍然面临劳资关系的问题和挑战，为人力资源法律咨询机构开展服务提供了发展的契机。

1）人力资源法律咨询服务的市场需求。我国经济发展日新月异，供给侧结构性改革、经济结构转型升级等打破了传统劳动力市场的运行状态，劳资关系日趋多样化，出现了各类新问题，用人单位面临着更加严峻的挑战和考验。常见的企业劳资关系法律风险来源及表现见表 6-2。

表 6-2　　　　企业劳资关系法律风险来源及表现

风险来源	表现
企业规章制度不完善	1. 规章制度内容、程序违法 2. 有关事项规定不明确，管理混乱 3. 在发生劳资纠纷时，企业无法拿出合理合法的规章制度来证明企业行为的合法性，企业面临败诉，并可能承担民事赔偿或行政处罚等法律责任
人力资源管理部门和工作人员存在管理漏洞	1. 对劳动法律及劳动合同重视不够、认识不深 2. 企业劳动合同签订的内容不完全或违反法律规定 3. 在签订劳动合同后就将其搁置一旁，未办理合同存档、续签等手续
劳动者素质差异	1. 劳动者法律意识增强，注重收集相关证据维护权益 2. 一些劳动者不愿配合企业签订合同，或借口拖延签订劳动合同时间，目的就是要企业支付经济补偿金

和谐的劳资关系是企业生存发展的基础，用人单位正试图寻找最佳途径，规避用工风险。在实践中，企业法治观念淡薄、专业化水平不足，在规范化用工方面有着强烈需求。我国人力资源咨询服务机构应适应需求提供法律咨询，协调各方关系，维护企业和员工权益。

2）国家和地方政府助力人力资源法律咨询服务发展。近几年，国家针对劳资关系的突出问题制定了一系列法律法规，地方政府也进行了探索性工作，使劳动法律体系进一步完善。

2010 年，国家相继颁布了《社会保险法》《工伤保险条例》《工伤认定办法》；2012 年 4 月，国家颁布了《女职工劳动保护特别规定》；2012 年 12 月，对《劳动合同法》进行了修订；2013 年 2 月，国务院转发《关于深化收入分配制度改革的若干意见》；2014 年 3 月，施行《劳务派遣暂行规定》；2015 年 3 月，国务院发布了《关于构建和谐劳动关系的意见》；2016 年国家相继出台的与劳资关系有关的政策文件有 15 个，主要涉及劳动监察、劳动争议处理、劳动报酬与福利、劳动关系管理四大方面。这些法律法规在平衡劳资关系、维护劳资双方的合法权益方面发挥了重要作用，有利于和谐劳资关系的构建。

地方政府的劳资关系治理工作也亮点频出，新疆石河子市针对企业不定时工作制和综合计算工时工作制的延续审批进行了减缓增效行动；浙江湖州推动劳动争议“一二三四”工作法，实现劳动争议源头化解、基层化解、调解化解的解决方式；江西和谐劳动关系综合试验区建设颇有成效，并形成了《关于推进构建和谐劳动关系综合试验区建设的指导意见》。

据国家发布的统计数据显示，随着我国相关部门出台法律法规和地方性实践探索的增加，出现了督促企业补签劳动合同人数、追发工资待遇金额数量、督促缴纳社会保险金额等各种有关人力资源问题执法数量减少的可喜局面。法律法规的颁布实施和国家监察机关采用的多手段、多举措实现了对企业的监督，一方面引导企业自主守法，自觉维护劳动者合法权益；另一方面，也为人力资源管理咨询服务机构开展劳动咨询工作提供了业务政策支持和契机。

四、人力资源咨询服务的发展模式

随着时代的进步，互联网信息技术的高速发展，新型行业不断兴起，在国家各种政策的支持下，人力资源咨询服务的发展模式也逐渐多元化。

（一）人力资源咨询服务 + 信息化

互联网信息技术的发展以及各行各业信息化水平的变化导致来自市场和客户需求的改变，是人力资源咨询服务进行商业模式创新的驱动本质。社会主义市场经济条件下，绝大多数公司的存在价值就是为了有效地满足客户需求，人力资源咨询服务公司存在的价值就是为了满足客户解决经营管理的问题需求。根据市场情况，结合自身咨询服务经营范围，对于自身商业模式进行创新，引入信息化因素，乃至以信息化引导人力资源管理咨询服务的开展，已经成为众多人力资源咨询服务公司目前发展的重点工作内容。

（二）人力资源咨询服务＋互联网平台

互联网信息技术的发展由最初的社交工具发展为交易平台，继而作为云网端、大数据、云计算等基础设施，打破传统世界信息与数据在时间、空间上的传播局限，实现了信息与数据的透明化，使得人类可以对互联网产生的大数据进行有效的整合利用。这一次次突破性的发展，对于各行业各企业来说危机与机遇并存。在进行人力资源咨询服务过程中合理运用互联网，调整经营过程中的关键资源及关键流程，不论是利用大数据强大的数据抓取及分析能力，还是运用互联网高效率的信息传播渠道，都是能让咨询业务展现出新的生机的不错选择。

（三）人力资源咨询＋软件＋外部服务整合

人力资源咨询服务的最终目的是使企业的人力资源管理能够充分配合企业的发展战略。如何解决企业发展中存在的人力资源管理相关问题，除了专业知识及经验支持、量体裁衣制定切实可行的方案外，也可以考虑根据企业目前状态进行人力资源管理信息化体系搭建工作，以及提供专业的企业人力资源管理专业软件的开发和设计。如在需要的情况下，可有针对性地对于企业的各项业务辅助进行评估，提供人力资源外包服务。

第二节　人力资源咨询服务实施

一、人力资源咨询服务实施步骤

根据咨询服务的具体事项，第三方人力资源服务机构的人力资源咨询服务在具体实施时可分为六个阶段。

（一）客户营销

任何一项业务的开展都离不开营销工作。在开展人力资源咨询服务前，第三方人力资源服务机构的工作重点是进行市场营销、线上线下品牌推广等，促使潜在客户主动上门。

（二）立项准备

第三方人力资源服务机构在立项准备阶段的主要工作事项如下。

1. 接受客户委托

为客户建立档案，接受客户的咨询委托。

2. 初步洽谈

与客户初次进行面谈接触，了解客户需求。

3. 初步需求调研

运用各种方式进行初步、简单的需求调研。

4. 编制项目建议书

准备并提交项目建议书，项目建议书的编制原则为提供足够的信息证明自己的实力，赢得咨询协议，但不应泄露所有信息，防止客户不购买后续咨询服务情况的发生。

（三）项目正式启动

（1）第三方人力资源服务机构组建咨询项目组，任命项目经理。项目经理明确咨询项目组成员的职责分工。

（2）咨询项目组对项目进行整体规划，确定项目操作目标、工作内容、工作程序、经费安排等。

（3）咨询项目组明确与客户在本项目中的角色分工及沟通方式等。

（4）咨询项目组进驻企业客户现场，召开项目启动会。

（四）问题诊断

问题诊断是解决问题的第一步，只有准确诊断出问题所在，才能有针对性地制定真正能够解决问题的咨询方案。问题诊断一般参照下列步骤来实施。

（1）运用各种方法收集信息。

（2）分析信息并确定问题。

（3）识别引起和影响这些问题的因素和要点。

（4）编制问题诊断报告。

（5）诊断报告反馈与确认。

（五）咨询方案设计

咨询项目组设计的咨询方案一般由多种分方案组成，如薪酬体系设计方案、培训体系设计方案、绩效体系设计方案、岗位职责优化方案等。对于大型人力资源咨询项目，在设计咨询方案时，内容主要包括咨询项目综述、问题诊断、第一阶段实施计划、第二阶段实施计划及第三阶段实施计划等。

其中，根据不同的咨询项目，采取的方法也不尽相同，咨询项目组应根据实际情况选择最合适的方法开展工作。以下提供的部分方法供读者参考。

1. 薪酬体系设计

薪酬体系设计的岗位评估阶段主要有工作排序法、因素比较法、工作分类法、因素计点法、海氏三要素评估法等，目的是通过建立一个涵盖组织所有岗位的等级序列，实现不同岗位之间的量化比较，确保薪酬公平性。在薪酬体系设计阶段多采用宽带薪酬设计方法，强调对个人能力和业绩的重视。

2. 绩效体系设计

绩效体系设计主要采用关键绩效指标法、目标管理法、平衡积分卡法、360 反馈法等。

3. 工作分析设计

工作分析的主要方法有观察法、调查问卷法、访谈法、工作日志法、专家讨论法等。

（六）咨询方案实施

咨询工作的目的是帮助客户实现真正变更，因此咨询方案的实施也是咨询服务的重中之重。咨询项目组应协助、指导客户实施方案，直到客户验收通过。

二、人力资源咨询服务实施标准

2016年国家批准发布了国家标准《人力资源管理咨询服务规范》，随后在2017年批准发布了推荐性国家标准《人力资源服务机构能力指数》，在标准中都对人力资源咨询服务做了相关标准，第三方人力资源咨询机构可按照该标准开展工作。

（一）基本要求

《人力资源管理咨询服务规范》规定，从事人力资源管理咨询服务的机构应依法取得法人资格并具有管理咨询相关业务范围；咨询服务机构应有专职的咨询专业人员，包括项目经理、咨询顾问；专业人员应具备人力资源管理、经营管理和相关行业知识，具备沟通能力、统计分析技能、解决问题能力及学习能力，具有客户服务意识和良好的职业道德素养。

（二）服务内容

《人力资源管理咨询服务规范》规定，咨询服务主要包括但不限于以下内容：

（1）人力资源战略规划。

（2）组织结构与管控模式设计。

（3）岗位及职位体系设计。

（4）薪酬福利激励体系设计。

（5）绩效管理体系设计。

（6）培养与开发体系设计。

（7）能力素质模型管理。

（8）员工关系管理。

（9）员工职业生涯管理。

（10）组织变革咨询。

（11）组织文化咨询。

（12）并购中的人力资源整合。

（13）人力资源和社会保障法律法规咨询。

（三）服务合同

《人力资源管理咨询服务规范》规定，咨询服务合同应包含以下内容：

（1）服务目标。

（2）服务内容和范围。

（3）服务支付方式。

（4）服务周期和时限。

（5）付款方式。

（6）保密条款。

（7）违约条款。

（8）咨询服务人员的构成和管理体系。

（9）责任条款和保障条款。

（10）投诉处理和外部争端解决方法。

（11）赔偿条款。

本章自测题

1. 分别简述人力资源咨询服务、人力资源法律咨询、人力资源管理咨询的概念。

2. 简述人力资源咨询服务的类型。

3. 分别简述人力资源法律咨询、人力资源管理咨询服务的类别。

4. 简述人力资源咨询项目的实施步骤。

第七章　劳务派遣

学习目标

- 掌握劳务派遣的定义
- 了解劳务派遣的三方主体和三重关系
- 熟悉劳务派遣的特征和十大用工模式
- 掌握劳务派遣服务的实施步骤
- 掌握不同阶段的风险管控内容

引导案例

世界著名体育运动品牌NA，在全球有约7万名员工，市值超过千亿元。在中国市场，门店高峰时段客流量很大，一线员工不充足，无法满足60个城市门店的接待需求，导致客户流失。

NA公司的岗位要求较高，涉及城市多，招聘需求大且时间紧。于是NA公司委托B劳务派遣公司（以下简称B公司）为其在中国境内的门店提供劳务派遣服务，该项服务的内容为：组建从项目经理、项目专员、招聘专员、大区经理到全国执行督导的全国协作团队，提供线上、线下的多渠道招聘，完善和规范培训、入职管理、薪酬发放、离职流程管理、风险控制服务，提升员工满意度，降低用工风险。

B公司承接项目后，成立了项目团队，对外负责与NA公司和员工联络，对内负责服务内容的统筹安排。B公司凭借对监管政策的深刻理解，根据客户实际情况不断调整服务方案，得到NA公司的认可。

下面是B公司提供的服务方案的四大主要内容：

1. 入职、离职及档案管理

项目组通过易工宝平台，采用校企合作等多渠道进行招聘，在收到应聘者的个人资料后，对员工进行初试并核对确认信息，协调NA公司进行复试，将录取员工信息录入公司的客户管理系统。同时，与被录取员工签订劳动合同。

员工的用工手续、档案管理、社会保险费、公积金缴纳等，按照员工的不同情况进行办理。不同城市的员工由B公司全国委托部根据其实际工作地点，委托至当地合作机构，由合作机构为员工办理用工手续、档案管理、社会保险费、公积金缴纳。

规范劳务派遣员工的退回受理、赔偿和后续处理工作，当发生劳务派遣员工的退回、合同期满或辞职时，提供办理薪资结算、出具证明、办理社保转移、政策咨询等业务。

2. 薪酬、税务管理

劳务派遣员工的薪资发放和个人所得税缴纳由B公司财务部负责。财务部指派专人与NA公司对接，并核算劳务派遣员工的薪资，代缴个人所得税，按时将劳务派遣员工的工资汇入员工账户，向NA公司提供转账明细和发票。

3. 其他福利

B公司为劳务派遣员工购买了商业医疗保险，并向每位劳务派遣员工发放补充医疗保险手册，全面告知投保险种、理赔范围和程序。当劳务派遣员工发生工伤事故时，负责申请工伤认定，申请报销工伤医疗费用，代领并发放伤残补助、津贴等工伤保险待遇。

4. 后台支持

B公司的招聘培训部、绩效薪酬部、行政后勤部、劳务派遣部、全国委托部、法务事务部、财务部为项目提供支持。行政后勤部定期开展丰富多彩的员工活动，包括体育赛事、亲子活动、艺术体验等，增进员工对NA公司的认同和归属感。法务事务部为NA公司解答劳动用工、社会保险、福利待遇等方面的法律问题，以及劳动争议的调解、仲裁和诉讼等。

在整个团队的努力下，NA公司每个月在全国200多家门店拥有4 000名兼职员工在岗服务，平均每月新增200多名员工招聘，都在7日内顺利完成，用工成本节省了40%，兼职员工的工作满意度高，薪资发放准时且准确率为100%。同时，各门店客户流失率大幅度减少，销售额稳定增长。B公司成为NA公司最佳人力资源服务提供商。

第一节　劳务派遣概述

一、劳务派遣的定义

进入全球化经济时代，产业结构快速变化、投资环境不确定以及价值观念转变等使劳动领域掀起组织再造、缩减规模、用工弹性化的浪潮。随着传统的终身雇用制观念改变，企业为降低成本、转移风险、提高竞争力开始采用劳务派遣这种非典型的新型劳动用工形式。

劳务派遣是一种良好的、灵活的就业形式，有利于促进劳动就业。近年来我国的劳务派遣服务已逐渐形成规模，并日益受到政府和企业的重视。

（一）劳务派遣的三方主体

劳务派遣是指劳务派遣机构或企业（以下简称“派遣单位”）与实际使用劳动者的单位（以下简称“用工单位”）签订劳务派遣协议，根据用工单位提出的人员标准与工资待遇等要求，招聘、录用合格人员，与被派遣劳动者签订劳动合同，并将劳动者派遣至用工单位工作，再由用工单位向派遣单位支付服务费用的一种用工形式。

劳务派遣是一种区别于用工单位直接聘用员工的补充用工形式，在我国还被称为人才派遣、人才租赁服务。

劳务派遣存在三方主体，即派遣单位、用工单位和被派遣劳动者，并形成了派遣单位与用工单位之间、派遣单位与被派遣劳动者之间、用工单位与被派遣劳动者之间的复杂关系，劳务派遣三方关系如图 7–1 所示。

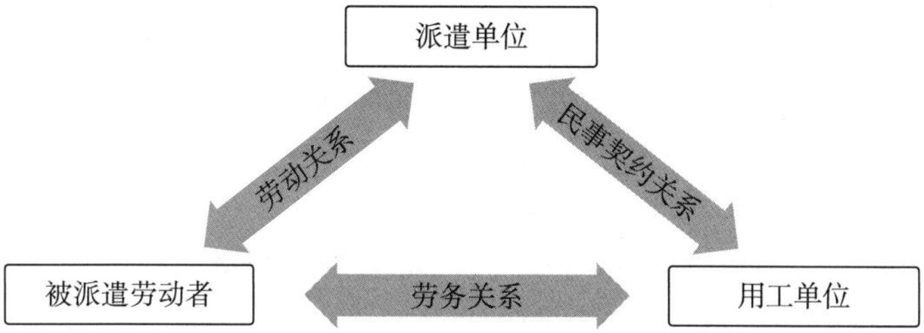

图 7–1　劳务派遣三方关系

（1）派遣单位与用工单位签订劳务派遣协议，约定派遣标准和条件，两者之间是民事契约关系。

（2）派遣单位与被派遣劳动者签订劳动合同，承担劳动合同订立、解除、终止，工资、社会保险、福利发放等工作，两者之间是劳动关系。

（3）用工单位是实际使用被派遣劳动者的主体，负责对被派遣劳动者进行指挥、监督，与被派遣劳动者是劳务关系。

（二）劳务派遣的三重关系

相对于正规就业而言，劳务派遣是一种非典型的就业方式。

劳务派遣的本质特征在于人员“雇用”与人员“使用”相分离。在劳务派遣业务中，除了存在三种主体之外，还存在三重关系。

三重关系是指派遣单位与被派遣劳动者的关系、派遣单位与用工单位的关系、用工单位与被派遣劳动者的关系。

1. 派遣单位与被派遣劳动者的关系

（1）在劳务派遣中，派遣单位与被派遣劳动者依法订立劳动合同，建立劳动关系。

（2）派遣单位与被派遣劳动者签订劳动合同后，派遣单位应将被派遣劳动者派遣到用工单位，被派遣劳动者需在用工单位的组织管理下从事劳动。

（3）派遣单位作为被派遣劳动者的雇用方，虽然是劳动合同的一方当事人，但只是形式上的雇用方，因为派遣单位并不为被派遣劳动者提供真实的工作岗位和劳动条件，也不是被派遣劳动者实际劳动的给付对象。

（4）派遣单位有义务向被派遣劳动者支付工资、缴纳社会保险费和提供福利待遇。

2. 派遣单位与用工单位的关系

（1）派遣单位通过被派遣劳动者的招聘、甄选、考核及录用，将劳动者派遣至用工单位。

（2）派遣单位应该行使和履行与用工单位订立的劳务派遣协议约定的应由本方享有和承担的权利和义务。

（3）派遣单位应督促用工单位执行国家劳动标准和劳动条件。

（4）派遣单位收取用工单位支付的派遣服务费用。

3. 用工单位与被派遣劳动者的关系

（1）被派遣劳动者要为用工单位给付实际劳动，成为用工单位劳动组织的成员，服从用工单位的指挥命令，遵守用工单位的内部劳动规则。

（2）用工单位要为被派遣劳动者提供实现劳动给付的工作岗位和其他劳动条件，进行劳动组织、监督管理、劳动安全卫生教育等。

派遣单位、用工单位对于被派遣劳动者之间的两两关系都是劳动关系。其中，派遣单位与被派遣劳动者的关系属于形式劳动关系，有“关系”却没劳动；用工单位与被派遣劳动者的关系属于实际劳动关系，没“关系”却有劳动。

概括地讲，派遣单位、用工单位对于被派遣劳动者的两两关系并不是完整的劳动关系，只有将这种两两关系结合起来才能形成一个完整的劳动关系，即劳务派遣组合劳动关系。

（三）劳务派遣的业务范围

派遣单位作为劳务派遣业务的主体之一，围绕劳动合同关系，既要开展与用工单位的业务合作，也要为被派遣劳动者开展相应的人力资源配套服务。

1. 面向用工单位的业务范围

面向用工单位时，派遣单位经常开展的业务主要包括以下 7 个方面。

（1）开发有劳务派遣用工需求的企业或组织，对该企业或组织的派遣用工背景进行调查，并提出派遣用工的建议或制定劳务派遣用工方案。

（2）与符合法律法规规定的用工单位开展劳务派遣协议谈判及签订劳动合同。

（3）了解用工单位派遣用工岗位的岗位职责与任职资格、薪酬福利情况、劳动条件等，以便对口开展招聘、录用、薪酬谈判等工作。

（4）将劳动者派遣至用工单位，督促用工单位执行国家劳动标准和劳动条件，协助用工单位做好被派遣劳动者的日常管理。

（5）受理用工单位的退工申请，协调解决被派遣劳动者与用工单位的劳动纠纷。

（6）向用工单位收取派遣服务费用，以及需要支付给被派遣劳动者的工资、社会保险、福利待遇等。

（7）履行劳务派遣协议中规定的其他业务内容。

2. 面向被派遣劳动者的业务范围

派遣单位作为被派遣劳动者的法定雇主单位，需要全面负责被派遣劳动者的人事管理工作，其业务范围包括人力资源管理的各个模块，常见的有以下 10 个方面的业务。

（1）被派遣劳动者的招聘、面试、甄选、录用，与其签订两年以上的固定期限、以派遣形式用工的书面劳动合同。

（2）依据劳务派遣协议、劳动合同等规定，按月向被派遣劳动者支付工资、发放福利待遇。

（3）为被派遣劳动者申报并缴纳社会保险费、公积金，代扣代缴个人所得税。

（4）根据与被派遣劳动者的约定，办理人事档案接转、传递或落户等事项。

（5）为被派遣劳动者提供职业技能、派遣文化理念等方面的培训。

（6）为被派遣劳动者办理用工单位的退工手续。

（7）为被派遣劳动者处理工伤申报支付、异地就医、劳动纠纷违纪与争议处理等事项。

（8）为被派遣劳动者出具各种人事证明、证件办理等。

（9）为被派遣劳动者办理劳动合同期满后的续签、终止、解除等手续。

（10）为解除合同的被派遣劳动者办理社保关系、人事档案等转出手续。

二、劳务派遣的特征

与传统用人方式相比，我国的劳务派遣规模仍不算大，并不是主流用人方式，但是其发展速度相对较快。

由于国家、地区的具体情况不同，劳务派遣的具体含义也有一定区别，但是其内涵和外延均基本一致，因此其主要特征也是一致的。劳务派遣的特征主要有以下 4 个方面。

（一）劳务派遣由派遣单位进行，且具有营利性

劳务派遣必须由依法设立的派遣单位进行，这是劳务派遣区别于借调、业务外包、企业集团内部各企业之间人员流转以及大型设备安装技

术服务和劳务等用工形式的独特之处。并且根据有关规定，企业欲从事劳务派遣相关业务，必须满足以下要求：

（1）依法办理商事登记，取得营业执照，获得行政许可机关颁发的劳务派遣经营许可证或劳务派遣备案证明。

（2）实缴注册资本不得少于人民币 200 万元整。

（3）具有与开展劳务派遣业务相适应的固定经营场所和设施，严格执行国家有关安全、消防、卫生等法律法规、标准和规范。

（4）具备符合法律法规规定的劳务派遣管理制度，自觉接受行政管理部门监督。

（5）具有与其开展劳务派遣经营活动和服务规模相适应的从业人员。从业人员应恪守职业道德，具备人力资源管理、客户服务等相关知识和技能。

之所以对劳务派遣企业设定相应条件，是因为劳务派遣的社会风险比较大。在整个劳务派遣过程中，派遣单位是劳务派遣的主体，是被派遣劳动者的法定雇主，必须承担全部的法律责任，这对派遣单位的实力和信誉都提出了要求，否则无法保证劳务派遣的业务质量。

以营利为目的，则是对派遣单位营利法人属性的强调。根据我国法律规定，派遣单位属于营利法人，是以营利为目的成立的企业组织。劳务派遣的营利性，使其区别于企业之间一般的员工流动，也使得政府、事业单位等国家机关或公益组织无法成为劳务派遣的服务主体。

（二）劳务派遣涉及三方关系

与传统劳动关系（劳动者—用人单位）不同，劳务派遣中派遣单位、用工单位、被派遣劳动者三方形成了三角法律关系，这是由劳务派遣的业务形式决定的。这在前面关于劳务派遣的三重关系内容已详细阐述。

（三）劳动力的“雇用”与“使用”相分离

劳务派遣一个最主要特征便是“雇用”和“使用”的分离，即“用人不管人，管人不用人”。被派遣劳动者与派遣单位签订劳动合同，却在用工单位处开展工作提供劳动，“雇用”的是派遣单位，“使用”的是用工单位。

这种劳动者的“雇用”与“使用”相分离的劳动形态，可以使企业在人力资源的运用和管理上更加合理，方便企业优化人力资源结构，减少企业人力资源管理部门的事务性工作。这也是劳务派遣业务存在并逐渐流行的原因之一。

（四）派遣单位与用工单位共同使用和履行劳务派遣的权利与义务

派遣单位和用工单位因为劳务派遣协议，由两个独立的主体变成了一个共同体，这个共同体，在不同层次上，行使着常规意义上用人单位的职能。

派遣单位是被派遣劳动者的法定用人单位，对被派遣劳动者进行招聘、培训、管理等，但并不安排被派遣劳动者的实际工作内容；用工单位为被派遣劳动者安排工作内容，并对其进行监督和保护。

派遣单位与用工单位都没有行使完整的用人单位职能，但却都需要在保障被派遣劳动者利益、承担相应责任上有所作为，如无论派遣单位还是用工单位没有履行相应义务，被派遣劳动者都可以向未履行义务的任何一方主张其权利。

三、劳务派遣用工模式

企业在实际开展劳务派遣业务的过程中，根据用工单位不同的劳务派遣需求，可将劳务派遣业务划分为完全派遣、短期派遣、项目派遣、试用派遣、减员派遣、转移派遣、晚间派遣、集体派遣、钟点派遣、双休日派遣 10 种不同的用工模式。

（一）完全派遣

完全派遣是派遣单位负责被派遣劳动者整套派遣管理服务工作的劳务派遣形式，要求派遣单位具备相应的服务能力，包括人员招聘与配置、人员培训、绩效考核、薪酬管理、人员管理、代缴社会保险费、公积金和档案管理等。

在完全派遣模式下，用工单位无需做人力资源管理，降低了管理成本，可以更加专注于核心业务。但完全派遣也有其风险，主要体现在以下两个方面：

（1）对派遣单位来说，完全派遣模式下的管理服务工作量大、涉及范围广，需要承担更多的来自法律、管理、财务等方面的风险。

（2）对用工单位来说，由于员工的整套管理都由派遣单位进行，员工的能力素质、工作效率等用工单位无法完全掌控，这对用工单位的生产经营是不利的。

（二）短期派遣

当用工单位临时需要一名或数名员工时，便可咨询派遣单位为其提供短期派遣服务。相比完全劳务派遣服务，短期派遣服务更加方便灵活，因此成为不少用工单位弥补暂时性人才缺失常用的解决方式，派遣单位也可从短期派遣服务中获得较大利益。

短期派遣并非任何情况均能适用，首先需要明确短期派遣的形式。一般来讲，短期派遣分为以一定期限进行派遣与以完成某一工作项目为依据进行派遣两种形式。

短期派遣模式下，派遣行为持续时间短，常见于用工单位业务旺季或者某岗位员工因事假、产假等不能正常上岗的情况。

在进行短期派遣时，要特别注意以下问题：

1. 新招聘人员的劳动合同签订

根据《劳务派遣暂行规定》有关规定，派遣单位应当依法与被派遣劳动者订立2年以上的固定期限书面劳动合同，而短期派遣协议期明显短于2年，因此，派遣单位与被派遣劳动者签订劳动合同时，要特别约定当次短期派遣服务结束后被派遣劳动者的安置问题。

2. 规避风险

（1）短期派遣虽然方便灵活，但是存在用工不稳定、大规模退回的风险。

（2）短期派遣因工作时间较短且不固定，可能对派遣服务质量造成影响。

（3）短期派遣的被派遣劳动者可能在一定时期内辗转多家用工单位，造成商业信息泄露以及合同纠纷等问题。

（三）项目派遣

项目派遣是派遣单位为用工单位以项目运作的方式派遣专业人才提供阶段性项目服务的劳务派遣模式，项目结束，劳务派遣服务相应结束。根据其派遣形式特殊性，实施项目派遣需要注意以下要求与风险预防措施：

（1）若被派遣劳动者为新招聘人员，公司应与其签订 2 年及以上的固定期限书面劳动合同，不得将合同期限约定为项目期限。

（2）项目派遣服务中，用工单位需要的往往是某方面的专业人员，这要求派遣单位有这方面的人才储备或者招聘能力。

（3）提供项目派遣服务时，派遣单位除了派遣项目所需专业人员，还需要配备必要的管理人员，参与被派遣劳动者的管理。

（4）项目派遣面临被大规模退回风险，派遣单位要与用工单位合理签订劳务派遣协议，确保各方利益得到保障。

（5）项目派遣容易引发派遣结束后的项目遗留问题，派遣单位要提前预警，与用工单位做好相关约定。

（四）试用派遣

试用派遣是指用工单位在试用期间将劳动者的劳动关系转至派遣单位，然后以派遣的形式试用，其目的是使用工单位在准确选才方面更具保障，免去了由于选拔和测试时产生的误差风险，有效降低了人事成本。

1. 试用派遣的实施要求

根据其派遣形式的特殊性，试用派遣的实施有以下要求：

（1）当事员工知悉并同意用工单位试用派遣的用工方式。

（2）用工单位提供明确的试用派遣期内被派遣劳动者考核方案。

（3）试用派遣劳动者与用工单位相同或相似岗位员工同工同酬。

2. 开展试用派遣业务注意事项

试用期本就是劳动者与用工单位之间关系较不稳定的时期，用工单位也是为了规避试用期的用工风险才采取试用派遣的用工形式，这便将风险转移到了派遣单位。基于上述，派遣单位在开展试用派遣业务时需要注意以下内容：

（1）试用派遣协议与劳动合同签订问题：

1）协议期限。为规避风险，试用派遣期限一般不超过《劳动合同法》中关于试用期最短期限的限定。

2）员工薪酬。为规避风险，试用派遣期间被派遣劳动者薪酬不得低于用工单位同岗位正式员工工资的 80%。

3）试用派遣期满后的劳动者去留问题。约定若试用派遣期满用工单位决定不正式聘用被派遣劳动者为正式员工情况下的劳动者退回细节。

（2）充分调查了解用工单位。确保用工单位各类资质、执照齐全，充分了解其盈利状态、行业口碑、信用状态、企业文化、工作氛围等。尽量选择各方面条件更加优秀的用工单位进行合作。

（3）充分调查了解被派遣劳动者。要对被派遣劳动者进行充分背景调查，了解其从业经历、离职理由、教育背景、身体状况等，尽量避免可能发生的纠纷。

（4）跟踪交流。当被派遣劳动者入职后，派遣单位要定期派专人与被派遣劳动者交流，跟进其工作状况，了解其心理状态，解决可能出现的各类问题。

（五）减员派遣

经用工单位与员工协商，解除双方劳动关系，再由员工与派遣单位建立劳动关系，员工依旧在原用工单位工作的派遣形式，称为减员派遣。减员派遣一般出现在企业用人结构调整升级之时，是一种较为特殊的劳务派遣形式。

1. 减员派遣的一般程序

（1）用工单位与员工解除原有劳动关系时，要按照国家相关规定合法地与员工解除原有劳动关系。

（2）待用工单位与员工完全解除劳动关系之后，派遣单位再与用工单位签订劳务派遣协议。

（3）被派遣劳动者与派遣单位建立劳动关系后，仍在原用工单位工作。

2. 派遣单位在进行减员派遣服务时要注意的问题

（1）弄清被派遣劳动者与用工单位解除劳动关系而选择减员派遣用工形式的原因。

（2）密切注意被派遣劳动者工作状态与心理状态，避免被派遣劳动者因改变劳动关系而在心理上产生误解与落差，发生被派遣劳动者消极怠工、态度散漫的情况。

（六）转移派遣

用工单位自行招聘、培训人员，再与派遣单位合作，由派遣单位与被派遣劳动者签订劳动合同，被派遣劳动者在用工单位工作，由派遣单位负责上述被派遣劳动者的薪酬、福利、绩效、档案管理等工作的派遣形式，称为转移派遣。

1. 转移派遣的实施要求

转移派遣是比较常见的派遣形式，实施转移派遣有以下要求：

（1）转移派遣发生前，用工单位需取得待被派遣劳动者的同意。

（2）转移派遣要求派遣单位全面负责被派遣劳动者的薪酬、福利、绩效、档案管理等内容，这要求派遣单位具备较高的服务能力。

2. 转移派遣常见问题及解决办法

一般而言，转移派遣是用工单位有重大人员调整时才会选择的用工形式，转移派遣虽然同是减少了用工单位与派遣单位双方的工作量和用人成本，但也隐藏着一些风险。以下是转移派遣实施过程中容易出现的问题及其解决办法：

（1）用工单位退员问题。因劳动关系不在用工单位，用工单位发生用人调整时，可能会优先处理转移派遣的劳动者，派遣单位可能要为此承担较高风险。为避免这种风险，派遣单位除了在劳务派遣协议中提前详细约定各项风险规避事宜外，在合作前还要调查清楚用工单位选择转移派遣的真实目的。

（2）被派遣劳动者管理问题。由于被派遣劳动者劳动关系不在用工单位，相应的薪酬、绩效等管理也不由用工单位主管，无形中让被派遣劳动者与其他员工产生差别，长期发展可能会影响被派遣劳动者的工作积极性。并且，由于派遣单位是外部公司，因此在管理这些被派遣劳动者时也有诸多不便，管理工作难度较大。这要求派遣单位对用工单位本身管理形式要有深入了解，尽量选择贴近用工单位的管理方式，缩小差异。

（七）晚间派遣

晚间派遣是指派遣单位为了满足用工单位在晚间这一特定时间获得急需人才的需求而提供的特殊劳务派遣服务形式。由于晚间派遣形式上的特殊性，实施晚间派遣服务有以下要求：

（1）派遣单位与用工单位必须有保障被派遣劳动者安全的方案与措施，保障被派遣劳动者的人身财产安全。

（2）派遣单位需要具备能接受晚间派遣形式的员工储备或者招聘能力。

（3）派遣单位要详细了解用工单位需要采取晚间派遣模式的工作岗位，了解其工作强度和时间，对晚间工作强度大、时间久的岗位，要求被派遣劳动者除专业能力外还应具备相应的身体素质。

（八）集体派遣

集体派遣是指国有企事业单位通过派遣单位将闲置的人员派遣给第三方用工单位的劳务派遣形式。

1. 开展集体派遣的工作要求

（1）被派遣劳动者完全与原工作单位解除劳动关系。

（2）被派遣劳动者具备相应工作能力，具备派遣后重新就业的资质。

（3）第三方用工单位的接收条件比较容易实现，相关待遇能满足被派遣劳动者要求。

2. 集体派遣业务注意事项

集体派遣由于涉及派遣单位、被派遣劳动者、原国有企事业单位、第三方用工单位四个利益体，各类关系的解除、建立和转移比较复杂，派遣单位在开展集体派遣业务时需要注意以下3个方面的事项：

（1）了解原国有企事业单位出于何种目的将其员工集体派遣，是企业用人调整还是员工自身素质原因不再适用于原单位，这方便派遣单位对被派遣劳动者的素质能力进行判断。

（2）确认被派遣劳动者劳动关系问题，被派遣劳动者是否已与原单位解除劳动关系，避免因关系错乱引发纠纷。

（3）因涉及被派遣劳动者原属于国有企事业单位，改变劳动关系成为被派遣劳动者很可能引起其心理不满或不适，派遣单位要与原单位共同做好相应心理辅导和解释工作，避免被派遣劳动者后期发生消极怠工、态度散漫等问题。

（九）钟点派遣

钟点派遣是指派遣单位以小时为基本计价单位派遣特定人员到用工单位工作的劳务派遣形式。钟点派遣具有时间短、需求不固定的特点。

1. 实施钟点派遣业务的要求

（1）要求派遣单位具有意愿从事小时工工作的员工储备或招聘能力。

（2）要求被派遣劳动者工作积极性高、态度端正，能在规定时间完成要求任务。

（3）要求用工单位指派的岗位工作具有独立性强的特点，方便被派遣劳动者及时独立完成工作，工作完成前后无需过多牵连。

2. 实施钟点派遣业务的注意事项

需要钟点派遣用工形式的行业类型很多，其根本目的都是更合理地节约成本。但是钟点派遣也有其缺陷和风险，派遣单位要特别注意以下

3个方面的事项：

（1）了解钟点派遣的工作内容，确定其是合法合规且可采取钟点派遣形式的工作内容。

（2）详细约定报酬支付事宜。由于钟点派遣一般来说持续时间短，次数相对较少，市场上常有用工单位延付工资的情况。

（3）被派遣劳动者的工作质量问题。由于钟点派遣时间短，有些甚至是一次性的，如果没有对被派遣劳动者考核心理承受力，容易因心理落差导致工作质量下降，造成用工单位不满。因此，派遣单位要特别注意被派遣劳动者的能力和素质。

（十）双休日派遣

双休日派遣是指针对用工单位的某些需求，派遣单位以周六、周日为基本计价单位派遣劳动者到用工单位工作的劳务派遣形式。

1. 实施双休日派遣的要求

（1）要求用工单位双休日有健全的人员管理系统，提供正常的工作环境，委托的工作内容不会因双休日这一特殊时段产生执行上的困难。

（2）要求派遣单位具有意愿在双休日提供派遣服务的员工储备或招聘能力。

（3）要求被派遣劳动者在双休日不会因个人原因耽误工作，并在工作期间保持工作积极性，提高工作质量。

2. 双休日派遣需要关注的问题

双休日派遣为用工单位解决了周末加班的问题，规避了正式员工周末加班潜在的劳动法律风险。而对派遣单位来说，双休日派遣不像完全派遣或项目派遣那样工作量大、风险高，但双休日派遣也具有一定缺陷，仍有一些问题需要派遣单位密切关注。

（1）工作环境与内容。由于是双休日，常规用工单位可能没有工作日一样完善的工作环境，工作内容也可能更加艰巨或复杂，派遣单位要确定用工单位能够提供安全健康的工作环境与内容，保护被派遣劳动者的合法权益。

（2）工作时间。派遣单位要确认用工单位委托的工作内容在常规工作强度下是否超出双休日的时间范畴，避免隐性加班，侵犯劳动者合法权益。

（3）工作质量。一般来说，用工单位在双休日没有常规的人员配备，被派遣劳动者的工作可能得不到有效监督或指导，容易造成工作质量降低。派遣单位要充分了解工作内容，并尽量派遣能力素质较高，可以完全胜任工作的劳动者，如必要，派驻专人对工作进行监督。

此外，随着企业经营管理和人力资源管理实践的发展，派遣单位可能还会根据企业客户或组织的实际情况，在遵守《劳动合同法》《劳务派遣暂行规定》等相关法律法规的前提下，突破上述10种类型开发出新的用工模式和定制符合企业用工要求的服务项目。

四、劳务派遣与其他用工方式

（一）一般用工方式

随着我国社会主义市场经济的不断发展进步，各类用工单位为了适应激烈的市场竞争，采用了更多元化的用工方式。除劳务派遣用工外，其他具有代表性的一般用工方式见表7–1。

表7–1　一般用工方式及特点

用工方式	特点
正式用工	与企业签订长期、无固定年限的劳动合同，与企业形成稳定、规范的劳动关系
合同用工	通过签订短期或长期的劳动合同，明确双方的权利和义务，实行责权利相结合的用工形式
临时用工	企业根据临时性或季节性工作任务，临时招收并任用使用期限不超过一年的职工，极不稳定
借调用工	1. 员工来源于系统内部企业或有业务往来的有依附关系的其他企业 2. 企业双方商定借聘费用，由借方单位支付员工工资、奖金等，建立起临时借用劳动关系

续表

用工方式	特点
劳务承包	在对外承包项目中，承包方从发包方获取项目，由承包方安排员工完成发包方项目，员工工资由承包方从发包方给付的承包费用中支付
岗位外包	岗位外包是企业将某岗位的招聘、职业化培训、薪酬设计与核算发放、个税申报、社会保险费缴纳与理赔、绩效设计与奖惩执行、各类人事事务工作等完全外包给第三方人力资源服务机构，并且管理劳动关系、处理劳动纠纷以及承担劳动用工可能带来的经济补偿金等也选择性地由人力资源服务机构承担
人力资源外包	人力资源外包是将人力资源管理的一些职能对外承包给专业机构操作的管理策略，旨在有效地提高效率，并使外包职能的运作更加专业化。在人力资源管理实践中，常将非战略性的部分职能用于人力资源外包

（二）劳务派遣与其他用工方式的主要区别

不同用工形式之间存在着较大的区别，要正确区分劳务派遣与各类用工方式之间的差异之处。

1. 劳务派遣与正式用工、合同用工、临时用工的主要区别

正式用工、合同用工、临时用工的行为主体都是用工单位，由企业自行招聘劳动者并与之签订劳动合同或者劳务合同，安排劳动者工作、发放薪资福利、缴纳社会保险费等。用工单位需要对劳动者承担相关法律规定的全部责任。

这三种用工方式与劳务派遣服务有着直接、明显的区别。劳务派遣的用工方式，用工单位与被派遣劳动者之间并无实质性约束文件，更不用承担薪资福利等人力资源工作。派遣单位才是与被派遣劳动者之间建立法定联系并享有相关权利、义务的主体。

2. 劳务派遣与借调用工的主要区别

借调用工通常发生在行业内部，是由与用工单位有着相关联系的其他单位提供劳动者，用工单位使用劳动者劳动能力并支付借调期间的薪资福利。用工单位与借调劳动者通常没有正式协议或者合同约束。

该用工方式与劳务派遣服务的区别集中体现在劳动者提供单位与用

工单位的关系上，同时用工单位承担的相关义务也有所增加。

3. 劳务派遣与劳务承包的主要区别

劳务承包的用工形式多出现在劳动力密集型行业中，该用工形式是指企业自身的某些项目整体由承包方负责，劳动者与企业或发包方无关，企业并不使用劳动者的劳动能力，同时也不承担相应的责任义务，劳动者只与项目的承包方产生关系。

4. 劳务派遣与岗位外包的主要区别

通过岗位外包服务，用工单位将相应岗位的诸如招聘、培训、社会保险费缴纳、绩效考核和薪资发放等人力资源工作完全外包给第三方人力资源服务机构。用工单位获得的是全面、深度的人力资源服务。

劳务派遣与岗位外包从工作形式上看差异不大，且极易混淆，但实际上两者也有着本质区别，具体区别见表 7–2。

表 7–2 劳务派遣与岗位外包的区别

区别项	劳务派遣	岗位外包
合同关系	用工单位与派遣单位是劳务契约关系	用工单位与岗位外包机构是承包合同关系
支付对价对象	用工单位针对劳动力的使用支付对价	用工单位针对完成的工作成果支付对价
业务的独立性	用工单位控制业务进展，对被派遣劳动者进行管理和控制	岗位外包机构针对具体业务主导业务进程，管理现场人员
给付员工工资标准	与用工单位正式员工同工同酬	岗位外包机构决定并发放工资
费用结算周期	按月进行结算	按业务的进展程度约定结算周期

5. 劳务派遣与人力资源外包的主要区别

人力资源外包是指用工单位将人力资源的大部分工作，如建立劳动关系、录用解聘手续、档案管理、社会保险管理、工资发放等，以合同或协议的方式交由人力资源外包服务商来代理完成。承接这些业务的人力资源外包服务商，也称为人事代理机构。

人力资源外包服务主要包括员工招聘外包服务、日常员工信息管理服务、员工培训外包服务、薪酬福利外包服务、人员素质测评外包服务、人力资源信息系统外包服务等。

劳务派遣与人力资源外包的主要区别具体可从五个方面进行比较（见表 7–3）。

表 7–3　劳务派遣与人力资源外包比较

比较依据	劳务派遣	人力资源外包
适用的法律	《劳动合同法》	《民法典》
经营的主体	经营劳务派遣的单位必须是严格按《劳动合同法》规定设立的法人实体	经营人力资源外包的可以是个人，也可以是法人或其他实体单位
劳动合同关系	派遣单位与被派遣劳动者签订劳动合同	外包单位与劳动者不签订劳动合同
合同标的	按照派遣时间和费用标准，根据约定派遣的人数结算费用，合同标的主要是“人”，可理解成用工单位购买的是“劳动力”	按照事先确定的外包业务单价，根据外包单位完成的工作量结算，合同标的主要是“事”，也可理解成用工单位购买的是“劳务”
违法后果	若在派遣过程中，给被派遣劳动者造成损害，派遣单位与用工单位按《劳动合同法》的规定承担连带赔偿责任	用工单位与人力资源外包单位之间按双方订立的合同承担权利和义务，外包单位对劳动者基本上不承担责任

区分劳务派遣与人力资源外包两者的关键在于谁与劳动者签订劳动合同。

人力资源外包是用工单位与劳动者签订劳动合同而建立劳动关系，用工单位只是将人力资源的部分非核心工作，委托给人力资源外包服务机构代理。

劳务派遣则是派遣单位与被派遣劳动者签订劳动合同，建立形式上的劳动关系，成为被派遣劳动者的法定雇用单位，用工单位只负责被派遣劳动者的工作管理。

第二节　劳务派遣服务实施

一、劳务派遣服务实施步骤

（一）用工单位需求分析

派遣单位与潜在用工单位接触，安排劳务派遣专员访问用工单位，了解用工单位的劳动需求，记录不同岗位的人员胜任标准，结合用工单位变化发展的趋势，对其未来一段时期内所需招聘的人员需求数量和需求质量进行综合分析。

这种需求分析一般主要包含对用工单位的招聘环境分析、对用工单位人员需求信息分析、对用工单位的人员需求确定三方面的内容。

1. 对用工单位的招聘环境分析

用工单位的人员需求不但受到经济环境、生产技术变化、劳动力市场等外部环境的影响，还受到用工单位战略规划方向、招聘预算等内部环境的影响。

（1）外部环境因素

1）经济环境。经济环境的变化会影响用工单位对人员的需求。

2）生产技术变化。新技术的采用会引起人员需求的变化，一方面，它能使人均劳动生产率提高，对人员数量的需求可能会减少；另一方面，它使得新技术岗位出现了人员空缺，需要招聘掌握这些新技术的人员。

3）劳动力市场。当劳动力市场上的资源数量和质量相对充裕时，用工单位的招聘需求很容易得到满足；当劳动力市场供不应求时，用工单位的人员配置工作变得相对困难。

（2）内部环境因素

1）战略规划方向。用工单位的战略规划方向决定着其发展方向，也影响着用工单位人员需求的变化。

2）招聘预算。用工单位的招聘预算也会影响到人员需求，如果招聘预算较高，就会有条件提供更高的派遣服务费用；如果预算较少，只能以较低的费用水平合作。另外，用工单位的管理方式、企业文化、企业现有人员的配置情况等内部环境也会影响到劳务派遣业务的合作。

2. 对用工单位人员需求信息分析

造成用工单位人员需求的原因主要有两个方面：一方面可能是员工自然流失带来的人员需求；另一方面可能是内部员工的数量和素质不能满足工作岗位的需求而引发的人员需求。

派遣单位需要对用工单位人力资源的总量配置、结构配置、质量配置等进行简要了解，并对其现有人力资源状况是否合理进行分析。当用工单位内部配置、调剂等难以满足人力资源匹配的要求时，就可以果断出击，就提供劳务派遣服务合作进行谈判。

3. 对用工单位的人员需求确定

一般而言，用工单位在运营过程中始终处于人力资源的供需变动状态。派遣单位在对用工单位的人员需求信息进行了解分析之后，应围绕其人员需求与用工单位进行劳务派遣业务合作谈判，对用工单位的人员需求做进一步的确定，将具体的人员需求情况写入劳务派遣协议的详细条款内，并签订双方共同认可的劳务派遣协议。

（二）被派遣劳动者招聘与入职

1. 建立内部人才储备库的渠道

（1）通过人才市场、劳务市场、人才中介机构等途径寻找人才。

（2）举办专场招聘会，定向吸引专业型人才。

（3）与所在区域内各大高校、中职技校和就业机构搭建合作平台。

（4）通过专业招聘网站、公司网站、社交群等长期发布人员需求信息。

（5）与市级、区县级人力资源社会保障部门、民政部门、街道、社区等建立长期合作关系。

（6）在员工队伍中做好宣传工作，通过员工举荐同行业人才等。

（7）通过派遣单位自己的人才市场、创业学校选拔各类型人才。

2. **被派遣劳动者招聘与入职**

（1）用工单位再次提出明确的用人需求，注明岗位（工种）、资格要求及人员数量、薪资福利待遇等。

（2）派遣单位从人才储备库里提取符合用工单位需求的人员，并通知其带上相关证件（身份证、学历学位证、岗位资质证书等）到派遣单位人才推荐部面试。若派遣单位人才库中无匹配人选，则立即采取其他渠道招聘。

（3）初试合格者由派遣单位项目部为其开具劳务派遣介绍信，带上上述证件到用工单位进行复试（含实际操作）。

（4）复试合格者（若用工单位要求体检的，须到用工单位或派遣单位指定医院通过体检），持劳务派遣介绍信的回执，并递交派遣单位要求提交的材料（身份证复印件、学业学位证复印件、岗位资质证书、社保接续卡、登记照、体检证明等）。

派遣单位审查无误后即与其签订劳动合同，其中试用期充分尊重用工单位的意见，待完成以安全教育、职业操守为主题的入职培训后，开具劳务派遣通知书，正式派往用工单位开展工作，及时申缴有关社会保险费、公积金、办理员工银行工资卡。

（5）试用不合格者（试用期考核标准以用工单位的要求为准），用工单位可开具退工通知书，将被派遣劳动者直接退回派遣单位，项目专员将及时与用工单位人力资源部联系，了解其不合格的原因，通知被派遣劳动者本人，并立即推荐新的人员。

3. **招聘周期**

一般通用型工种及岗位 1 ~ 10 天，特殊工种及高端人才 1 ~ 15 天。

（三）被派遣劳动者档案建立与管理

按照国家相关法律法规规定，派遣单位为被派遣劳动者建立并托管档案，即从用工单位收取、整理被派遣劳动者花名册，并从其原档案管理地提取档案，审核后按照派遣单位档案管理制度为被派遣劳动者建立档案，妥善进行保管，并将其奖惩、考核和晋升情况及时入档。具体操作流程如下：

（1）用工单位需配合派遣单位项目经理收集、整理被派遣劳动者花名册，注明其基本情况及档案所在地等相关信息。

（2）派遣单位档案管理专员接收被派遣劳动者档案，审核相关资料并予以补充和完善，进行立卷归档。

（3）建立并托管被派遣劳动者档案，至今仍无档案的被派遣劳动者按规定须新建立档案。

（4）对档案进行妥善管理，并根据被派遣劳动者的工作表现把其奖惩、考核及晋升等情况及时归档。

（5）与被派遣劳动者终止劳动关系后将其档案转交有关部门。

（四）法定社会保险的办理

派遣单位在遵守国家法律和地方法规的前提下，着眼于用工单位成本控制、风险控制的需要，最大限度地激励被派遣劳动者的积极性，根据现行法律法规规定和地方执法状况，为用工单位提供合理的社会保险办理方案，有区别地为被派遣劳动者办理法定社会保险申缴手续，具体包括：

（1）与用工单位确定社会保险办理方案。

（2）收集相关材料为被派遣劳动者办理社会保险费的申缴、代扣代缴手续。

（五）工资发放管理

派遣单位派遣员工的工资标准以国家和当地政府规定的工资福利制度为基准，根据用工单位确立的工资等级制定，并按照派遣单位与被派遣劳动者签订的劳动合同约定执行。

被派遣劳动者工资可以向银行卡定期划账的方式发放，这是为了保证被派遣劳动者通过合法劳动获取合理报酬权利，保证工资发放的准确、及时、连续性。

（六）被派遣劳动者退回与离职管理

1. 用工单位退回被派遣劳动者管理

（1）派遣单位会根据用工单位的需求，派遣劳动者到用工单位工作。

（2）被派遣劳动者未能通过用工单位面试的，用工单位可立即将被派遣劳动者退回，由派遣单位做好劳动者的解释工作。

（3）被派遣劳动者在面试合格后与派遣单位签订劳动合同，进入合同试用期。在试用期内经用工单位证实不能满足用工需求的，必须在试用期内退回，并由派遣单位派遣项目部人员做好员工解释工作。

（4）试用期合格后，在合同期未满前，由于用工单位自身原因将被派遣劳动者退回给派遣单位的，必须出具员工退回通知书，写明退回原因。

（5）若因被派遣劳动者违法或严重违反用工单位的规章制度，则须写明违法违纪事实，特别要注明违反用工单位具体规章制度的名称、条款和具体内容，以便派遣单位根据实际情况进行处理。

（6）当被派遣劳动者退回至派遣单位后，项目部立即补充符合用工单位用工需求的劳动者继续工作，并与用工单位结算退回被派遣劳动者的薪资手续。

（7）法务部根据退回被派遣劳动者的实际情况，决定是否与其解除或终止劳动合同关系；对造成用工单位经济损失的，同时出具处理通知书。

（8）经项目部经理审批，派遣单位与解除或终止劳动合同关系的劳动者结算社会保险和财务手续。

2. 被派遣劳动者辞职管理

（1）被派遣劳动者提前30日向派遣单位书面提出辞职，在用工单位填写员工辞职申请书，用工单位签署同意意见后并以被派遣劳动者退工通知书的形式函告派遣单位。

（2）被派遣劳动者在用工单位办理离职交接手续。

（3）派遣单位派遣项目部与用工单位接洽该被派遣劳动者的工作状

况，了解其是否有违法违纪现象或因违规给用工单位造成经济损失的现象。

（4）被派遣劳动者持用工单位的被派遣劳动者退工通知书、辞职申请书到派遣单位办理辞职手续，经确认该劳动者无任何违法违纪现象，派遣单位出具解除合同通知书。

（5）社会保险部为劳动者办理保险停、转手续（如需交纳费用的另行收取）。

（6）项目部经理对一系列手续进行审核，确认无误后，财务部与辞职劳动者进行工资结算。

3. 被派遣劳动者擅自离职管理

（1）被派遣劳动者无故自行离职，用工单位应及时通知派遣单位，项目部通知社会保险专员立即停止离职员工的社会保险办理，并补充新的劳动者进入用工单位。

（2）项目部协助用工单位进行工作岗位交接手续的处理，与用工单位结算离职劳动者的薪资。

（3）派遣单位及时调查了解被派遣劳动者的工作状况，是否有违法违纪现象，是否产生经济损失，如被派遣劳动者给用工单位造成损失的，按照双方单位规章制度进行经济赔偿。

（4）派遣单位法务部开具解除合同通知书、处理决定书，并以法定形式送达被派遣劳动者本人手中，同时向用工单位反馈相应的情况。

（5）项目部及时通知被派遣劳动者本人到派遣单位办理社会保险转移和财务结算等手续，相关手续经项目部经理审查无误后，财务部、社会保险部与其进行薪资结算。

（七）被派遣劳动者突发性疾病和工伤工亡处理

发生工伤事故，用工单位要依法采取紧急措施救助伤员，保护好现场，派遣单位接到用工单位的通知后立即派遣项目专员前往处理。派遣单位应按下列程序处理：

（1）被派遣劳动者发生工伤后，用工单位应立即将其送到当地签订服务协议的医疗机构就医，紧急情况可在就近医疗机构抢救，并在 24 小时内通知派遣单位项目部赶赴现场。职业病患者由职业病诊断机构诊断确认。

（2）派遣单位派遣项目部人员及法务部人员在现场处理完毕后，立即与用工单位一起研究该次工伤事故的处理方案，确定适用的治疗方案、处理方案和理赔方案。

（3）按照法定程序进行工伤事故的申报、工伤认定、劳动能力鉴定。

（4）派遣单位法务部人员与受伤劳动者进行协商，处理理赔的有关事宜。若协商不成，产生仲裁或诉讼，由派遣单位出庭应诉。

（5）突发性疾病和工亡，派遣单位、用工单位应按照《安全生产法》《工伤保险条例》规定程序进行处理。

（八）被派遣劳动者非因工受伤处理

（1）被派遣劳动者非因工受伤，有关医疗费用按照国家规定的医保政策执行，由医保机构和个人承担，用工单位不承担。

（2）在医疗期内，用工单位不得将该被派遣劳动者退回派遣单位，并按照有关法律法规规定及合同约定支付其薪资。

（3）针对特殊工种非因工受伤引发的各种纠纷，由派遣单位代为处理。

二、劳务派遣服务实施规范

（一）派遣单位法定经营规范

我国对从事劳务派遣业务的企业或组织实施行政许可制度。《劳务派遣行政许可实施办法》第六条规定，经营劳务派遣业务，应当向所在地有许可管辖权的人力资源社会保障行政部门依法申请行政许可。未经许可，任何单位和个人不得经营劳务派遣业务。

同时，《劳动合同法》第五十七条规定，经营劳务派遣业务应当具备下列条件：

（1）注册资本不得少于人民币 200 万元。

（2）有与开展业务相适应的固定的经营场所和设施。

（3）有符合法律、行政法规规定的劳务派遣管理制度。

（4）法律、行政法规规定的其他条件。

（二）派遣用工方式规范

对用工单位采用派遣用工方式的限制，我国相关法律法规从用工单位的禁止性要求、用工范围、用工比例、特殊情况等四个方面给出明确说明。

1. 禁止性要求

《劳动合同法》第六十七条明确规定，用人单位不得设立劳务派遣单位向本单位或者所属单位派遣劳动者。

同时，《劳动合同法实施条例》第二十八条也进一步给出细化的说明：用人单位或者其所属单位出资或者合伙设立的劳务派遣单位，向本单位或者所属单位派遣劳动者的，属于《劳动合同法》第六十七条规定的不得设立的劳务派遣单位。

综上所述，只要用工单位与派遣单位存在关联关系，均禁止采用派遣用工这一方式。

2. 用工范围

《劳务派遣暂行规定》第三条、《劳动合同法》第六十六条均对劳务派遣只能作为用工单位劳动合同用工之补充形式作出了明确的界定，用工单位只能在临时性、辅助性或者替代性的工作岗位上使用被派遣劳动者。这“三性”只需具备其中“一性”即可采用派遣用工。

（1）临时性工作岗位，指存续时间不超过6个月的岗位。如生产月饼、粽子等季节性商品的企业，在销售旺季，生产企业临时性订单大量增加等的情形下，需要临时聘用生产、销售人员。

（2）替代性工作岗位，指用工单位的劳动者因脱产学习、休假等原因无法工作的一定时期内，可由其他劳动者替代工作的岗位。如根据法律法规的明确规定，在职工休探亲假、女职工休产假的时间，可进行派遣用工。替代性工作岗位是法定的，不能任意扩展解释。

（3）辅助性工作岗位是指为主营业务岗位提供服务的非主营业务岗

位。这类岗位在不同行业、不同单位差别较大，其确认办法是，经职工代表大会或者全体职工讨论，提出方案和意见，与工会或者职工代表平等协商确定，并在用工单位内公示。

3. **用工比例**

《劳动合同法》规定，用工单位应当严格控制劳务派遣用工数量，不得超过其用工总量的一定比例，具体比例由国务院劳动行政部门规定。

《劳务派遣暂行规定》第四条则对劳务派遣用工比例、计算公式、计算主体、统计口径、取值范围等作出了相应的规定：

用工单位应当严格控制劳务派遣用工数量，使用的被派遣劳动者数量不得超过其用工总量的10%。用工总量是指用工单位订立劳动合同人数与使用的被派遣劳动者人数之和。计算劳务派遣用工比例的用工单位是指依照《劳动合同法》和《劳动合同法实施条例》可以与劳动者订立劳动合同的用人单位。

而《劳动合同法实施条例》第四条则对用人单位的范畴又作出了细分说明：《劳动合同法》规定的用人单位设立的分支机构，依法取得营业执照或者登记证书的，可以作为用人单位与劳动者订立劳动合同；未依法取得营业执照或者登记证书的，受用人单位委托可以与劳动者订立劳动合同。

综上所述，用工单位的劳务派遣用工比例计算说明见表7-4。

表7-4　用工单位劳务派遣用工比例计算说明

计算公式	劳务派遣用工比例＝被派遣劳动者数量 ÷ 用工总量
计算主体	以《劳动合同法》《劳动合同法实施条例》规定的“用人单位”主体作为计算单位
用工总量	指用工单位订立劳动合同人数与使用的被派遣劳动者人数之和
统计口径	“用工总量”采用“职工”数量计算，不包含“外包等不与本单位签订劳动合同的其他从业人员”
核算周期	以年度平均值计算

4. **特殊情况**

《劳务派遣暂行规定》第二十五条对可以不受限制的用工单位也给出

了明确的界定，即外国企业常驻代表机构和外国金融机构驻华代表机构等使用被派遣劳动者的，以及船员用人单位以劳务派遣形式使用国际远洋海员的，不受临时性、辅助性、替代性岗位和劳务派遣用工比例的限制。

（三）劳务派遣协议内容规范

《劳动合同法》和《劳务派遣暂行规定》分别对劳务派遣协议的签订、内容等事宜作出了明确的规定。而《民法典》中的第三篇也对劳务派遣协议的签署给出了框架性的约束。

1.《民法典》规定

《民法典》第一百五十四条规定，行为人与相对人恶意串通，损害他人合法权益的民事法律行为无效。

劳务派遣协议具有民事合同的性质，所以，协议的双方（即派遣单位、用工单位）在确定协议条款时，虽然可以自行订立条款，但所订立的条款不能损害第三人（即被派遣劳动者）的利益。否则，所制定的条款属于无效内容。

例如，若劳务派遣协议中，派遣单位、用工单位双方约定的“用工单位有权随时将劳动者退回至派遣单位”损害了被劳务派遣劳动者的利益，该约定依法被认定为无效条款，用工单位更不能依据该无效约定随意退工。

2.《劳动合同法》规定

《劳动合同法》第五十九条规定，劳务派遣单位派遣劳动者应当与接受以劳务派遣形式用工的单位（以下称用工单位）订立劳务派遣协议。劳务派遣协议应当约定派遣岗位和人员数量、派遣期限、劳动报酬和社会保险费的数额与支付方式以及违反协议的责任。用工单位应当根据工作岗位的实际需要与劳务派遣单位确定派遣期限，不得将连续用工期限分割订立数个短期劳务派遣协议。

同时，《劳动合同法》第六十条进一步明确规定，派遣单位应当将劳务派遣协议的内容告知被派遣劳动者。

3.《劳务派遣暂行规定》规定

《劳务派遣暂行规定》对《劳动合同法》第五十九条的规定作了进一步的补充和说明，其中，第七条明确规定，劳务派遣协议应当载明下列内容：

（1）派遣的工作岗位名称和岗位性质。

（2）工作地点。

（3）派遣人员数量和派遣期限。

（4）按照同工同酬原则确定的劳动报酬数额和支付方式。

（5）社会保险费的数额和支付方式。

（6）工作时间和休息休假事项。

（7）被派遣劳动者工伤、生育或者患病期间的相关待遇。

（8）劳动安全卫生以及培训事项。

（9）经济补偿等费用。

（10）劳务派遣协议期限。

（11）劳务派遣服务费的支付方式和标准。

（12）违反劳务派遣协议的责任。

（13）法律、法规、规章规定应当纳入劳务派遣协议的其他事项。

（四）劳动合同签订履行规范

针对派遣单位与被派遣劳动者签订的劳动合同，《劳动合同法》和《劳务派遣暂行规定》均从合同形式、合同内容、试用期约定等方面作出了明确的规定。

1. 关于合同内容的规定

《劳动合同法》第五十八条第一款规定：劳务派遣单位是本法所称用人单位，应当履行用人单位对劳动者的义务。劳务派遣单位与被派遣劳动者订立的劳动合同，除应当载明本法第十七条规定的事项外，还应当载明被派遣劳动者的用工单位以及派遣期限、工作岗位等情况。

相应地，《劳动合同法》第十七条针对劳动合同的条款给出具体规定，劳动合同应当具备以下条款：

（1）用人单位的名称、住所和法定代表人或者主要负责人。

（2）劳动者的姓名、住址和居民身份证或者其他有效身份证件号码。

（3）劳动合同期限。

（4）工作内容和工作地点。

（5）工作时间和休息休假。

（6）劳动报酬。

（7）社会保险。

（8）劳动保护、劳动条件和职业危害防护。

（9）法律、法规规定应当纳入劳动合同的其他事项。

劳动合同除上述规定的必备条款外，用人单位与劳动者可以约定试用期、培训、保守秘密、补充保险和福利待遇等其他事项。

2. 关于合同形式的规定

《劳动合同法》第五十八条第二款规定：劳务派遣单位应当与被派遣劳动者订立 2 年以上的固定期限劳动合同，按月支付劳动报酬；被派遣劳动者在无工作期间，劳务派遣单位应当按照所在地人民政府规定的最低工资标准，向其按月支付报酬。

同时，《劳务派遣暂行规定》第五条也给出规定，劳务派遣单位应当依法与被派遣劳动者订立 2 年以上的固定期限书面劳动合同。

从上述两个条款来看，派遣单位需要明确地了解到，除 2 年以上的固定期限劳动合同，与被派遣劳动者不能签订三种形式的劳动合同，即无固定期限劳动合同、非全日制劳动合同、以完成一定任务为期限的劳动合同。

3. 关于试用期的约定

被派遣劳动者在同一派遣单位中被派遣到不同的用工单位，是否可以重新设定试用期，或者以试岗期、试工期等形式替代？

针对上述问题，《劳务派遣暂行规定》第六条给出了明确的规定：劳务派遣单位可以依法与被派遣劳动者约定试用期。劳务派遣单位与同一被派遣劳动者只能约定一次试用期。

该条款中的“依法”主要重申、强调了《劳动合同法》第十九条的相关规定：劳动合同期限3个月以上不满1年的，试用期不得超过1个月；劳动合同期限1年以上不满3年的，试用期不得超过2个月；3年以上固定期限和无固定期限的劳动合同，试用期不得超过6个月。同一用人单位与同一劳动者只能约定一次试用期。以完成一定工作任务为期限的劳动合同或者劳动合同期限不满3个月的，不得约定试用期。试用期包含在劳动合同期限内。劳动合同仅约定试用期的，试用期不成立，该期限为劳动合同期限。

通过对《劳务派遣暂行规定》第六条、《劳动合同法》第十九条的梳理，派遣单位在劳动合同中，只能与被派遣劳动者约定一次试用期，且试用期包含在劳动合同期限内；当该劳动者从上一家用工单位退工、被派遣到下一家的用工单位时，不存在试用、试岗、试工等类似问题。

同时，从《劳动合同法》第十九条关于试用期时长的规定来看，劳务派遣中的试用期时长最长不超过6个月。

（五）退工和解除合同规范

《劳动合同法》《劳务派遣暂行规定》均对用工单位的退工和派遣单位解除劳动合同作出了明确限定，以加强对被派遣劳动者的保护。根据规定，用工单位只能在法律规定、证据充足的情形下才能将被派遣劳动者退回派遣单位，而派遣单位与被派遣劳动者解除劳动合同的情形则复杂很多。

1. 合法退工并解除劳动合同

《劳动合同法》第六十五条第二款规定：被派遣劳动者有本法第三十九条和第四十条第一项、第二项规定情形的，用工单位可以将劳动者退回劳务派遣单位，劳务派遣单位依照本法有关规定，可以与劳动者解除劳动合同。

因此，如果被派遣劳动者有《劳动合同法》第三十九条规定的情形时，用工单位在证据充足的条件下，可以依此将被派遣劳动者退回派遣单位，而派遣单位也可依此与其解除劳动合同，并且用工单位和派遣单位不承担任何责任。

如果用工单位依照《劳动合同法》第四十条第一项、第二项规定，向派遣单位退回被派遣劳动者的，也属于合法退工，用工单位不承担责任。被派遣劳动者被退工后，派遣单位也可依此与劳动者解除劳动合同，但是需要向被派遣劳动者支付经济补偿金和代通知金等。但是，如果被派遣劳动者有《劳动合同法》第四十二条规定的情形时，派遣单位还是不能依第四十条的规定与被派遣劳动者解除劳动合同。

2. 合法退工但不能解除劳动合同

《劳务派遣暂行规定》第十二条规定，有下列情形之一的，用工单位可以将被派遣劳动者退回劳务派遣单位：

（1）用工单位有《劳动合同法》第四十条第三项、第四十一条规定情形的。

（2）用工单位被依法宣告破产、吊销营业执照、责令关闭、撤销、决定提前解散或者经营期限届满不再继续经营的。

（3）劳务派遣协议期满终止的。

符合上述情形的用工单位一般都可以依据规定，将被派遣劳动者退回派遣单位。但是,《劳务派遣暂行规定》第十三条又进一步对此类退工行为作出限制：被派遣劳动者有劳动合同法第四十二条规定情形的，在派遣期限届满前，用工单位不得依据本规定第十二条第一款第一项规定将被派遣劳动者退回劳务派遣单位；派遣期限届满的，应当延续至相应情形消失时方可退回。

但是，派遣单位却不能依此解除与被派遣劳动者的劳动合同。如果派遣单位解除与被派遣劳动者的劳动合同，则属于违法解除劳动合同，派遣单位要承担违法解除的赔偿金责任。

《劳务派遣暂行规定》第十五条第二款还进一步补充：被派遣劳动者因本规定第十二条规定被用工单位退回，劳务派遣单位重新派遣时降低劳动合同约定条件，被派遣劳动者不同意的，劳务派遣单位不得解除劳动合同。但被派遣劳动者提出解除劳动合同的除外。

3. **协商解除或终止劳动合同并给予经济补偿**

如果派遣单位发生《劳动合同法》第四十六条以及《劳务派遣暂行规定》第十一条、第十五条、第十六条规定的情形，结合《劳务派遣暂行规定》第十七条的规定，与被派遣劳动者解除或者终止劳动合同时，应当依法向被派遣劳动者支付经济补偿。

《劳务派遣暂行规定》第十一条规定：劳务派遣单位行政许可有效期未延续或者《劳务派遣经营许可证》被撤销、吊销的，已经与被派遣劳动者依法订立的劳动合同应当履行至期限届满。双方经协商一致，可以解除劳动合同。

《劳务派遣暂行规定》第十五条第一款规定：被派遣劳动者因本规定第十二条规定被用工单位退回，劳务派遣单位重新派遣时维持或者提高劳动合同约定条件，被派遣劳动者不同意的，劳务派遣单位可以解除劳动合同。

《劳务派遣暂行规定》第十六条规定：劳务派遣单位被依法宣告破产、吊销营业执照、责令关闭、撤销、决定提前解散或者经营期限届满不再继续经营的，劳动合同终止。用工单位应当与劳务派遣单位协商妥善安置被派遣劳动者。

4. **被派遣劳动者要求解除劳动合同时无须给付经济补偿**

根据《劳务派遣暂行规定》第十四条的规定，当被派遣劳动者要求解除劳动合同时，被派遣劳动者应提前 30 日以书面形式通知派遣单位后，可以解除劳动合同；在试用期的，被派遣劳动者应提前 3 个工作日通知派遣单位。这种情况下，派遣单位无须向被派遣劳动者给付经济补偿。

同时，派遣单位应当将被派遣劳动者通知解除劳动合同的情况及时告知用工单位。

（六）被派遣劳动者工伤处理规范

对于被派遣劳动者在用工单位因工作遭受事故伤害的，根据《劳务派遣暂行规定》第十条的规定：被派遣劳动者在用工单位因工作遭受事故伤害的，劳务派遣单位应当依法申请工伤认定，用工单位应当协助工伤认定的调查核实工作。劳务派遣单位承担工伤保险责任，但可以与用工单位约定补偿办法。被派遣劳动者在申请进行职业病诊断、鉴定时，用工单位应当负责处理职业病诊断、鉴定事宜，并如实提供职业病诊断、鉴定所需的劳动者职业史和职业危害接触史、工作场所职业病危害因素检测结果等资料，劳务派遣单位应当提供被派遣劳动者职业病诊断、鉴定所需的其他材料。

上述规定从三个方面影响派遣单位在被派遣劳动者工伤事故处理方面所承担的责任和风险：

（1）在用工单位发生的工伤事故，其工伤认定的申请事务，将全部由派遣单位承担，这增加了派遣单位工作量。

（2）工伤保险责任及该责任产生的工伤保险费缴纳“浮动费率”（浮动范围约为0.5%～3%）由派遣单位承担，这无形中增加了派遣单位的成本支出。

（3）派遣单位事先应就工伤保险责任承担的问题，与用工单位约定补偿的办法，或按费率补偿，或约定固定的数额来补偿。

三、劳务派遣服务实施风险管控

（一）用工单位需求分析风险管控

1. 风险分析

（1）依需求了解、考察用工单位的实情。对于用工单位提出的用工需求，对其提供的实际工作环境、工作岗位等进行了解，掌握其派遣用工范围、用工比例。如有必要的话，可对用工单位进行实地考察，确保派遣用工的合法合规性，避免用工单位派遣用工不合规导致派遣业务失败而引发纠纷。

（2）双方签订劳务派遣协议。派遣单位与用工单位的关系为民事法律关系，按《劳动合同法》等相关规定，双方应当签订劳务派遣协议。在实践中，劳务派遣协议的条款编写水平，在很大程度上决定了双方利益能否得到最大限度的保护，法律风险是否降至最低。

除了需要明确《劳务派遣暂行规定》第七条规定的 13 个项目，还需要在劳务派遣协议中约定有关事项，以避免可能发生的纠纷或风险，具体事项及风险说明见表 7–5。

表 7–5　劳务派遣协议中需明确的事项及风险说明

需明确的事项	可规避的风险
明确派遣单位与被派遣劳动者签订劳动合同的义务	避免因不签、漏签、迟签劳动合同，或与被派遣劳动者产生纠纷或致使被派遣劳动者对派遣单位、用工单位提出仲裁或诉讼
明确派遣单位有缴纳社会保险费的法定义务，明确未依法缴费的法律责任	避免因不缴、漏缴社会保险费而与被派遣劳动者产生纠纷，避免遭受仲裁的风险
明确用工单位退回被派遣劳动者的条件和程序	避免不合理退工给被派遣劳动者、派遣单位造成损失
明确被派遣劳动者因自身原因给用工单位造成损失时，用工单位的索赔渠道	避免派遣单位、用工单位对此说法不一而产生纠纷
明确工伤处理责任如何分担	避免双方因责任承担问题产生纠纷造成被派遣劳动者对两单位提出仲裁或诉讼

2. **常见问题解析**

派遣单位在开发客户单位、服务派遣用工需求咨询的过程中，最常遇到如何选择用工单位、如何办理劳务派遣手续、被派遣劳动者工资如何发放、被派遣劳动者社会保险如何办理、被派遣劳动者工伤如何解决等一系列的问题。

（1）选择用工单位。深入了解和全面掌握用人单位的实际情况，是作好劳务派遣管理服务工作的前提。当某一用工单位提出劳务派遣服务需求时，详细全面地了解和准确掌握用工单位的实际情况，是派遣单位的一项重要工作。

用工单位该如何选择才能降低本单位的经营风险，也是派遣单位业务人员面临的重要问题之一。

派遣单位及其业务人员一般应了解和掌握用工单位的下列情况，并根据本单位事先制定的用工单位综合情况评价表来综合评价，择优选择合适的用工单位，以规避风险：

1）详细了解用工单位采用劳务派遣方式的原因。

2）了解用工单位的企业性质、发展历史、企业文化、经营理念、经营状况、经营规模、产品名称、产品用途以及产品销量等。

3）了解用工单位使用被派遣劳动者的期限、所从事的岗位（工种）、技能、工作数量、质量要求等。

4）了解用工单位使用被派遣劳动者所执行的工时制度和提供的待遇等。

5）了解用工单位的相关配套制度，包括其组织架构、岗位说明书、带薪年休假制度、医疗期管理制度等。

6）了解被派遣劳动者工作场所的职业安全卫生状况和食宿条件等。

经过上述详细调查和了解，掌握用工单位的实际情况，是切实保障用工单位和劳动者合法权益的关键，只有深入了解和掌握用工单位的具体情况，才能为用工单位选派符合要求的劳动者，才能为用工单位提供既符合人力资源管理法规规定，又能使用工单位和劳动者满意的规范的劳务派遣管理服务。

（2）劳动者派遣手续办理。劳务派遣手续简便，派遣单位须与用工单位签订劳务派遣协议，根据用工单位派遣用工的需求（人员可以由用工单位自行招聘，也可通过本派遣单位招聘），确定被派遣劳动者的名单后，由派遣单位办理用工手续，办理派遣手续具体程序如下：

1）派遣单位与用工单位签订劳务派遣协议。在双方遵守《劳动法》的前提下，按《民法典》明确劳务派遣合同双方的责任义务。

2）派遣单位与被派遣劳动者签订劳动合同，注明所要派遣到的用工单位名称及岗位。

3）用工单位与被派遣劳动者签订上岗协议，明确双方的劳务关系及所从事工作岗位职责的具体要求。

（3）被派遣劳动者的工资发放。一般来说，派遣单位与用工单位会在劳务派遣协议中约定好被派遣劳动者的工资发放问题。用工单位按月管理和考核被派遣劳动者的情况，确定其应得工资总额、社会保险费和公积金、加班费以及应扣缴的个人所得税等，每月底划拨到派遣单位的财务账户上，派遣单位代发全部被派遣劳动者的工资、代扣个人所得税、代扣社会保险费和公积金。

（4）被派遣劳动者社会保险办理。被派遣劳动者的社会保险由派遣单位办理，相关费用由用工单位承担，需要双方在劳务派遣协议中做好约定。一般来说，派遣单位根据用工单位提出的被派遣劳动者的工资基数，办理社会保险的项目，具体如下：

1）每月规定日期前，用工单位支付次月社会保险所需费用。

2）派遣单位为被派遣劳动者代交各项社会保险费用。

3）派遣单位根据被派遣劳动者每月增减情况变化，及时办理人员调入、调出社会保险的转移手续。

4）被派遣劳动者符合养老、医疗、失业、工伤应享受的待遇时，派遣单位负责办理各项费用的报销手续。

5）派遣单位根据用工单位的要求为被派遣劳动者办理住房公积金的申缴、代交手续。

6）派遣单位负责向用工单位提供各项社会保险的政策咨询及各项社会保险新出台政策的宣传。

（5）被派遣劳动者的工伤问题解决。被派遣劳动者在工作岗位受伤如何处理的问题，派遣单位应与用工单位在洽谈时明确双方的权利和义务，并于劳务派遣协议中明确规定，具体如下：

1）用工单位负责工作场地、设施及环境的安全管理，提供必要的劳动保护条件。

2）派遣单位有责任定期查看被派遣劳动者的工作场地安全设施，向用工单位提出用工安全建议，以保证被派遣劳动者的劳动安全，避免发生工伤事故。

3）被派遣劳动者因工受伤时，派遣单位负责处理工伤鉴定与理赔事宜；用工单位有义务第一时间通知派遣单位，并做好工伤现场的保护，以便工伤调查取证。

（6）用工单位需要承担的费用。用工单位需要承担的费用项目包括被派遣劳动者工资、各项社会保险费和公积金缴费、员工加班费、员工福利费、工会会费、劳务派遣服务费用及相关税金。

（7）被派遣劳动者合法辞退。采取劳务派遣用工方式，对发生的劳资纠纷，可以采取一些合理合法的手段减少用工单位的经济损失，减轻用工单位承担的责任和风险，但不等于用工单位因此可以随意、无故辞退所用的被派遣劳动者。

针对用工单位在什么情况下可以退工而不支付经济补偿金，在什么情况下退工需要支付经济补偿金，劳务派遣协议中需要明确规定，避免后期派遣单位与用工单位发生劳务纠纷。

（8）工伤、生育、医疗待遇支付。关于被派遣劳动者的工伤、生育、医疗待遇问题，派遣单位应与用工单位事先洽谈协商，并以条文形式在劳务派遣协议中明确规定，以避免发生相应的情形时出现争议或纠纷。

（9）劳务派遣时间长短确定。劳务派遣时间长短均按用工单位的实际需要来确定，一般以中期（三年期以内）、短期（一年期）和临时（半年以内）为适宜。

（二）劳务派遣劳动合同解除或终止的风险管控

1. 风险分析

在劳务派遣业务中，劳动合同的解除或终止存在着诸多风险，易造成派遣单位业务上的被动和经济方面的损失。从导致这些风险的主体来说，劳动合同解除或终止风险可以分为被派遣劳动者解除或终止劳动合同带来的风险及派遣单位解除或终止劳动合同的操作风险。

（1）被派遣劳动者解除或终止劳动合同带来的风险。被派遣劳动者主动解除或终止劳动合同，对派遣单位来说，一来会造成用工单位的工作断档，从而对本派遣单位的服务不满意，二来还会带来一些难以预料的内部风险。具体被派遣劳动者解除或终止劳动合同带来的风险及派遣单位应采取的风险防范措施见表 7–6。

表 7–6　被派遣劳动者解除或终止劳动合同带来的风险及防范措施

风险类别	风险说明	风险防范措施
工作绩效降低	工作未交接或交接不全，导致后续接手人员无法顺利开展工作	对解除或终止劳务派遣劳动合同的程序和工作交接做事先约定，并明确违约责任
商业秘密泄露	被派遣劳动者掌握着本派遣单位或用工单位的商业秘密	加强商业保密措施，签订竞业限制协议
形象信用损失	被派遣劳动者若处在派遣期，其任意中断派遣项目必然会损害派遣单位形象及信用	规范自身用人行为，并明确本派遣单位劳动合同解除或终止的程序及要求，说明违法违规解除劳动合同的法律后果
客户单位流失	因被派遣劳动者离职造成客户不满意而发生客户流失现象	与客户单位沟通，取得客户单位相关负责人的谅解及信任；为客户单位及时推荐合适的被派遣劳动者，并酌情给予优惠
支付经济补偿金	派遣单位存在过错，迫使被派遣劳动者辞职的；被吊销营业执照、责令关闭、撤销或决定提前解散的	规范自身用人行为，并时刻关注政策法律变化，改变管理观念，规范离职手续办理，依法支付经济补偿金

（2）派遣单位解除或终止劳动合同的风险。不论被派遣劳动者是否存在过错，派遣单位解除或终止劳动合同都极易发生劳动争议，甚至出现因索赔导致的恶性事件，对本单位的正常运营产生不利影响。

派遣单位解除或终止劳动合同时应慎之又慎，在证据充足或合理合法的前提下，方可解除或终止劳动合同。

具体来说，派遣单位在解除或终止劳动合同方面会隐存如下风险。

1）在下列三种情况下，若派遣单位与被退回的员工解除劳动合同，均属于违法行为：

①根据《劳务派遣暂行规定》相关规定，被派遣员工被用工单位退回，劳务派遣单位立即与其解除劳动合同。

②以劳务派遣员工不同意降低劳动合同约定条件重新派遣为由而与其解除劳动合同。

③在《劳动合同法》或者《劳务派遣暂行规定》有关规定的情形下，与被派遣员工解除或者终止劳动合同但未支付经济补偿的。

在上述三种情况下，若被派遣劳动者提出仲裁或诉讼申请，派遣单位一般均会败诉，不仅需承担经济补偿金、赔偿金，还会对本单位的日常运营、企业形象等造成重大损失。

2）非过错性解除劳动合同风险。被派遣劳动者并无重大过错，只是不能胜任工作或客观情况发生重大变化，派遣单位未提前 30 日以书面形式通知被派遣劳动者本人或者未额外支付其一个月工资就与其解除劳动合同，存在法律风险，极易引发劳动纠纷。

3）劳动合同终止风险。根据《劳务派遣暂行规定》有关规定，劳务派遣单位被依法宣告破产、吊销营业执照、责令关闭、撤销、决定提前解散或者经营期限届满不再继续经营的，劳动合同终止。若派遣单位不符合劳动合同终止条件即终止劳动合同，或虽劳动合同终止合法但并未依法支付经济补偿的，都属于违法行为，存在法律风险。

2. 常见问题解析

派遣单位在与被派遣劳动者解除或终止劳动合同时，经常遇到的两大难题是举证不足及经济补偿金计算不合规或不准确。

（1）举证不足的问题。如果被派遣劳动者在试用期不符合录用条件，派遣单位必须协同用工单位在试用期届满前举证，方可解除或终止劳动合同。逾期，派遣单位不得以“不符合录用条件”“不合格”等理由与被派遣劳动者解除劳动合同。

派遣单位检查自身规章制度是否健全和规范，生效程序是否履行完备，如规章制度的生效需经职工代表会或职工大会确认的，应履行报告程序并明确告知被派遣劳动者本人。

对于何为严重违纪中的“严重”、重大损害中的“重大”，派遣单位可以与被派遣劳动者进行约定，具体可采用列举式、数量式、类比式、综合式等多种方式。

（2）经济补偿金的计算不合规或不准确。劳务派遣中的经济补偿金是指派遣单位与被派遣劳动者解除劳动合同时，给予被派遣劳动者的经济补偿。为规避经济补偿金的计算不合规或不准确问题，派遣单位应掌握如下两大要点。

1）经济补偿金的支付情形。参照《劳动合同法》《劳务派遣暂行规定》的有关条款，劳务派遣中经济补偿金的支付情形见表 7–7。

表 7–7　　经济补偿金的支付情形

支付情形	具体内容
一般解除劳动合同	1. 被派遣劳动者依照《劳动合同法》第三十八条规定解除劳动合同的 2. 派遣单位向被派遣劳动者提出解除劳动合同并与被派遣劳动者协商一致解除劳动合同的 3. 派遣单位依照《劳动合同法》第四十条规定解除劳动合同的 4. 派遣单位依照《企业破产法》规定进行重整，需要裁减人员 20 人以上或者裁减不足 20 人但占企业职工总数 10% 以上的，与被派遣劳动者解除劳动合同的 5. 法律、行政法规规定的其他情形
退回解除劳动合同	1. 被派遣劳动者因《劳务派遣暂行规定》第十二条规定被用工单位退回，派遣单位重新派遣时维持或者提高劳动合同约定条件，被派遣劳动者不同意，派遣单位解除劳动合同的 2. 被派遣劳动者因《劳务派遣暂行规定》第十二条规定被用工单位退回，派遣单位重新派遣时降低劳动合同约定条件，被派遣劳动者提出解除劳动合同的
劳动合同终止	1. 劳动合同期满终止固定期限劳动合同的（除用人单位维持或者提高劳动合同约定条件续订劳动合同，被派遣劳动者不同意续订的情形外） 2. 派遣单位被依法宣告破产、吊销营业执照、责令关闭、决定提前解散或者经营期限届满不再继续经营，终止劳动合同的

2）经济补偿金计算标准。为避免经济补偿金计算不准确带来的劳务纠纷，派遣单位可参照表 7–8 的标准进行计算。

表 7–8　　经济补偿金的计算标准

在本单位工作年限	经济补偿金计算标准
年限 <6 个月	支付半个月工资
6 个月≤年限 <1 年	支付 1 个月工资
1 年≤年限	每满一年支付一个月工资

续表

在本单位工作年限	经济补偿金计算标准
备注	1. 工资高于公司所在直辖市、设区的市级人民政府公布的本地区上年度职工月平均工资 3 倍的，支付经济补偿的标准按职工月平均工资 3 倍的数额支付 2. 最多不超过本人 12 个月工资

（三）跨地区劳务派遣社会保险风险管控

1. 风险分析

随着时代的发展，跨地区劳务派遣形式被越来越多的用工单位接受。在办理跨地区被派遣劳动者社会保险调入、调出过程中，派遣单位一定要严格参照《劳动合同法》《劳务派遣暂行规定》的有关条款及用工单位所在地的地方规定，防止因违反有关法律法规导致如下情形的风险：

（1）产生劳务纠纷，影响派遣单位形象。

（2）被派遣劳动者以未依法为其缴纳社会保险费为由提出解除劳动关系，并要求派遣单位支付经济补偿金，给派遣单位带来经济损失。

（3）未在用工单位所在地为其缴纳社会保险费，导致被派遣劳动者发生工伤等事故后，不能享受工伤保险待遇而需派遣单位支付大量医疗费，给本单位造成经济损失。

（4）自行设立派遣单位，并将被派遣劳动者派遣到本单位或者本单位所属单位工作，导致被劳动行政部门责令限期改正、罚款、赔偿被派遣劳动者损害，甚至吊销劳务派遣业务经营许可证。

2. 常见问题解析

我国社会保险实行属地化管理原则，即现阶段被派遣劳动者的社会保险费一般在派遣单位所在地缴纳。但是，涉及跨地区（跨社会保险统筹地区）进行劳务派遣时，经办人员经常会遇到以下两大问题：

（1）只给被派遣劳动者按当地最低标准缴纳社会保险费。《劳务派遣暂行规定》第十八条规定，劳务派遣单位跨地区派遣劳动者的，应当在用工单位所在地为被派遣劳动者参加社会保险，按照用工单位所在地的规定缴纳社会保险费，被派遣劳动者按照国家规定享受社会保险待遇。《劳动合同法》第六十一条规定，劳务派遣单位跨地区派遣劳动者的，被派遣劳动者享有的劳动报酬和劳动条件，按照用工单位所在地的标准执行。

不同地方标准不同，如有的地方规定为社会保险缴费工资按照本人上一年月平均工资计算。新参加工作或失业后再就业的人员，转业、复员、退伍军人，由机关或其他企事业单位转入某用工单位的人员，以进入该用工单位工作第一个月的工资作为当年的缴费工资。从第二年起，以本人上一年在该用工单位的月平均工资作为缴费工资。对于收入过高或过低的被派遣劳动者，即其上一年月平均工资低于当地缴费下限的，以下限作为缴费基数；高于当地缴费上限的，以上限作为缴费基数。

（2）在缴纳标准较低的地区为被派遣劳动者缴纳社会保险费。若派遣单位注册地社会保险缴纳基数低于用工单位所在地社会保险缴纳基数，为了降低用人成本，派遣单位或用工单位有时会选择在派遣单位注册地为被派遣劳动者缴纳社会保险费。

例如，在河北省注册的派遣单位向北京市内用工单位进行劳务派遣时，为降低社保缴纳成本，派遣单位或用工单位为被派遣劳动者在河北省缴纳社会保险费。根据有关法律法规，上述做法明显错误。《劳务派遣暂行规定》第十八条规定，派遣单位跨地区派遣劳动者的，应当在用工单位所在地为被派遣劳动者参加社会保险。而《劳动合同法实施条例》第十四条规定：劳动合同履行地与用人单位注册地不一致的，有关劳动者的最低工资标准、劳动保护、劳动条件、职业危害防护和本地区上年度职工月平均工资标准等事项，按照劳动合同履行地的有关规定执行；用人单位注册地的有关标准高于劳动合同履行地的有关标准，且用人单位与劳动者约定按照用人单位注册地的有关规定执行的，从其约定。

（四）劳务派遣争议处理服务风险管控

1. 风险分析

在劳务派遣过程中，经常会在派遣单位与被派遣劳动者、派遣单位与用工单位、用工单位与被派遣劳动者之间产生相关争议。因为劳务派遣业务涉及三方关系，其职责权属比一般的劳动关系更加复杂，所以派遣单位在处理劳务派遣纠纷时更应该小心、谨慎、合法。对于派遣单位来说，劳务派遣争议风险主要存在协商解决和调解这两大环节中。

（1）协商解决环节存在的风险。协商解决是指发生劳务派遣争议后，派遣单位与被派遣劳动者就争议的有关问题进行协商，在自愿、互谅的基础上达成和解协议，快速、简洁地解决争议。协商解决既可以快速、妥善地解决争议，同时也可以继续保持派遣单位与被派遣劳动者的良好关系，因此，在日常实践中大多数的劳务派遣争议都是通过协商解决的。

协商解决劳务派遣纠纷过程中，最易在协议的拟定和履行过程中产生风险，具体见表 7–9。

表 7–9　协商解决环节存在的两大风险

环节	说明	规避
协议拟定风险	约定的有利条款被认定无效，以致在仲裁、诉讼环节无法主张权利	1. 约定内容不得违反法律法规的强制性、禁止性规定 2. 约定手段不得存在欺诈、胁迫或者乘人之危等不良情形，可在劳务派遣争议解决协议中约定被派遣劳动者的放弃条款及法定标准，通过积极明示规避以欺诈、胁迫或者乘人之危为由主张权利的风险
协议履行风险	不履行和解协议，存在因反悔而支付违约金风险	如果双方在劳务派遣争议解决协议中约定了不履行协议内容需支付的违约金，那么派遣单位应本着诚信的原则，积极履行该协议约定的内容

（2）调解环节存在的风险。劳务派遣争议的调解，是指派遣单位与被派遣劳动者自愿由第三方进行居间调解，在查明事实、分清责任、互谅互让的基础上，达成和解、解决争议的办法。一般来说，我国劳务派遣争议调解组织包括企业劳动争议调解委员会、依法设立的基层人民调解组织、在乡镇或街道设立的具有劳动争议调解职能的组织三种。

经调解达成协议，派遣单位与被派遣劳动者应签订调解协议书。但是，需要派遣单位特别注意的是，调解协议书不一定具有法律层面的强制力，这就使调解结果的执行也存在一定风险，如一方不履行协议等。为提高调解协议书的强制执行力，派遣单位应与被派遣劳动者在调解协议书生效之日起30日内向人民法院申请司法确认。

2. **常见问题解析**

在处理劳务派遣争议过程中，派遣单位往往存在因不了解有关法律法规或缺乏实际处理经验而产生一系列问题，包括劳动争议调解委员会成立不规范、劳务派遣争议处理范围不明确、忽略有利证据的准备、忽略劳务派遣争议仲裁的时限等。

（1）劳动争议调解委员会成立不规范。根据《劳动争议调解仲裁法》第十条规定，劳动争议调解委员会应由职工代表和派遣单位的代表组成。其中，职工代表由工会成员担任或者由全体职工推举产生，派遣单位代表由本单位负责人指定。劳动争议调解委员会主任由工会成员或者职工与派遣单位双方推举的人员担任。

（2）劳务派遣争议处理范围不明确。根据《劳动争议调解仲裁法》第二条规定，劳务派遣争议处理的范围有：

1）因确认劳动关系发生的争议。

2）因订立、履行、变更、解除和终止劳动合同发生的争议。

3）因除名、辞退、辞职和离职发生的争议。

4）因工作时间、休息休假、社会保险、福利、培训以及劳动保护发生的争议。

5）因劳动报酬、工伤医疗费、经济补偿或赔偿金等发生的争议。

6）法律法规规定的其他劳动争议。

（3）忽略有利证据的准备。劳务派遣争议若协商、调解不成功，则有可能形成仲裁、诉讼案件。在仲裁、诉讼过程中，派遣单位如果不能提交合法、有利的证据，将很难主张自己的合法权利。

劳务派遣争议的证据往往难以马上收集齐全，因此在日常实践中，派遣单位需规范本单位的管理行为，对各种资料及时进行收集和保管，建立规整、齐全的档案。常见证据包括物证、视听资料、电子数据、证人证言、当事人陈述、鉴定意见、勘验笔录等。

（4）忽略劳务派遣争议仲裁的时限。劳务派遣争议申请仲裁的时效期间从当事人知道或者应当知道其权利被侵害之日起计算，时效期为一年。如果超过了仲裁时限，即使被派遣劳动者侵权，派遣单位也很难维护自己的合法权益。因此，派遣单位应控制好协商、调解的时间，确保需要申请仲裁的在规定时限内申请。

（五）被派遣劳动者工伤事故处理及管理风险管控

1. 风险分析

被派遣劳动者若发生工伤事故，派遣单位可能面临巨额赔偿、形象受损等风险。在处理及管理被派遣劳动者工伤事故中，派遣单位应重点关注下列两大风险：

（1）非法用工工伤带来的风险。有的派遣单位或心存侥幸，或为节省成本，并未依法给每名被派遣劳动者都缴纳工伤保险费。根据《工伤保险条例》第六十二条规定，派遣单位应当参加工伤保险而未参加的，如果被派遣劳动者发生工伤的，该派遣单位将按《工伤保险条例》规定的工伤保险待遇项目和标准支付其相关费用。因此，一旦被派遣劳动者发生工伤，派遣单位不能申请工伤保险待遇，就需自己支付全部巨额的费用，即面临巨大的资金风险。

所以，派遣单位应当严肃地认识到，为被派遣劳动者缴纳工伤保险费是本单位的义务和责任，从而合理地降低自身风险。如果出现被派遣劳动者未参加工伤保险而发生工伤的，派遣单位需及时为其补缴应当缴纳的工伤保险费、滞纳金，以降低派遣单位同类费用支付的成本风险。

（2）承担工伤保险责任带来的风险。根据《劳务派遣暂行规定》第十条规定，派遣单位承担工伤保险责任，这就在法律上确定了被派遣劳动者发生工伤后可以向派遣单位主张赔偿的权利。

派遣单位承担工伤保险责任是不可规避的，但因此产生的赔偿额度是可以控制或减少的。

1）派遣单位与用工单位在劳务派遣协议中约定被派遣劳动者发生工伤事故后的补偿办法。

2）派遣单位为被派遣劳动者购买补充商业保险，以保证被派遣劳动者发生工伤后，除可申请工伤保险待遇外，还可向保险公司申请赔偿。

3）派遣单位为工伤劳动者积极办理工伤认定、工伤医疗费用报销、劳动能力鉴定等，确保相关工作符合办理时限要求，防止报销超时后相关费用由本单位承担的风险发生，充分发挥工伤保险的保障作用。

2. 常见问题解析

派遣单位在处理工伤事故的实践中，工伤认定手续或者职业病诊断、鉴定手续由谁办理，什么样的情形下可认定或视同工伤等问题为派遣单位最常见的问题。

（1）工伤认定手续或者职业病诊断、鉴定手续由谁办理。劳务派遣的一大特点就是用人单位与用工单位分离，在这种情况下，被派遣劳动者如在工作中发生工伤或者罹患职业病，会面临一个很重要的问题——工伤认定手续或者职业病诊断、鉴定手续到底由谁来办理。

《劳务派遣暂行规定》明确地解决了这一问题。根据《劳务派遣暂行规定》第十条规定，派遣单位、用工单位在工伤认定以及职业病诊断、鉴定过程中的角色分工以及各自的职责义务见表 7–10。

表 7–10　　角色分工及职责义务表

责任主体	工伤认定	职业病诊断、鉴定
派遣单位	主导地位，依法申请工伤认定	提供被派遣劳动者职业病诊断、鉴定所需的其他材料
用工单位	协助工伤认定的调查核实工作	主导地位，负责处理职业病诊断、鉴定事宜，并如实提供职业病诊断、鉴定所需的劳动者职业史和职业危害接触史、工作场所职业病危害因素检测结果等资料

（2）什么样的情形下可认定或视同工伤。实践中工伤认定的情形比较复杂，派遣单位社会保险工作人员应对复杂情形工伤的认定要有所了解，合理区分工伤与非工伤，合法开展工伤事故处理工作。

1）上下班途中工伤的认定。《工伤保险条例》规定在上下班途中，受到非本人主要责任的交通事故或者城市轨道交通、客运轮渡、火车事故伤害的，应当认定为工伤。由此可见，上下班途中工伤认定有两大限定：一是发生交通事故；二是认定者为非主要责任。如员工在上下班途中发生交通事故，但存在酒后驾车、无照驾驶等情况，则一般不予认定为工伤。

2）暴力伤害的认定情况。员工在工作时间和工作场所内，因履行工作职责对他人进行管理，因他人不服从而受到暴力侵害，造成伤害的，一般可认定为工伤。

3）单位活动中的认定情况。参照《最高人民法院关于审理工伤保险行政案件若干问题的规定》（法释〔2014〕9号），员工参加用人单位组织或者受用人单位指派参加其他单位组织的活动受到伤害的，一般可认定为工伤。

（六）用工单位退工受理风险管控

1. 风险分析

派遣单位在遭受用工单位退工时，即使是不合法退工或用工单位的单方面行为，派遣单位也有相关的法律责任。《劳动合同法》第九十二条第二款规定：劳务派遣单位、用工单位违反本法有关劳务派遣规定的，由劳动行政部门责令限期改正；逾期不改正的，以每人5 000元以上10 000元以下的标准处以罚款，对劳务派遣单位，吊销其劳务派遣业务经营许可证。用工单位给被派遣劳动者造成损害的，劳务派遣单位与用工单位承担连带赔偿责任。

因此，派遣单位必须防止因用工单位的违法退回给本单位带来的法律风险。用工退回的风险主要存在于受理用工退回申请与退回事实调查与验证这两大环节。

（1）受理用工退回申请。如果用工单位擅自退回而派遣单位不知情，或退回理由不充足而派遣单位未加判断、审核，则派遣单位有可能面临非法退回带来的仲裁、诉讼、赔偿等风险。

在此环节中，派遣单位一要完善劳务派遣协议关于退工的条款，约束用工单位的肆意退工行为；二要建立申诉举报机制，有效降低用工单位非法退回不通知本单位的概率；三要掌握用工退回的类型（见表7-11），快速、及时、准确识别非法退回，确保用工单位退回满足法定退回、约定退回或协商退回的要求，对不符合条件的予以驳回。

表 7–11　　　　用工退回分类表

类别		具体说明
法定退回	立即退回，可无责任解除合同	根据《劳动合同法》第六十五条规定，可以进行退回的情形如下： 1. 试用退回，即在试用期期间被证明不符合录用条件的 2. 严重违纪退回，即严重违反用工单位的规章制度的 3. 严重损害退回，即严重失职、营私舞弊，给用工单位造成重大损害的 4. 兼职退回，即被派遣劳动者同时与其他用人单位建立劳动关系，对完成用工单位的工作任务造成严重影响，或者经用工单位提出，拒不改正的 5. 无效退回，即因《劳动合同法》第二十六条第一款第一项规定的情形致使劳动合同无效的 6. 刑责退回，即依法被追究刑事责任的
	限制性退回，解除合同需履行法定义务，如支付经济补偿金	1. 疾病退回，即被派遣劳动者患病或者非因工负伤，在规定的医疗期满后不能从事原工作，也不能从事由用工单位另行安排的工作的 2. 不胜任退回，即被派遣劳动者不能胜任工作，经过培训或者调整工作岗位，仍不能胜任工作的 3. 劳务派遣协议无法履行退回，劳务派遣协议订立时所依据的客观情况发生重大变化，致使劳务派遣协议无法履行，经用工单位与被派遣劳动者协商，未能就变更劳务派遣协议内容达成协议的 4. 裁员退回，用工单位有《劳动合同法》第四十一条规定情形的 5. 期满退回，劳务派遣协议期满终止的 6. 其他退回，用工单位被依法宣告破产、吊销营业执照、责令关闭、决定提前解散或者经营期限届满不再继续经营的
约定退回		派遣单位和用工单位在不违反国家法律法规、政策的前提下，根据实际派遣管理需要，双方在法定退回之外，在劳务派遣协议或专项协议中约定可以退回的情形，如用工单位经济困难时
协商退回		用工单位在不具备法定退工或约定退工条件的情况下，也可以通过与派遣单位的协商，在征得被派遣劳动者认可后，实施退工行为

续表

类别	具体说明
非法退回	用工单位利用法定退回、约定退回以外的理由（如以被派遣劳动者的性别、身高作为问题等），将被派遣劳动者退回派遣单位，属于违法退回

（2）退回事实调查与验证。在退回事实调查与验证过程中，派遣单位如果调查不仔细，验证不合理，会导致调查验证结果不准确，存在违法退回的情况，从而带来法律风险。

退回事实调查与验证的重点主要包括表 7–12 所列的两个方面的工作。

表 7–12　　退回事实调查与验证的重点工作

名称	内容
调查验证法律证据	没有证据支撑的退回将得不到法律的支持，具体证据调查验证重点为是否有本人签字或者有足够旁证材料证明
调查验证退回程序	调查验证用工单位的退回程序是否符合劳务派遣协议的相关规定，如提前多少天通知或者支付赔偿金

2. 常见问题解析

在处理用工退回时，派遣单位经常遇到的问题是退回劳动者的薪酬如何发放问题。《劳动合同法》第五十八条规定，被派遣劳动者在无工作期间，派遣单位应当按照所在地人民政府规定的最低工资标准，向其按月支付报酬。

根据上述规定，被派遣劳动者遭用工单位退回，又不构成解除劳动合同条件的，派遣单位可按照所在地人民政府规定的最低工资标准，向被派遣劳动者按月支付薪酬。

此外，因用工单位非法退回造成被派遣劳动者一时无法工作的“无工作期间”，派遣单位应重点关注，区别对待。因该“无工作期间”是用工单位的违法行为造成的，若派遣单位仍按《劳动合同法》规定，以当地最低工资标准发放薪酬，则有违劳动立法的公平原则、诚实信用原则、公序良俗原则。

实践中，针对这种情况，在恢复劳动关系前，派遣单位一方面应按原劳务派遣协议约定的工资标准或其实际工资收入支付薪酬；另一方面应参照劳务派遣协议及有关法律规定，酌情要求用工单位给予赔偿。

本章自测题

1. 劳务派遣的三方主体是什么?
2. 简述劳务派遣的三重关系。
3. 劳务派遣的十大用工模型分别是什么?
4. 简述劳务派遣与其他用工方式的区别。
5. 简述劳务派遣服务的实施步骤。
6. 简要分析派遣单位如何管控劳务派遣服务各阶段风险。

第八章　人力资源外包服务

学习目标

- 了解人力资源外包服务的内涵
- 熟悉人力资源外包服务与劳务派遣的区别
- 了解人力资源外包服务的优势
- 熟悉人力资源外包服务的业务类型
- 掌握人力资源外包服务的实施步骤
- 掌握人力资源外包服务的实施标准

引导案例

关于开展 A 公司员工薪酬外包工作的通知

各项目经理部：

根据国家《劳务派遣暂行规定》的有关要求，为规范公司劳务派遣用工管理，配合局财务共享中心及工资系统的上线实施，经研究，决定开展员工薪酬外包工作，现就有关工作通知如下：

1. 薪酬外包的范围

薪酬外包人员的范围确定为：局劳务派遣人员、公司劳务派遣人员、项目聘用人员。

2. 服务机构及费用

服务机构为M人力资源服务机构，薪酬外包费用为每人每月30元。

3. 薪酬外包时间

自2021年1月开始实施薪酬外包。

4. 薪酬外包流程

（1）公司与M人力资源服务机构在原有劳务派遣协议的基础上，签订工资发放补充协议和委托付款补充协议。

（2）按照局财务共享服务中心先计提后发放的要求和个人所得税申报的时间节点，要求项目每月5日前必须编制上一月度的工资表，填写M人力资源服务机构工资代付附表，并将工资表及M人力资源服务机构工资代付附表（附件3）一并报公司人力资源部审核。

（3）人力资源部收集汇总各项目上报的工资表及M人力资源服务机构工资代付附表，审核无误后于每月10日前发给M人力资源服务机构。

（4）各项目于每月10日前将相应的工资金额及服务费支付给M人力资源服务机构。M人力资源服务机构在收到款后3个工作日内发放给员工，并开具相关发票，邮寄至各项目。

（5）各项目收到发票后进行账务报销。

5. 开具薪酬发票

由于各项目的要求不同，M人力资源服务机构根据各项目填写的M人力资源服务机构工资代付附表中的表2开票内容开具发票。原则上各项目每月薪酬外包的发票为4张，分别为：①局劳务派遣人员的工资，开具增值税普通发票，内容为“劳务费”；②公司劳务派遣人员的工资，开具增值税普通发票，内容为“劳务费”；③项目聘用人员的工资，开具增值税普通发票，内容为“劳务费”；④所有人员的服务费，开具增值税专用发票，内容为“服务费”。

6. 其他

（1）各项目上报的工资表及M人力资源服务机构工资代付附表已经确认上报，原则上不允许临时改动变化。

（2）经与税务局反复确认，国内和国外项目人员在国内发放工资，个人所得税起征点为5 000元。

（3）由于个人所得税申报的要求，各项目务必每月按时发放劳务派遣和聘用人员工资，因项目原因没有按时发放工资，导致个人所得税合并计税，增加员工负担，责任由项目承担。

（4）国外项目由于涉及工资由总部代付的问题，务必按时报送相关资料，给人力资源部留有充分的工资审批和系统提单时间。

特此通知。

人力资源部

2021年1月8日

第一节　人力资源外包服务概述

一、人力资源外包服务的内涵

人力资源外包服务是指企业根据需要将人力资源管理工作、流程或职能中的某一项或几项工作、流程或职能外包出去，由第三方人力资源服务机构进行管理，以便降低企业经营成本，实现企业效益最大化。

人力资源外包服务是企业整合利用其外部优秀的专业化资源，降低成本、提高效率，充分发挥自我核心竞争力和增强企业自身对环境的迅速应变能力的一种管理模式，也是第三方人力资源服务的重要内容。

总体而言，人力资源外包服务是将人力资源管理工作、流程或职能委托给专业组织进行管理和运作，包括人力资源规划、制度设计与创新、流程整合、员工满意度调查、薪资调查及方案设计、培训工作、劳动仲裁、员工关系、企业文化设计等方面。

二、人力资源外包服务与劳务派遣

人力资源外包服务与劳务派遣在很多方面有相似之处，但又有明显区别（见表 8–1）。

表 8–1　　人力资源外包服务与劳务派遣的比较

比较依据	人力资源外包服务	劳务派遣
适用的主要法律	《民法典》	《劳动合同法》
经营主体	经营人力资源外包服务的可以是个人，也可以是法人或其他实体单位	经营劳务派遣的单位必须是严格按照《劳动合同法》规定设立的法人实体
劳动合同关系	外包单位与劳动者不签订劳动合同	派遣单位与劳动者签订劳动合同
合同标的	按照事先确定的外包业务单价，根据外包单位完成的工作量结算，合同标的主要是“事”，也可理解成用工单位购买的是“劳务”	按照派遣的时间和费用标准，根据约定派遣的人数结算费用，合同标的的主要是“人”，可理解成用工单位购买的是“劳动力”
侵权后果	用工单位与人力资源外包单位之间按双方订立的合同承担权利义务，外包单位对劳动者基本上不承担责任	若在派遣过程中，给被派遣劳动者造成损害的，派遣单位与用工单位按《劳动合同法》等的规定承担连带赔偿责任

综上所述，人力资源外包服务与劳务派遣区别的关键在于谁与劳动者签订劳动合同。人力资源外包服务是用工单位与劳动者签订劳动合同、建立劳动关系，用工单位只是将涉及企业非核心价值、非机密的工作，委托给专业机构代理；而劳务派遣是派遣单位与被派遣劳动者签订劳动合同，建立形式劳动关系，成为劳动者的法定雇用单位，用工单位则负

责对被派遣劳动者的日常管理。

三、人力资源外包服务的优势

人力资源外包服务具有以下 4 个方面的优势。

（一）有利于减少投入、降低开支

通过人力资源外包服务，可减少企业行政事务性人力资源工作的资源投入，有利于降低人力资源管理支出。

（二）有利于集中优势资源、提升核心竞争力

企业将招聘员工、新员工培训、工资发放、人事档案管理、约束与激励机制改革方案制定等转交给第三方人力资源服务机构，可减少这类工作对企业发展的干扰和负担，有利于企业将有限资源集中投入与企业核心竞争力有关的工作中，提升企业核心竞争力。

（三）有利于规范管理、完善制度

当企业人力资源部门不擅长或无力满足企业发展对人力资源管理的迫切要求时，将此项目外包给第三方人力资源服务机构是更优选择。

（四）有利于吸纳人才、留住人才

人才争夺和人才安全已成为当前企业人力资源管理体系十分重要的课题，如何吸引行业顶尖人才、用好现有人才、留住关键人才，是企业发展面临的巨大挑战。

四、人力资源外包服务业务类型

市场上经常出现的人力资源外包服务主要包括人力资源事务外包、招聘流程外包、薪酬外包、福利外包和岗位外包等。

人力资源外包服务从概念上区分，可以分为人力资源及人的外包、人力资源事务外包、人力资源管理职能外包三个模块；从具体内容区分，

包括人力资源事务外包、薪酬外包、福利外包、社会保险外包、个税代缴、招聘流程外包、人才外包等模块。

人力资源外包服务工作所涉及的法律法规政策主要包含《公司法》《劳动法》《劳动合同法》《就业促进法》《人力资源市场暂行条例》以及《国务院关于促进服务外包产业加快发展的意见》《人力资源社会保障部　国家发展改革委　财政部关于加快发展人力资源服务业的意见》中促进人力资源外包服务发展的具体政策，使财政、税收、金融、政府购买服务等一揽子政策得到有效配置使用，保障对人力资源外包服务各类需求的充分供给。

接下来主要介绍人力资源事务外包、薪酬外包、福利外包三种业务类型。

（一）人力资源事务外包服务

1. 人力资源事务外包服务概述

人力资源事务外包服务也称为人事代理服务，主要包括劳动合同代签、用退工申报、各类社会保险和公积金申报与缴费、工资发放、人事档案转递和信息管理、各类人事相关证明出具等服务。其中单位每月为员工缴纳的社会保险费和公积金是人力资源事务外包服务中最重要的工作内容。

近几年，随着互联网思维的发展和蔓延，人力资源外包服务与互联网服务结合形成了互联网社会保障服务，这类新兴企业颇受资本市场青睐。社会保障服务信息化建设和“互联网 +”水平的进一步提升，以及人力资源服务业主管部门对服务业的信息化、互联网融合及跨界服务的要求，对人力资源事务外包服务的服务模式、交付模式、商业模式产生重大的影响。

目前市场上从事人力资源事务外包服务的主体主要有三类：一是经济发达城市的国有人力资源服务机构；二是外资人力资源服务机构；三是民营人力资源服务机构。

2. **人力资源事务外包服务实施步骤**

企业选择将人力资源事务进行外包时，需要严格遵循下列人力资源事务外包服务的实施步骤：

（1）企业与人力资源外包服务机构签订服务协议。

（2）明确双方目标，规范双方在服务期间的权利和义务。

（3）企业向人力资源外包服务机构提供必要的相关资料。

（4）双方配合进行资料收集，建立资料系统。

（5）双方配合进行相关项目调查等。

（二）薪酬外包服务

薪酬外包服务是指人力资源服务机构接受企业有关薪酬管理相关业务的外包，具体的服务内容包括绩效数据采集，薪资、社会保险及个税计算，薪资发放，个税及社会保险费缴纳，工资单制作和处理，个税申报，相关报表报告等。企业将薪酬外包，既可以只外包某项内容，也可以将涉及企业薪酬管理的全流程都外包给人力资源服务机构。

目前，市场上提供薪酬外包服务的机构大致可分为以下四类：一是传统的派遣和代理服务机构，主要是各地外服企业及人才中心；二是专业咨询公司，其业务延伸进一步承接企业的薪酬外包服务订单；三是专业薪酬外包服务公司；四是创新型薪酬服务公司，这是近几年发展起来的由风险投资推动的创新型互联网公司。这四类薪酬外包服务机构的比较见表 8–2。

表 8–2　四类薪酬外包服务机构的比较

	传统的派遣和代理服务机构	专业咨询公司	专业薪酬外包服务公司	创新型薪酬服务公司
优势	与国家政策相关的服务，如社会保险费及个税的计算和缴纳，个税申报等方面具有明显优势	较强的专业咨询能力	强大的薪酬管理信息系统	基于 SaaS 服务，服务多样灵活，服务价格低
服务模式	使用手工操作或简易系统，可提供灵活和个性化的服务		自动化和系统化程度高，提供一站式解决方案	

代发工资是一项操作烦琐的业务，首先需要根据企业的薪酬制度计算出基本工资、提成和奖励，并对各种格式不同的来往表单进行统计，同时还要计算税费，与银行对接做好实发工作。

目前，传统模式的薪酬外包服务由于增长速度趋缓，关注度已明显降低，而基于互联网信息技术的薪酬外包服务成为市场关注的焦点。由于快速更新升级的互联网信息技术与薪酬外包服务结合度不断加深，SaaS 服务、手机移动端应用、员工自助查询等已成为服务关键要素。因此，互联网信息技术对薪酬外包服务至关重要。现阶段，不仅是创新型薪酬服务公司在不断改进和提升用户体验，传统薪酬服务公司在新市场环境下也加大了对互联网信息技术的投入，以谋求薪酬外包服务的转型升级。

（三）福利外包服务

福利外包服务是人力资源外包服务的一个重要组成部分，是一种新的管理哲学和管理方式，强调企业只做自己最擅长、最核心的业务，同时从外部获取专业、高效、低成本的服务，实现企业精减运营成本，更好地适应迅速变化的市场环境。

福利外包服务是指企业与其外部人力资源外包服务机构之间建立合作伙伴关系，由外部专家负责该企业福利项目的日常管理工作，为企业提供灵活、高效、专业、便捷的一站式福利外包服务，主要内容包括企业福利调研、企业福利方案设计、员工激励、员工补充保险、员工体检、员工心理咨询、福利采购、福利发放等。福利外包服务提供的福利包括两大类：一类是福利产品或套餐服务，为企业提供单个的福利产品或福利套餐组合，操作相对简单，这种福利外包服务的门槛较低；另一类是积分制弹性福利账户管理平台服务，从本质上是基于企业福利管理流程及管理理念深度理解的信息系统平台，具备商务策划、物流管理、供应商管理、福利咨询以及信息技术方面的竞争力，这种福利外包服务的进入门槛较高。

在福利外包服务市场，行业竞争进一步加剧，从事薪酬外包的机构逐渐拓展并延伸其业务领域到福利外包服务，因而出现了福利外包服务与薪酬外包服务的融合，从事人力资源事务外包服务的企业在掌握了大量的企业需求信息和劳动力信息的基础上，也逐渐拓展到福利外包服务市场，人力资源服务各业态的融合可能在未来颠覆福利外包市场的现有商业模式。

人力资源服务市场的竞争不断加剧，对企业互联网信息技术能力的要求也越来越高，快速更新升级的互联网信息技术与福利外包服务结合度不断加深。不同于人力资源服务的其他业态，福利外包服务是企业付费、员工享受的 B2B2C 服务，C 端（消费者）市场对服务体验的要求与 B 端（供应商或企业）市场完全不同，手机移动端应用、员工自助等已成为市场服务的关键要素。

五、人力资源外包服务商业创新模式

（一）人力资源外包服务 + 互联网

在互联网的带动下，移动信息技术、大数据分析、社交网络、云计算等新技术逐渐兴起，促使整个人力资源外包服务行业不断创新人力资源外包服务产品和管理模式。

互联网技术的应用，使一些传统的线下服务开始向线上延伸，很多人力资源服务机构将一部分可以与互联网技术相结合的外包业务搬到线上，一方面为客户提供了更加便捷的服务，降低了内部工作量；另一方面可以将特有的服务产品通过移动互联网与客户、员工分别进行互动。

从总体上来说，与传统人力资源外包服务的内容和方式相比，借力“互联网 +”，人力资源外包服务更加精准。嵌入互联网技术后，人力资源服务机构可以针对个人或企业需求的特定情况，运用大数据分析等信息技术手段量身定制服务方案，在服务方式和服务内容的设计上更加有针对性，客户对服务内容的满意度也会更高。

（二）薪酬外包服务 + 信息技术

随着市场薪酬水平的变化以及近年来我国各项税收政策的完善，薪酬管理工作日益复杂，越来越多的公司倾向于选择人力资源服务机构协助完成薪酬管理工作。随着业务量日益增大，原有的处理方式存在数据零散、操作烦冗等缺点，严重制约了薪酬外包服务发展。

目前，由于信息技术的迅猛发展和软件开发能力的日益强大，针对薪酬业务开发的相关软件产品不断出现，这为薪酬外包服务问题的解决提供了强有力的支持，也为薪酬外包服务注入了新的活力。

（三）薪酬外包服务 +C 端增值服务

薪酬外包服务业务链上，B 端为被服务公司，C 端为在 B 端任职的工作人员。在薪酬外包服务过程中，尤其是为 C 端工作人员服务的过程中，可能会给人力资源服务机构带来潜在发展机遇，挖掘 C 端工作人员价值点成了薪酬外包服务的又一利益增长点。结合目前互联网发展速度以及移动端平台的广泛运用，如何开展 C 端增值服务是值得每个薪酬外包服务工作人员深思的问题。

六、人力资源外包服务发展现状与趋势

（一）人力资源外包服务发展现状

1979 年，北京外企人力资源服务有限公司成立，这是我国第一家人事外包运营商。当时主要基于国家安全战略考虑和受到社会主义计划经济体制下的人事政策限制，在不得已情况下才向外资企业“提供中方雇员”。20 世纪 80 年代末，外资企业和民营企业越来越多，到该类型企业工作的流动人员也越来越多，于是党政部门所属的人才流动服务机构为外资企业和民营企业提供流动人员的人事档案管理等人事外包服务。

自 20 世纪 90 年代以来，为了满足激烈的市场竞争和构建企业核心竞争力的需要，使资源外包业务逐渐成为潮流，人力资源外包业务是诸

多资源外包业务中发展较快的一种，占有全球外包市场总量 30% 左右的份额。目前，国外人力资源管理人员与员工的比例通常是 1∶100，而在国内这个比例约为 1∶30。在我国，由于人力资源外包理念引入时间不长，人力资源外包服务尚处于起步阶段，但也有着巨大的发展空间。随着我国各类企业对人力资源外包服务认知度的提高，人力资源外包服务的需求也将大幅增加。

1. 人力资源外包服务的市场需求增加

人力资源外包服务是社会分工精细化的产物，其目的在于帮助企业从支撑性、辅助性的人力资源工作中解脱出来，而把更多的精力集中在企业的主营业务与核心优势上。

从总体上看，人力资源工作只有 20% 是关系企事业单位命脉的核心内容，剩余 80% 都是烦琐的机械性事务。这些烦琐的机械性事务主要包括员工资料管理、考勤、考核和薪酬发放等，而它们正是人力资源外包所服务的内容。应市场化与专业化的需求，兴起于欧美国家的人力资源外包服务如今越来越多地得到我国企事业单位的认可。一份对北京、上海、深圳、广州四地企业的调查数据显示，有 59.2% 的企业认为，人力资源外包服务可以提供比较高质量的人力资源管理服务，55.1% 的企业高层管理者认为，人力资源外包服务是一个不错的人力资源管理方式。

2. 越来越多的中小型企业将使用人力资源外包服务

随着人力资源外包服务逐渐向商品化发展，人力资源外包行业竞争也在不断加大，有可能促使人力资源外包服务商降低服务价格，进入薄利多销的时代，这将使得更多的中小企业有了采购人力资源外包服务的能力，开始寻求并尝试人力资源外包服务，中小型企业交易量将会更加明显增加。

中小型企业为了减少一些重复、费时的工作，能够更加集中精力和资源应对快速变化的经济形势，将会对人力资源外包服务产生明显需求。但是这些中小型企业在人力资源外包服务商的选择上是非常谨慎的，人力资源外包服务商必须能够确保企业的信息资料、数据等完整和安全，实现员工个人资料的保密等，所以大型、专业、知名度高的人力资源外包服务商更能得到他们的信任。

3. **人力资源外包服务商的地位将上升至企业战略伙伴**

现阶段，我国的人力资源外包服务更多还是体现在行政支持和商业伙伴层面，很难称为战略伙伴关系。而随着企业决策层对人力资源重视程度的不断增加，人力资源外包服务的合作对象将从部门经理的运营层面上升到企业的决策层面。其作用将是更多地参与到企业发展战略的制定和实践中去，为战略的制定提供关于人力资源的获得、保有和开发的信息，进而为最佳战略的选择和制定提供帮助。在战略实施过程中，面对各部门对高素质人才的需求，通过对各种人力资源功能的发展、实践和应用，为企业的战略实践提供有效的人力资源服务。同时，能从人力资源角度提出帮助公司提高绩效的建议。

（二）人力资源外包服务发展趋势

1. **人力资源外包服务将更加专业化、精细化**

企业为了节约成本，将技术含量低、用人规模大的岗位向外承包，人工智能、云计算相关的工种也逐渐出现在了外包需求之列。随着人力资源服务专业化程度的提高，人力资源服务对象开始分化，而各企业对其服务的要求也将更加个性化。人力资源服务供应商的专业化分工体系将不断细致和完善，更加侧重于为客户提供有针对性、差异性的产品来满足不同企业的需求，走同质化竞争、差异化发展之路。未来的人力资源外包服务企业将在充分了解客户特点和需求的基础上，依据自身核心竞争力和服务特色，为客户提供适配有效的服务。

2. **薪酬福利外包将成为行业新的增长点**

随着我国互联网信息技术和税收制度的不断改革和完善推进，“薪酬福利外包”及类金融服务产品将会被越来越多的企业所需求，也将得到更多人力资源服务机构的重视，以及技术和资本公司的看好。现有企业基于 SaaS 模式进行企业薪酬福利外包，即薪酬福利外包的合作双方选择 SaaS 模式运营。SaaS 供应商为企业人力资源薪酬福利外包信息传输提供所需要的所有网络技术设施及软件、硬件运作平台，并负责软件投入前期的实施和后期的维护等一系列服务。SaaS 供应商为企业按需定制专业软件，如在薪酬福利外包中的针对企业不同薪酬福利结构设计定制化的薪酬福利数据录入与核算软件。在未来一段时间，将会有更多企业加入进来，薪酬福利外包将成为各大企业新的市场竞争地和新的行业增长点。

3. 人力资源外包服务企业将更加注重自身品牌的打造

随着人力资源外包服务商的不断增加和经济环境的日益变化，行业竞争日益激烈，如何在众多企业中脱颖而出，得到服务对象的青睐，需要人力资源外包服务企业更加注重自身品牌的打造，利用品牌效应为公司增值。品牌打造不单单是指各种各样的推广营销手段，更加重要的是以优质的服务树立起良好的品牌形象。

此外，企业诚信自律建设也是品牌打造的关键一环。无规矩不成方圆，很多企业都制定了自身的行为准则，如全球人力资源跨国公司万宝盛华制定的商业行为和道德准则、任仕达的商业原则和德科的行为规范等，这些行为准则不仅成为企业文化的重要组成部分，还大力提高了企业知名度、可信赖度、品牌建设和服务质量，为企业树立了良好的服务品牌形象，也为企业赢得了更多的市场份额。

4. 人力资源服务企业加快走出去，全球化外包服务成为趋势

我国在全球生产、贸易和投资领域所占的份额正在以令人瞩目的速度增长，从根本上改变着全球经济的格局，成为活跃的全球化塑造者。我国企业全球化过程中遇到的困难多种多样，其中最主要的是严重的人才短缺。大部分企业管理人员认为，他们在全球化过程中，遇到最主要的困难是缺乏合适的、具备跨文化理解能力和管理知识的人才，而国外的人力资源服务商由于对中国企业文化和管理方式的不了解，很难为企业寻猎到合适人才。国内很多人力资源服务商看到我国企业这一痛点，利用自身经过长期合作，对企业文化、管理方式充分理解的优势，根据其主要合作客户的国际化发展轨迹，制定了适合自身发展的全球化发展战略，以此来降低自身企业全球化的风险。

第二节　人力资源外包服务实施

一、人力资源外包服务实施步骤

人力资源外包服务的一般实施步骤见后文的“人力资源外包服务标准”有关内容，这里将呈现更加个性、具体的实施步骤。

（一）薪酬外包服务实施步骤

人力资源管理机构接受不同企业的薪酬外包服务要求应按照一定程序和阶段展开，分为汇总薪酬数据、薪酬信息录入、审核薪酬报表、薪酬核算、反馈审核结果和编制薪酬支付项目表单 6 个步骤。

1. 汇总薪酬数据

企业人力资源部门汇总员工考勤信息、员工绩效考核信息、员工加班信息、新入职员工薪酬设置信息、原有公司员工薪酬调整信息等。

2. 薪酬信息录入

企业把每月汇总的薪酬数据内容传输给服务商，服务商依据已经为本公司设定的薪酬系统中的上月信息修改、新增或删除本月员工薪酬信息，完成薪酬信息录入。

3. 审核薪酬报表

公司对员工薪酬汇总表进行项目审核、薪酬数据审核、计算结果审核，审核无误后交由领导审批，审批后的报表交由企业财务部门进行财务划账。

4. 薪酬核算

服务商进行薪酬核算，其方式与公司进行薪酬核算完全相同。薪酬核算的结果是形成公司员工薪酬汇总表，并把汇总表传输给委托公司进行审核。

5. 反馈审核结果

公司把审核结果传输给服务商，如果有修改项目，要求服务商进行修改，如果没有修改项目，服务商完成薪酬各项目表单制作。

6. **编制薪酬支付项目表单**

该步骤的主要工作有：生成员工工资单（传输给员工自助服务系统）；生成公司公积金缴纳单（传输给公积金中心）；生成个人所得税代缴单（传输给税务部门）；生成保险缴纳单（传输给保险公司）。之后把所有编制的表单传输给公司。

（二）福利外包服务实施步骤

一项完整的福利外包服务实施，应该包括以下 4 个步骤。

1. **深入公司了解员工的福利需求**

服务商通过对公司员工福利需求的深入分析与调查，了解不同层次、不同年龄和不同性别员工对福利项目的需求。员工福利项目按照内容与作用不同，同时参照国际、国内大型人力资源外包服务商所提供的员工福利外包服务种类，可以将员工福利外包的涵盖领域划分为员工补充保险（如企业年金、团体商业保险、配偶生育假期等）、员工健康管理（如员工定期免费体检、健康知识普及、家庭医疗顾问等）、文体娱乐活动（如团体旅游、公司年会、趣味运动会、员工素质拓展活动等）、员工关爱（如员工工作餐、子女入学 / 入托、免费班车、交通补贴、节日祝福）等。

2. **设计合理的福利项目体系**

服务商应综合考虑员工需求和企业实际情况，为企业量身定制福利项目，使其与员工福利需求具有较高的契合度，从而满足员工个性化的福利需求，体现企业品牌的与众不同。如单身员工倾向于选择员工宿舍、免费班车等福利项目，已婚已育员工倾向于选择子女入学 / 入托教育、老人看护等福利项目；基层员工倾向于选择物质性补贴等福利项目，高层管理者倾向于选择企业年金、团体商业保险等福利项目。服务商基于对员工福利项目的调研，设计出动态化、弹性强、菜单式的福利项目体系，福利项目应力求完整全面，应全覆盖员工补充保险、员工健康管理、文体娱乐活动、员工关爱，最大限度契合员工多元化需求，改善员工满意度。

3. 签订完善的福利外包服务合同

企业与服务商之间是一种委托—代理的关系，外包合同是用来约束双方外包实施行为的法律依据，一份良好的外包合同应该清晰地界定合同的服务范围以及合同双方的责任与义务。完善的外包服务合同要具备几个要素，即具有充分的法律效力、双方责权利边界清晰、适中的合同期限、明确有利于保证企业商业机密的保密性条款、可评估的服务质量与目标等。

4. 企业员工自助选择弹性福利

企业确定对每个员工福利投入（通常用积分形式或者弹性福利项目限额）的前提下，将福利项目的选择权交给员工，在服务商根据员工的整体需求和企业实际情况设计的福利项目体系中，员工自主选择适合自己的福利套餐或福利项目。服务商利用一站式福利平台，采用关爱积分、福利卡券、企业虚拟货币等方式，既为企业实施单个福利项目，也满足多项目的整合服务，有效解决了员工福利选择难、发放难、满意度低、数据不透明的困扰。企业员工则根据自己的弹性福利积分或弹性福利限额，以及个人对福利项目的偏好，在自助福利平台上选择不同的福利组合。

二、人力资源外包服务标准

国家标准《人力资源外包服务规范》详细规定了人力资源外包服务实施标准，以下摘录其部分正文。

1. 范围

本标准规定了人力资源外包服务的服务内容、服务要求、服务流程、服务质量评价等内容。

本标准适用于人力资源外包服务。

2. 术语和定义

下列术语和定义适用于本文件。

2.1　人力资源外包服务 human resources outsourcing service

按照客户委托要求，承接客户人力资源管理、开发、配置及相关专业服务的活动。

2.2　人力资源外包服务机构 human resources outsourcing service organization

按照客户委托要求，承接人力资源外包服务的企事业单位和社会组织。

3. 基本要求

3.1　服务机构

人力资源外包服务机构应符合以下要求：

a）依法取得具有人力资源外包服务经营范围的工商营业执照和人力资源服务资质的机构；

b）服务涉及其他行业行政许可的业务时，应取得相关领域的行政许可。

3.2　场地设施

人力资源外包服务机构服务场所应具备以下基本设施：

a）有独立的办公场所和电话、计算机、办公家具等必要的办公设备设施；

b）辅助人力资源外包服务运营管理的网络设备、移动设备等信息化设施；

c）在办公场所醒目位置公示对客户的规章制度或服务承诺。

3.3　从业人员

人力资源外包服务从业人员应符合以下要求：

a）拥有中等职业教育、高中及以上学历；

b）掌握人力资源外包服务基本知识和基础操作流程；

c）熟悉人力资源外包服务相关法律法规。

4. 服务内容

人力资源外包服务内容包括且不限于：

a）代为管理人力资源职能类外包；

b）人力资源咨询类外包；

c）人力资源风险控制类外包；

d）其他人力资源外包。

5. 机构管理

5.1 规章制度

人力资源外包服务机构应建立健全但不限于以下服务规章制度：

a）人力资源外包服务的专业性和规范性文件资料；

b）相应的安全、保护、保密制度和措施；

c）用工法律风险防范制度和执行机制。

5.2 争议解决

人力资源外包服务机构应建立争议解决机制，积极处理客户在人力资源外包服务过程、结算及后续服务中所遇到的问题，包括但不限于以下内容：

a）设立专门的客服部门，并配备专人处理客户投诉；

b）建立明确的投诉处理流程，并对客户履行告知义务；

c）存在较大纠纷，无法自行解决时，可向相关部门申请调解、仲裁、提请诉讼；

d）应在接到客户投诉后的10个工作日内，对客户投诉进行反馈。

5.3 诚信自律

人力资源外包服务机构应积极承担行业责任，履行但不限于以下行业自律服务规范：

a）公开人力资源外包服务机构基本的项目服务流程；

b）不参与恶意竞争或以非法手段攫取外包项目；

c）适应人力资源外包发展需求，不断改进服务机制，完善服务功能，提高服务水平。

6. 服务要求

人力资源外包服务机构为客户提供服务时应按照但不限于以下要求做好服务工作：

a）主动向客户出示自身能够提供人力资源外包服务的资质证明材料；

b）根据客户要求和自身服务能力，提供切实可行的人力资源外包服务方案；

c）按照合同要求的服务过程或结果定时定额、保质保量完成；

d）客观、真实地报告外包实施过程中的实时信息及完成后的准确结果；

e）给予客户必要的人力资源外包服务的相关指导，协助客户实施人力资源外包方案；

f）根据客户自身环境变化，主动与客户协商与人力资源外包服务相关的管理和对接内容；

g）了解客户所属领域的专业知识或管理技能，为客户提供人力资源服务专业性解答和科学管理。

7. 服务流程

7.1　对象确认

人力资源外包服务机构在开展人力资源外包服务前，应与客户进行前期接洽，确认人力资源外包项目范围和内容，核准、查实人力资源外包项目的合法性和合理性。

7.2　服务准备

与客户共同对外包需求进行探讨和分析、确认外包类别，拟定外包项目标准，宜根据客户需求和外包项目标准选择或开发合适的外包工具。

7.3　制定方案

应根据客户需求，进行可行性分析，制定适合的人力资源外包服务方案，并与客户确认，内容包括但不限于：

a）客户委托开展人力资源外包项目的目标和实施步骤；

b）人力资源外包项目的流程、制度、岗位职责等文件资料；

c）人力资源外包项目所需生产要素的整合和运用计划。

7.4　签订合同

与客户签订人力资源外包合同时，应包括以下步骤：

a）明确双方的权利和义务，合同的变更、终止和违约责任等条款；

b）核查客户的营业执照、组织机构代码、并留存相关证件复印件备查。

7.5　服务实施

履行合同，并监测实施过程中存在的问题，在与客户不断协商的基础上，推进人力资源外包项目。

7.6 结果反馈

向客户反馈人力资源外包服务结果，接受客户审核并协助客户进行人力资源外包服务的交接工作或洽谈进一步合作事宜。

7.7 项目结算

根据人力资源外包服务合同中规定及项目的实际实施完成情况，进行外包项目的人员、系统、服务等方面的财务结算工作。

8. 资料保存

人力资源外包服务机构在提供服务过程中，应做好服务活动的记录并整理归档，服务活动的保存资料包括以下内容：

a）客户的合法经营证明资料；

b）与客户签订的合同及其他相关协议；

c）合作方营业执照、组织机构代码证复印件等相关资料；

d）外包项目的项目运行规章制度资料；

e）服务质量投诉处理意见表；

f）其他涉及外包业务运营活动的各类文件资料。

9. 服务质量评价与改进

9.1 人力资源外包服务机构应对人力资源外包服务流程中的关键环节进行监督管理。

9.2 人力资源外包服务机构应由自身或邀请外部第三方评价机构开展满意度调查，通过发放调查问卷、现场服务评价、服务设施评价等多种方式收集客户的满意度评价信息，了解客户对人力资源外包服务的满意情况、并持续改进服务质量。满意度调查应包含以下内容：

a）人力资源外包服务人员的职业素养和专业能力；

b）人力资源外包服务机构的合同履约情况；

c）人力资源外包服务过程管理和成果交付的用户体验情况；

d）依据人力资源外包项目环境变化的适应能力；

e）其他人力资源外包服务质量评价与改进的内容和指标。

三、人力资源外包服务注意事项

在人力资源外包服务项目承接过程中，由于操作上的不规范，可能会出现一些纠纷。以下是几种需要避免的情况，需要引起人力资源外包服务企业的注意。

（一）企业客户信息虚假

在初次洽谈业务时，需对企业客户的基本情况、所提供的信息做一定了解和把握，避免出现由于人力资源外包服务企业自身信息失真导致业务上无法开展和法律上产生纠纷。

（二）签订的人力资源外包服务合同内容不完善

双方签订的人力资源外包服务合同若存在内容不完善之处，会导致后期业务难以展开。当出现纠纷时，可能会给人力资源外包服务企业带来更大的风险和损失。

（三）服务过程中信息泄露

人力资源外包服务工作中，涉及较多公司内部信息以及个人隐私，不论是服务方还是被服务方，在合作环节中，工作不慎导致信息泄露，都会给双方公司带来相应损失，并对公司信誉造成一定影响。在签订合同时，需对信息保密事项作出约定，避免因此带来的法律风险。

四、人力资源外包服务合同

人力资源外包服务发生过程中，第三方人力资源服务机构需与外包需求企业客户签订人力资源外包服务合同，规定人力资源外包服务细节，以下为人力资源外包服务合同范本，供参考。

人力资源外包服务合同

甲方（企业客户）：	乙方（人力资源服务机构）：
法定代表人：	法定代表人：
地址：	地址：
邮编：	邮编：
联系电话：	联系电话：

根据《中华人民共和国民法典》等有关法律法规的规定，遵循公平、自愿、诚实信用的原则，甲乙双方经协商一致，就甲方的人力资源外包服务事宜达成本协议，并自愿共同恪守。

一、总则

1. 本协议鉴于乙方接受甲方的委托，为甲方员工提供________________________服务。

（1）社会保险代理服务。代办社会保险，代办甲方结算其单位职工社会保险基数，代办甲方报送其单位职工社会保险相关表格，代办甲方员工医疗费用报销，代办甲方员工生育津贴支取，代办机房员工工伤认定等。

（2）……

（3）……

2. 乙方提供的人力资源外包服务仅适用于甲方委托乙方办理人力资源外包服务业务所涉及的员工。

二、协议期限

本协议期限自____年____月____日至____年____月____日有效。如其中一方提前____天以书面形式提出变更或者终止后，协议期间形成的未尽义务，双方仍应按照约定履行。

三、服务标准（略）

四、外包服务的人数、有关费用及支付方式

1. 甲乙双方本着方便、便捷、有效的原则处理所发生的费用往来。甲方委托乙方所涉及的甲方员工共____人，协议履行过程中发生变化的，以乙方服务的实际人数为准。甲方应将每人每月____元的服务费支付乙方。甲方委托乙方服务的人数不足____人的，应按____元／月向乙方支付服务费。

2. 如因甲方未按时提供数据信息或确认乙方提供的账单、未按时足额的付款所导致业务处理延误责任由甲方承担。

3. 如因乙方提供账单有误从而导致甲方付款延误的，或者乙方受到甲方及时足额的付款后，因乙方原因造成的业务处理延误责任由乙方承担。

五、甲方的权利与义务

1. 甲方应当全面、客观、及时地向乙方提供与人力资源外包事务有关的各种情况、文件、资料等。

2. 甲方指定________为人力资源外包服务联系人，负责转达甲方的指示和要求，提供文件和资料等，甲方更换联系人应当及时通知乙方。

3. 甲方如认为乙方的人力资源外包服务工作存在问题，有权随时要求乙方予以说明；如果甲方所反映的问题确实存在，并且不违反规定，乙方应及时与甲方沟通，并及时予以纠正。

4. 甲方应当按时、足额向乙方支付代发工资款和人力资源外包服务费用。

六、乙方的权利与义务

1. 乙方应依照双方约定的服务内容与服务标准完成人力资源外包服务工作。

2. 乙方应当以其依据相关法律法规作出判断，尽最大努力维护甲方利益。

3. 乙方应当在取得甲方提供的文件资料后，及时完成委托事项，并应甲方要求通报工作进程。

4. 乙方对甲方业务应当单独建档，应当保存完整的工作记录，对涉及甲方的原始数据、法律文件和财务应当妥善保管。

5. 乙方在从事人力资源外包服务期间，不得对甲方员工个人提供任何不利于甲方的咨询意见。

6. 乙方对其获知的甲方商业秘密负有保密职责，非由法律规定或者甲方同意，不得向第三方披露。

七、保密协议

甲乙双方于合作期限内及合作终止后任何时间内，均应严格遵守双方的保密制度，对合作期间所获知的一切有关对方的保密信息，包括但不限于商业秘密、商业计划、客户信息、财务数据、双方订立的协议及全部附件、资料等，均负有保密义务。一方未经对方事先书面同意，不得以任何形式将保密信息的部分或者全部披露、许可给任何第三方和无知悉必要的内部雇员，否则违约方需要承担给受害方带来的相关损失。

八、其他

1. 甲乙双方可就本协议未尽事项订立书面补充协议，其与本协议具有同等的法律效力。

2. 甲乙双方任何一方未完全履行本协议的，应承担由此给另一方造成的损失；在履行本协议过程中发生争议的，双方应当协商解决，协商不成，任何一方均可向____方所在地人民法院诉讼解决。

3. 本协议书一式两份，甲乙双方各持一份；双方代表签字或盖章后生效。

甲方（盖章）	乙方（盖章）
负责人签字：	负责人签字：
签订日期：	签订日期：

本章自测题

1. 简述人力资源外包服务的内涵。
2. 简述人力资源外包服务与劳务派遣的区别。
3. 谈谈人力资源外包服务的优势。
4. 说明人力资源外包服务的主要业务类型。

第九章　人力资源管理信息化服务

学习目标

- 了解人力资源管理信息化服务的内涵
- 熟悉人力资源管理信息化服务的各功能模块
- 了解人力资源管理信息化服务的发展趋势
- 掌握人力资源管理信息化服务的服务标准与注意事项

引导案例

X公司是一家外向型股份制企业，经过多年发展，生产与销售能力居国内同行业前列。该公司现有员工2 000余人，其中大中专以上文化程度者200多人，各专业工程技术人员百余人。公司现有多个生产车间，其设备及配置的先进程度堪称国内一流。X公司在国内的北京、上海、香港和国外的多个城市设有分公司或办事机构，多渠道的营销网络，使得产品尽产尽销。

然而，尽管X公司设备和技术都非常先进，但管理比较落后，信息化程度较低。面对行业竞争，企业的高层管理者意识到解决企业的人力资源管理问题迫在眉睫。

那么，如何解决企业人力资源管理问题？从哪里入手呢？

第一节　人力资源管理信息化服务概述

一、人力资源管理信息化服务的内涵

人力资源管理信息化服务是指第三方人力资源服务机构为企业人力资源管理提供专业的信息系统服务，该系统涵盖企业人力资源管理的各大模块，促进企业人力资源管理信息化、现代化、高效化。

目前国内市场上人力资源管理信息化服务机构主要有三类：一是以思爱普（SAP）、甲骨文（Oracle）等为代表的国外服务机构，主要服务于跨国型外资企业的中国分支机构，经验丰富、理念先进，在集团化管控方面积累了丰富经验，但服务价格高，本土适应性不强，灵活程度不如国内服务机构；二是国内综合服务机构，产品覆盖了财务、人事、营销等多个领域，大客户服务能力强，可满足多元化需求，但因为产品线长，人力资源管理的专业性相对较弱；三是专业化的人力资源管理云服务供应商，产品灵活实用，移动端体验丰富，在人力资源管理方面有较强的专业服务能力。

二、人力资源管理信息化服务的功能模块

人力资源管理信息化服务系统的组成部分之一，是通过信息化手段，对人力资源管理的核心功能进行有效管理，从而提高企业内部员工的满意度和忠诚度。

人力资源管理核心一般包括劳动力管理、薪酬与激励、招聘与选拔、人才管理、学习与发展等功能模块。

（一）劳动力管理功能模块

劳动力管理功能模块是人力资源管理信息化服务系统的组成部分之一，是通过对企业员工精细化时间与考勤管理，快速合理优化员工日程安排和工作量，帮助企业有效地控制劳动力成本，提高劳动生产率，并

最大限度地降低财务和违规风险。

劳动力管理一般包括考勤、带薪休假、缺勤管理、劳动力规划及任务分配、生产力分析、劳动成本等功能模块。

（二）薪酬与激励功能模块

薪酬与激励功能模块是人力资源管理信息化服务系统的组成部分之一，它涵盖企业薪酬架构设计、薪酬日常管理、社会福利等功能，能够快速为企业提供全面薪酬与激励的查询与分析功能，适用于各类型企业。

薪酬与激励一般包括薪酬架构设计、薪酬日常管理、奖金项目、佣金、股权及长期激励、员工认同度、社会福利、退休金和储蓄、市场价值等功能模块。

（三）招聘与选拔功能模块

招聘与选拔功能模块是人力资源管理信息化服务系统的组成部分之一，是基于互联网时代下的管理系统，它涵盖了企业招聘的各种管理功能模块，为企业提供招聘流程管理、人才库管理、招聘数据统计分析等功能，帮助企业建立更加完善的招聘流程，提高招聘效率和质量，减少招聘支出，降低招聘时间成本。

招聘与选拔一般包括人力规划、招聘流程管理、社交招聘、候选人激励、人才库管理、候选人评估、招聘数据统计分析、入职管理等功能模块。

（四）人才管理功能模块

人才管理功能模块是人力资源管理信息化服务系统的组成部分之一，是通过对企业内部员工进行一系列活动测试，帮助企业对内部人才进行梳理、评价、再配置，使人才和组织相匹配，进而支撑企业战略的实现。

人才管理一般包括员工绩效、目标管理、职业发展计划、素质能力管理、继任计划、人才盘点、员工留任管理等功能模块。

（五）学习与发展功能模块

学习与发展功能模块是人力资源管理信息化服务系统的组成部分之一，它涵盖学习课程管理、内容管理、移动学习等应用领域，为企业提供符合国际先进管理理念和我国国情的个性化培训学习平台解决方案，目前已在我国数千家企业成功运用。

学习与发展一般包括领导力开发、学习课程管理、内容管理、移动学习、教练辅导、协作、社会化及碎片化学习、专业资格认证等功能模块。

三、人力资源管理信息化服务机构的类型

（一）人力资源管理软件

人力资源管理软件简称“HR 软件”，即电子化的人力资源管理，是指应用或引进各种信息化手段和技术，利用人力资源管理业务的部分功能，协助进行企业人力资源管理的信息化工具。

这是一种全新的提升企业管理水平及管理效率的人力资源管理模式，市场上目前有很多这样的软件产品。

（二）人力资源管理信息化服务

人力资源管理信息化服务是指信息技术和先进的人力资源管理理念相结合，利用信息技术为企业人力资源管理提供专业的信息化服务的方式。这一方式涵盖了企业人力资源管理的各项职能，主要包括人力资源管理核心功能，如劳动关系管理、薪酬与激励、招聘与配置、培训与开发、人才管理、学习与发展等功能模块。

四、人力资源管理信息化服务的新趋势

（一）个性化服务正在成为人力资源管理信息系统发展新趋势

随着企业对人力资源管理信息系统的个性化需求越来越强烈，个性

化服务正在成为行业发展新趋势。同时基于对美国和我国的调研表明，人力资源管理信息系统能为客户解决的个性化需求程度越高，占领的市场体量就越大。

个性化服务不仅能节省人力资源管理者大量精力，而且能深入客观地引导挖掘客户的实际需求，在最大范围内帮助客户找到需求，并创造一个能最大限度地提高企业效率的机制，从而为后续实施工作打下良好基础。

（二）人工智能、大数据将掀起一场人力资源管理信息系统的革命运动

未来人工智能、大数据等新技术与人力资源管理信息系统的结合将会越来越明显。人工智能和大数据可以帮助人力资源管理信息者科学决策，增强人力资源管理者对业务的说服力和影响力，也使其价值创造得以量化和可见。

通过借助人工智能和大数据技术的运用，人力资源管理信息系统将更高效化、智能化。未来，更广泛的员工动态数据获取、更深入的数据挖掘与分析，将成为各人力资源管理信息系统探索和改进的方向。

第二节　人力资源管理信息化服务实施

一、人力资源管理信息化服务需求分析

在信息化服务项目开展之前，应对企业客户展开需求分析调查，了解企业客户的人力资源管理现状，以便有针对性地制订项目计划。

不同企业的人力资源管理信息化服务需求从原因、表现、需求重点等都有所不同，但总体而言，随着时代发展，人力资源管理信息化服务需求主要体现为以下三大特点。

（一）人力资源管理信息系统的云端化发展潜力巨大

从市场规模看，据有关调研数据，美国人力资源软件市场规模已超

过百亿美元，其中云服务 SaaS 模式的份额占 40% 左右。而我国人力资源管理信息系统市场规模是 15 亿元人民币，其中云服务 SaaS 模式规模约 4 亿元人民币。

从市场格局看，过去两三年内，新兴的人力资源管理信息服务机构几乎集中在 SaaS 模式，一些传统服务机构也在向云服务转变。未来短期内，人力资源管理信息系统 SaaS 模式会成为市场共识。

从发展前景看，SaaS 模式依托云端与互联网的服务，未来能够进一步拓展大数据、商务智能、金融等附加服务，发展潜力巨大。

（二）人力资源管理信息系统的功能设计趋向以员工为中心

以往人力资源管理信息系统主要围绕人力资源的各个功能模块进行服务，现在因为新生代员工诉求不同，人力资源管理逻辑发生了变化。提升员工满意度、激活员工生产力是未来人力资源管理的两个关注点，因此人力资源管理信息系统的功能需要借鉴互联网企业运营 C 端客户来运营员工端，以员工为中心进行设计。员工的社交、文体娱乐、学习成长以及关怀是需要重点关注的几个方面。

（三）共享服务中心的信息系统需求不断增加

大型企业建设共享服务中心已经成为潮流和趋势。共享服务中心的高效运转和集中管理，离不开人力资源管理信息系统的支撑，因此未来共享服务中心的信息系统需求将不断增加。共享服务中心负责的主要是事务性、批量集中处理的工作，找到规律后就可以通过自动化的手段完成，未来几年人工智能技术在共享服务中心管理信息系统中具有较强的应用前景。

二、人力资源管理信息化服务信息化平台搭建

为了保障企业客户人力资源管理信息化服务顺畅运作，在与企业客户对接后，应开发、搭建人力资源管理服务信息化平台。

（一）平台搭建原则

1. 因地制宜原则

应根据企业客户的行业特点、企业规模、管理理念、组织结构、核算方法等因素设计适合企业的人力资源管理服务信息化平台。

2. 成本效益原则

人力资源管理服务信息化平台的建设应起到为企业降低成本、纠正偏差的作用。根据成本效益原则，可根据企业客户情况进行有效的平台开发，或选择重要领域中关键因素对原信息系统进行平台改造。

（二）平台功能

人力资源管理服务信息化平台功能包括组织机构管理、招聘管理、人员管理、考勤休假管理、绩效考核、薪资管理、合同管理、培训管理、报表中心、自助服务等。具体功能模块可根据企业客户实际情况进行定制服务。

（三）平台开发任务内容

人力资源管理服务信息化平台开发任务的主要内容包括以下 5 个方面：

（1）平台名称。

（2）平台应达到的技术性能。

（3）平台的操作环境。

（4）平台开发人员与分工。

（5）平台开发费用预算。

（四）人员及其分工

人力资源管理服务信息化平台开发的人员及其分工如下：

（1）外包项目负责人制定平台开发项目的总体规划。

（2）外包项目主管根据总体规划制订开发计划。

（3）系统分析专员负责搜集整理开发资料，并进行资料分析。

（4）企业客户对系统提出使用要求，对系统试运行效果提出意见和建议。

（5）程序设计员进行程序设计和系统调试及试运行。

（6）数据库管理员根据数据的不同用途、使用要求、统计渠道、安全保密性等，决定数据的整体组织形式和表或文件的形式，同时决定数据的结构、类别、载体、组织方式、保密等级等一系列问题，对系统试运行效果提出意见和建议。

（7）系统维护人员进行日常运行维护和系统更新维护。

（五）平台开发风险及应对策略

1. 外部环境风险

应对策略是实时了解人力资源服务市场及相关政策情况，并进行细致的可行性分析，采用先进工具进行风险控制。

2. 服务企业需求把握不当

应对策略是加强与服务企业的有效沟通，了解企业对人力资源管理功能的需求，对于平台开发需求文档进行多次确认和修改，确保需求文档准确完善。

3. 缺乏企业客户各模块对接人员的支持

应对策略是进入企业客户进行专业讲座，举办培训促进沟通。

4. 系统开发技术过于复杂、技术不成熟或过时

避免用户需求的多样性以及用户的数量和重视程度可能加大系统分析的工作量，应对策略是加强技术交流，集中精力解决技术难题，有条件的应有备选方案。

5. 其他风险

企业客户必须为真实存在、合法经营、有一定风险应对能力的正规企业，注意防止平台搭建过程中因企业客户问题导致的项目流产。

三、人力资源管理信息化服务反馈与改进

（一）验收测试

人力资源管理信息化服务完成后，企业客户应首先组织验收测试。

由企业客户组织进行现场验收，第三方人力资源服务机构派专人参加，主要工作内容包括系统测试、现场验收测试等。测试需形成规范的测试文档，客观地分析和评估测试结果，并跟踪不合格现象。对软件问题要分级分类管理，必要时要进行回归测试，确保所有问题都能得到解决。验收合格后，系统交付企业客户，最终交付时间为整个系统正式交付企业客户使用的时间。

（二）售后服务

第三方人力资源服务机构需根据信息系统使用说明书完成对企业客户员工的操作培训，保证企业客户员工能独立操作系统，在重大测试或执行重要任务期间，第三方人力资源服务机构可指派专业技术人员到现场提供支持，确保系统正常运行。保修期内，第三方人力资源服务机构需提供技术支持（具体见双方项目合同），免费提供系统升级服务；保修期外，对信息系统各项升级服务需支付相应费用。

另外，售后服务还包括系统升级、BUG 修复、技术咨询、二次开发等内容。

四、人力资源管理信息化服务标准与注意事项

（一）人力资源管理信息化服务标准

1.“互联网 +”与人力资源服务相结合

根据人力资源社会保障部印发的《人力资源服务业发展行动计划》的规定，要落实国家“互联网 +”发展战略要求，推动人力资源服务和互联网的深度融合，积极运用大数据、云计算、移动互联网、人工智能

等新技术，促进人力资源服务业创新、融合发展。应加强人力资源服务信息化建设，构建人力资源信息库，实现数据互联互通、信息共享。

2. 加强人力资源市场管理信息平台建设

根据《人力资源社会保障部关于“先照后证”改革后加强人力资源市场事中事后监管的意见》的规定，要加快建设全国统一的人力资源市场管理信息平台，鼓励有条件的地方先行先试，加快推进人力资源市场管理全程信息化，构建以信息归集共享为基础、以信息公示为手段、以信用监管为核心的管理信息化体系。

（二）人力资源管理信息化服务注意事项

根据《人力资源市场暂行条例》第三十一条规定，人力资源服务机构通过互联网提供人力资源服务的，应当遵守本条例和国家有关网络安全、互联网信息服务管理的规定。此外，信息化服务平台提供的信息应符合《互联网信息服务管理办法》中的规定。

五、人力资源管理信息化服务合同

人力资源管理信息化服务发生过程中，第三方人力资源服务机构需与信息化服务需求企业客户签订人力资源管理信息化服务合同，规定人力资源管理信息化服务细节。人力资源管理信息化服务合同内容应包括合同主体、合同具体服务内容、服务时间、双方权责、服务价格、支付方式、验收标准、违约责任等内容。

以下为人力资源管理信息化服务合同范本，供参考。

人力资源信息化服务合同

甲方（客户企业）：	乙方（人力资源服务机构）：
法定代表人：	法定代表人：
地址：	地址：
邮编：	邮编：

联系电话：　　　　　　　　　　联系电话：

上述甲乙双方经友好协商一致，达成以下合同。双方申明，双方都已理解并认可了本合同的所有内容，同意承担各自应承担的权利和义务，忠实地履行本合同。

一、合同项目

乙方为甲方开发人力资源管理信息系统。

二、协议期限

本合同期限自____年____月____日至____年____月____日有效。

三、乙方责任

1. 乙方为甲方开发______________________________，基本内容包括：______________________________。

2. 乙方负责按照甲方提供的各类资料、要求及突出重点进行总体编导、策划、创意和制作，并保证具有高制作精度和技术水准。

3. 乙方负责在制作期间及时根据甲方的修改意见进行修改，以达到甲方的满意效果。

4. 乙方保证按照合同规定的时间和要求，按时保质保量地完成工作。

四、甲方责任

1. 甲方负责及时提供所需各类资料和数据。

2. 甲方技术人员积极配合乙方的工作。

3. 甲方负责软件的校验工作。

4. 甲方负责按照合同规定及时付款。

五、服务价格，付款方法

1. 服务价格：乙方向甲方开发的__________系统，总开发费用为______元人民币。

2. 付款方法：在本合同签订时甲方必须向乙方交付信息系统项目总价的____%，即______元人民币。人力资源管理信息系统开发完毕，并由甲方检验通过后，甲方向乙方再付信息系统项目总价的____%，即______元人民币，项目运行一个月后，再付余下的____%，即______元人民币。

六、人力资源管理信息系统开发时间及售后服务

在本合同签订当日起，乙方开始开发人力资源管理信息系统。项目时间为________个工作日，即从________年________月________日起至________年________月________日止。经双方协商一致，可以延长或缩短该期限。项目验收完成一年内为免费售后服务时间，从第二年起每年维护费用为______元。

七、项目验收标准

1. 乙方所开发的系统符合甲方的要求及各项技术指标即为合格。

2. 乙方完成服务工作，甲方应在____日内组织验收，超过____日不验收，视为验收合格。

八、知识产权条款

1. 根据本合同产生的全部研究开发成果（包括软件产品和以此为基础研发出的其他技术成果）的知识产权归甲方所有。

2. 双方确定，甲方有权利用乙方按照本合同约定提供的研究开发成果，进行后续改进。由此产生的具有实质性或创造性技术进步特征的新的技术成果及其权利归属，由甲方享有。

九、合同的变更、解除或终止

1. 任意一方欲提前解除本合同，应提前通知对方。甲方提前解除合同的，无权要求乙方返还预付费用并应对乙方遭受的损失承担赔偿责任；乙方无故解除合同的，应双倍返还上述费用。本合同其他条款对合同的解除另有约定的，从其约定。

2. 任何一方违反本合同，给对方造成损失的，应赔偿损失。

3. 订立本合同所依据的客观情况发生重大变化，致使本合同无法履行的，经双方协商同意，可以变更本合同相关内容或者终止合同

的履行。

十、其他

1. 乙方只负责信息系统服务，甲方使用该信息系统的其他事务，后果由甲方承担。

2. 如双方在合同期内有任何争议，应友好协商解决。若协商不成，可提交仲裁机构仲裁或向甲乙双方所在地人民法院提起诉讼。

甲方（盖章）	乙方（盖章）
负责人签字：	负责人签字：
签订日期：	签订日期：

本章自测题

1. 简述人力资源管理信息化服务的内涵。

2. 简述人力资源管理信息化服务各功能模块的主要内容。

3. 简述人力资源管理信息化服务平台的搭建原则。

4. 查找资料，结合实际，分析当今社会人力资源管理信息化服务的需求特点。